Grund- und Aufbauwortschatz Spanisch

8 000 Wörter zu über 100 Themen

Pedro Álvarez Olañeta
Trinidad Bonachera Álvarez

Hueber Verlag

3. 2. 1. | Die letzten Ziffern
2018 17 16 15 14 | bezeichnen Zahl und Jahr des Druckes.
Alle Drucke dieser Auflage können, da unverändert, nebeneinander benutzt werden.
1. Auflage

Umschlaggestaltung: creative partners gmbh, München
Fotogestaltung Cover: wentzlaff | pfaff | güldenpfennig kommunikation gmbh, München
Coverfoto: © Matton Images/Stockbyte
Redaktion: Valerio Vial, München
Layout und Satz: Kerstin Ramsteiner, München
Druck und Bindung: Kessler Druck + Medien GmbH & Co. KG, Bobingen
Printed in Germany
ISBN 978-3-19-109523-9

Art. 530_19345_001_01

Einführung

Dieser *Grund- und Aufbauwortschatz Spanisch* ist gedacht für die Nutzung in Schule, Volkshochschule, Beruf und Alltag sowie im Zusammenhang mit Reisen. Er besteht im Wesentlichen aus zwei Teilen:

1. Einem alphabetisch geordneten Allgemeinwortschatz der 500 häufigsten und wichtigsten Wörter, wie *hay, dejar* oder *cosa.*
Ein gesprochener oder geschriebener spanischer Text enthält immer wieder diejenigen Wörter, die in dieser Liste enthalten sind. Daher sollten Sie diese Wörter beherrschen. Sie sind gewissermaßen das Gerippe der Sprache.
Ohne Wörter aus dieser Liste können Sie keinen spanischen Text formulieren. Mit ihnen allein allerdings auch nicht, denn Sie wollen mit Ihrem Text ja etwas mitteilen; Ihr Text hat ein Thema.

2. Einem thematisch geordneten Wortschatz.
Um sich zu einem Thema zu äußern, benötigen Sie nämlich außer den Allgemeinwörtern der Eingangsliste auch noch Wörter aus einem engeren thematischen Bereich (z. B. *Kleidung, Nahrungsmittel* oder *Berufe*). 8 000 solcher alle wesentlichen Lebensbereiche erfassenden Wörter finden Sie nach Themen geordnet im Hauptteil des Buches. Mit der Fähigkeit, Allgemeinwortschatz und thematischen Wortschatz sinnvoll miteinander zu verknüpfen, wächst Ihr Ausdrucksvermögen.

8 000 Wörter sind eine Menge, könnten Sie sagen, und Sie hätten damit Recht! Wenn Sie im Laufe Ihres Spanischlernens einen aktiv verfügbaren Kernwortschatz von ca. 2 000 Wörtern erwerben, sind Sie schon sehr gut. Neben dem aktiven hat aber auch jeder Sprachbenutzer einen passiven Wortschatz, der wesentlich größer und individuell verschieden ist.

Mit diesem *Grund- und Aufbauwortschatz Spanisch* können Sie sich entsprechend Ihren thematischen Interessen Ihren persönlichen aktiven und passiven Spanischwortschatz aufbauen – ein interessanter Lernprozess, bei dem Sie die spaltenweise Anordnung des Materials, die farbige Kennzeichnung des wichtigsten Alltagswortschatzes, die vielen Infoboxen und die beiden umfassenden Register wirksam unterstützen.

Hinweise für den Gebrauch:

1. Einzelne benötigte Wörter finden Sie schnell über das deutsche oder spanische Register. Aber die thematische Anordnung des Wortschatzes ermöglicht Ihnen natürlich auch systematisches Suchen und Lernen – ein wesentlicher Zweck dieses Buches.

2. Die über 100 farbig gekennzeichneten Infoboxen bieten Ihnen Listen thematisch zusammengehörigen Wortmaterials sowie Hinweise zu Sprachgebrauch, Grammatik, Landeskunde und Aussprache.

3. Die farbig gekennzeichneten Wörter werden in der Alltagskommunikation besonders häufig gebraucht und sollten darum vorrangig beachtet und gelernt werden.

Wie prägen Sie sich neuen Wortschatz ein?

Für das Vokabellernen gibt es viele individuelle Methoden, unter denen die folgenden am häufigsten praktiziert werden:

- Sie lernen den spaltenweise angeordneten Wortschatz nach Möglichkeit laut, erst links – rechts und dann rechts – links.
- Sie testen sich, indem Sie zunächst die deutsche Entsprechung des spanischen Eintrags abdecken, die deutsche Übersetzung aus dem Gedächtnis sprechen und dann das Blatt nach unten schieben, um die Übersetzung zur Überprüfung sichtbar zu machen.
- Später verfahren Sie entsprechend mit der spanischen Spalte.
- Nehmen Sie sich nie einen zu langen Abschnitt vor! Mehr als acht Einträge sollten Sie nicht auf einmal lernen.
- Begrenzen Sie Ihre Lernsitzungen. Jeden Tag eine Viertelstunde ist besser als einmal die Woche zwei Stunden üben.

Was machen Sie mit „hartnäckigen Verweigerern“, d. h. Wörtern oder Wortfolgen, die Sie sich nicht merken können?
Schreiben Sie sie auf Zettel im Format DIN A7 – das Spanische auf die eine Seite, das Deutsche auf die andere. Legen Sie die Zettel an auffälliger Stelle in Ihrer Wohnung aus oder tragen Sie sie bei sich, damit Sie immer wieder einmal üben oder sich testen können.

Inhaltsverzeichnis

Der wichtigste Allgemeinwortschatz

Die folgenden häufig gebrauchten Wörter sind thematisch neutral und kommen daher nur beiläufig in den Themenkapiteln vor.

a nach; in; auf; von ... entfernt; um
a causa de aufgrund
¿Adónde? Wohin?
a finales de Ende ... (*Monat*)
a la derecha (de) rechts (von)
a la izquierda (de) links (von)
a mediados de Mitte ... (*Monat*)
a pesar de trotz
a principios de Anfang ... (*Monat*)
aquel / la / lo der / die / das dort
a tiempo rechtzeitig
a veces manchmal
abril *m* April
aceptar annehmen
aconsejar empfehlen
acontecimiento *m* Ereignis
acordarse (de) sich an etw. erinnern
acostumbrarse (a) sich an etw. gewöhnen
actual aktuell
además außerdem
adiós auf Wiedersehen
admitir zugeben; zulassen
afirmar behaupten
afortunadamente zum Glück
agosto *m* August
ahora jetzt; nun
al lado de neben
alegrarse sich freuen
algo etwas
alguien jemand
allí, allá dort; dorthin
alrededor de um ... herum; ungefähr
andar gehen; laufen
anoche gestern Abend
anteayer vorgestern
anterior vorhergehend; früher
antes früher, vorher
antes (de) que bevor
antes de vor
añadir hinzufügen
aparecer aufkommen, erscheinen
aparte für sich; beiseite; gesondert
aparte de abgesehen von
aquí hier; hierher
arreglarse sich herrichten
así so
aspecto *m* Aussehen; Aspekt
asunto *m* Angelegenheit
atención *f* Aufmerksamkeit
atento aufmerksam
atrás hinten; nach hinten, zurück
aún noch
aunque obwohl, auch wenn
ayer gestern
ayudar helfen
bajar(se) sinken; aussteigen
barato billig
bastar genügen
bien gut (*Adv.*)
blando zart; leicht
breve kurz
bueno gut (*Adj.*)
buscar suchen
caber passen; Platz haben
cada jeder, jede, jedes
caer(se) (hin)fallen
cansar(se) ermüden; müde werden
caro teuer
casi beinahe
caso *m* Fall
causar verursachen
central *f* Hauptstelle; zentral
cerca de in der Nähe (von)
circunstancia *f* Umstand
claro que sí natürlich

combinar (zusammen)passen
comenzar beginnen
comienzo *m* Beginn
como wie
¿Cómo? Wie?
cómodo bequem
comparación *f* Vergleich
comparar vergleichen
comprensible verständlich
comprobar bestätigen
común gewöhnlich; gemeinsam
con mit
conclusión *f* Ende; Schluss
confianza *f* Vertrauen
confiar (en) vertrauen (auf)
confirmar bestätigen
conforme einverstanden
conocer kennen; kennen lernen
consecuencia *f* Folge
conseguir erreichen
consejo *m* Ratschlag
conservar bewahren; erhalten
contestación *f* Antwort
contestar antworten
continuación *f* Fortsetzung
continuar weitermachen
contra gegen
contrario *m* Gegenteil
contribuir beitragen
convencer überreden
convenir sich lohnen
corresponder entsprechen
cosa *f* Sache
creer glauben
¿Cuál? Welche(-r / -s)?
cualquier / a irgendein / e
¿Cuándo? Wann?
¿Cuánto tiempo? Wie lange?
¿Cuánto(s)? Wie viel(e)?
curiosidad *f* Neugier
curioso seltsam; neugierig
cuyo(s) / a(s) dessen, deren
dar geben
dar igual gleichgültig sein
de von
de acuerdo einverstanden
de esta forma / manera auf diese Art
de modo que sodass; also
de ninguna manera keineswegs
de nuevo wieder
de otra forma ansonsten
de prisa schnell
de repente plötzlich
de todas formas auf jeden Fall
de todos modos auf jeden Fall
de vez en cuando hin und wieder
debajo de unter; unterhalb
deber müssen; dürfen; schulden
debido a aufgrund
decepcionar enttäuschen
decisión *f* Entscheidung
definitivo endgültig
dejar lassen; leihen
dejar de aufhören
delante vorn; Vorder-; voran
delante de vor
demasiado zu viel; zu
demostrar beweisen
dentro innen; drinnen
dentro de in
depender von etw. abhängen
derecho geradeaus
desaparecer verschwinden
desarrollar entwickeln
descubrir entdecken
desde von, von ... aus; seit
desde hace / que seit
desde luego selbstverständlich
desgraciadamente leider
despacio langsam
despedirse sich verabschieden
después nachher
después de nach; nachdem
desventaja *f* Nachteil
detrás / detrás de hinten / hinter
diciembre *m* Dezember
diferente anders

difícil schwierig
dificultad *f* Schwierigkeit
directo direkt
dirigirse sich wenden an
discutir diskutieren
dispuesto bereit
distancia *f* Entfernung
distinguir unterscheiden
distinto verschieden
divertirse sich vergnügen
doble doppelt
domingo *m* Sonntag
¿Dónde? Wohin? / Wo?
duración *f* Dauer
durante während
durar dauern
efectivamente tatsächlich
ejemplo *m* Beispiel
e und (*wird nur vor* i *benutzt*)
elegir auswählen
en in; auf; mit; innerhalb von
en absoluto überhaupt nicht
en común gemeinsam
en contra de gegen
en cualquier caso auf jeden Fall
en el fondo im Grunde
en ningún caso auf keinen Fall
en parte zum Teil
en total insgesamt
en vez de anstatt, statt
¡Encantado / a! Sehr erfreut!
encima oben; darauf
encima de über
encontrar finden; begegnen
encuentro *m* Begegnung
enero *m* Januar
enfrente (de) gegenüber (von)
enorme riesig
enseguida / en seguida sofort
entonces also, dann
entrar eintreten
entre zwischen
equivocarse sich irren
escoger (aus)wählen
ese / a / o diese(-r / -s) da
esencial wesentlich
espacio *m* Raum, Platz
especial besonders; Sonder-
estar sein; sich befinden
este / a / o diese(-r / -s) hier
estimado geschätzt, geehrt
estupendo prima; fabelhaft
etapa *f* Phase
evitar vermeiden
exacto genau
exagerar übertreiben
excepción *f* Ausnahme
excepto ausgenommen; außer
exigir verlangen
existir bestehen
explicación *f* Erklärung
explicar erklären
expresar ausdrücken
expresión *f* Ausdruck
exterior äußerlich; Außen-
extraño / a sonderbar; Fremde(r)
extraordinario außergewöhnlich
fácil leicht
facilidad *f* Leichtigkeit
falso falsch
falta *f* Fehler
favor *m* Bitte; Gefallen
febrero *m* Februar
felicidad *f* Freude
feliz glücklich, froh
fijar festhalten, festlegen
fijarse achten auf
fondo *m* Grund
formar bilden
frecuente häufig
frente a gegenüber
funcionar funktionieren
fundamental grundlegend
futuro *m* Zukunft; zukünftig
gracias danke
gracias a dank … ; … sei Dank
grande groß
gratis gratis

grave schlimm; ernst; gefährlich
gustar gefallen; schmecken
haber (*i.d.R. Hilfsverb*) haben, sein
hacer machen, tun
hacia gegen; nach
hallar finden
hasta bis
hay es gibt
hay que man muss
hecho *m* Tatsache
hola hallo
hoy heute
idioma *m* Sprache
igual genauso, gleich; egal
ilegal illegal
imaginación *f* Vorstellung; Fantasie
imaginarse sich vorstellen
impedir verhindern; hindern
importancia *f* Bedeutung
importante bedeutend, wichtig
imposible unmöglich
impresionante beeindruckend
incluso sogar
incomprensible unverständlich
increíble unglaublich
indicar zeigen; weisen
influencia *f* Einfluss
inmediatamente sofort
insistir auf etw. bestehen
inteligente intelligent
intención *f* Absicht
intentar versuchen
intercambio *f* Austausch
interesar interessieren
interrumpir unterbrechen
invierno *m* Winter
ir gehen
ir a + *Inf.* (gleich) etw. tun
jamás nie
jueves *m* Donnerstag
julio *m* Juli
junio *m* Juni
junto zusammen
junto a bei
lado *m* Seite
legal gesetzlich, legal
lejos fern; weit weg
lejos de weit weg von
ligero leicht
límite *m* Grenze; Limit
llenar füllen; ausfüllen
lleno voll
lograr erreichen; gelingen
luego nachher, später
lugar *m* Ort; Stelle
lunes *m* Montag
mal schlecht
mandar schicken; befehlen
manera *f* Art, Weise
mañana *f* morgen; Morgen
martes *m* Dienstag
marzo *m* März
más mehr
más o menos mehr oder weniger
medianoche *f* Mitternacht
mejor besser; der / die / das beste
menos weniger
mes *m* Monat
mientras während
mientras que während
mientras tanto in der Zwischenzeit
miércoles *m* Mittwoch
minuto *m* Minute
mismo selbst; derselbe
mitad *f* Hälfte
modo *m* Art, Weise
momento *m* Moment
montón *m* Menge
mostrar zeigen
mover bewegen
muchas gracias vielen Dank
mucho tiempo lange
nada nichts; überhaupt nicht
nadie niemand
natural natürlich; Natur-
necesario notwendig, nötig
necesitar benötigen
negarse sich weigern

ni auch nicht; nicht einmal
ni siquiera nicht einmal
ninguno kein
no nein; nicht
no hay que man darf nicht; man braucht nicht
noche *f* Abend; Nacht
norma *f* Norm, Regel
normalmente normalerweise
noviembre *m* November
nuevo neu
nunca nie, niemals
o sea das heißt
obligar zwingen
ocasión *f* Gelegenheit
octubre *m* Oktober
ocurrir vorkommen
ojalá hoffentlich
olvidar vergessen
opinar meinen; glauben
opinión *f* Meinung
oportunidad *f* Gelegenheit
organizar organisieren
original original
oscuro dunkel
otoño *m* Herbst
otro ein anderer; noch ein
palabra *f* Wort
para für; nach; um zu
para que damit
¿Para qué? Wozu?
parar halten; stehen bleiben
parecer scheinen
parte *f* Teil
pasado mañana übermorgen
peligro *m* Gefahr
peligroso gefährlich
peor schlechter, schlimmer
pequeño klein
perfectamente ausgezeichnet
perfecto perfekt; ausgezeichnet
permitir erlauben
pero aber
poco wenig
poder können
por durch; für; am; gegen; wegen
por casualidad zufällig
por cierto übrigens
por ejemplo zum Beispiel
por fin endlich
por lo menos mindestens
¿Por qué? Warum?
por si acaso für alle Fälle
por supuesto selbstverständlich
porque weil
posible möglich
posición *f* Stellung, Lage
pregunta *f* Frage
preocupar(se) (sich) Sorgen machen
preparación *f* Vorbereitung
presentar vorstellen
presente *m* Gegenwart; anwesend
primavera *f* Frühling
principal hauptsächlich; Haupt-
principio *m* Anfang; Prinzip
probable wahrscheinlich
probar(se) (an)probieren; beweisen
producirse sich ereignen
profundo tief
progresar vorankommen
prohibir verbieten
prometer versprechen
pronto bald
propio eigen
propuesta *f* Vorschlag; Angebot
proteger beschützen
próximo nächste / r / s
pues da; denn; also, nun
puesto que weil; da
que welche(-r / -s); der, die, das
qué + *Adj.* / *Adv.* / *Subst.* wie; welch; was für
¿Qué? Was? / Welcher?
¿Qué tal? Wie geht es?
quedarse bleiben; sich aufhalten
quejarse sich beschweren

querer wollen, möchten
¿Quién? Wer?
quizás vielleicht
raro sonderbar; selten
rato *m* Moment; Weile
reacción *f* Reaktion
real echt, wirklich; königlich
realizar verwirklichen
rechazar ablehnen
regular gewöhnlich
repetición *f* Wiederholung
resistir widerstehen; aushalten
resolver lösen
responder antworten
resultado *m* Resultat, Ergebnis
reunirse sich treffen
sábado *m* Samstag
saber wissen; schmecken
seguir folgen; weitergehen
según nach, gemäß
semana *f* Woche
sencillo einfach
sentarse sich hinsetzen
señalar angeben; nennen; zeigen
septiembre *m* September
ser sein
servir dienen; nützlich sein
sí ja
si no wenn nicht; sonst
siempre immer
significar bedeuten
simple einfach
sin ohne
sin embargo trotzdem
sin que ohne, dass
sino sondern
situación *f* Situation, Lage
sobre todo vor allem
socorro *m* Hilfe
soler pflegen, gewöhnlich tun
solo allein
sólo bloß, nur
suerte *f* Glück; Schicksal
superficial oberflächlich
tal solch; derartig
también auch
tampoco auch nicht
tan so, so sehr
tanto so viel; so sehr
tardar dauern; Zeit brauchen
tarde *f* spät; Nachmittag; Abend
temer fürchten
temprano früh
tener haben
tener lugar stattfinden
tener que müssen
tipo *m* Typ; Figur
tirar wegwerfen; ziehen
todavía noch (immer)
todo / todos ganz; alles / alle
todo el día den ganzen Tag
todos los días jeden Tag
tomar nehmen
total *m* Summe; insgesamt
totalmente vollkommen
trabajar arbeiten
traer bringen
tranquilamente ruhig
tratar de versuchen
último letzter
uno jemand; man
urgente dringend
usar benutzen
uso *m* Gebrauch, Verwendung
útil nützlich
valer kosten; Wert sein
variar wechseln; sich ändern
venir kommen
ver(se) (sich) sehen
verano *m* Sommer
vida *f* Leben
viernes *m* Freitag
volver zurückkehren, -kommen
volver a + *Inf.* wieder + *Inf.*
y und
ya schon
ya está recht sein; passen
ya no nicht mehr

Kapitel 1

1.1 Datos personales
Angaben zur Person

llamarse	**heißen**
¿Cómo te llamas?	Wie heißt du?
Me llamo Sonia.	Ich heiße Sonia.

Llamar als reflexives Verb bedeutet „heißen / sich nennen" (*llamarse*), als nicht-reflexives Verb „an- / aufrufen, be- / ernennen".

nombre *m* **(de pila)**	**Name; Vorname**
¿Sabes tú cuál es su nombre?	Weißt du, wie sie / er heißt?
Creo que su nombre es María.	Ich glaube, sie heißt María.
nombre de pila / de bautismo	Taufname
apellidarse	**heißen** (mit Familiennamen)
¿Cómo se apellida usted?	Wie heißen Sie mit Familiennamen?
apellidos *m*	**Familiennamen**

i In Spanien werden zwei Familiennamen verwendet. Der erste stammt normalerweise vom Vater und der zweite von der Mutter. Auch die umgekehrte Reihenfolge ist möglich. An die Kinder wird jeweils der erste Familienname weitergegeben.

firma *f* – **rúbrica** *f*	**Unterschrift** – **Schnörkel**, mit dem die Unterschrift verziert wird
apodo *m* / **mote** *m*	**Spitzname**
fecha *f* **de nacimiento** *m*	**Geburtsdatum**
Nació el dos de junio de dos mil dos (el 2 de junio de 2002).	Er / Sie ist am zweiten Juni zweitausendzwei geboren.
cumpleaños *msg / mpl*	**Geburtstag**
¿Cuándo es tu cumpleaños?	Wann hast du Geburtstag?
Hoy es su cumpleaños. / Hoy está de cumpleaños.	Er / Sie hat heute Geburtstag.
aniversario *m* – **santo** *m*	**Jahrestag** – **Namenstag**
aniversario de boda / de la muerte	Hochzeits- / Todestag
edad *f*	**Alter**
¿Qué edad tiene usted? / ¿Cuántos años tiene usted?	Wie alt sind Sie?
a la edad de	im Alter von

mayor / menor de edad	Erwachsene(r) / volljährig – Minderjährige(r) / minderjährig
ser (– soy – era – fui – sido)	**sein**
¿De dónde es usted?	Wo kommen / sind Sie her?
origen *m* – **originario**	**Abstammung / Herkunft** – (gebürtig) **aus**
Es de origen español.	Er / Sie ist spanischer Abstammung.
ciudad de origen	Geburtsort; Heimatstadt
lugar *m* **de nacimiento / de residencia**	**Geburts- / Wohnort**
residencia *f* / **domicilio** *m*	**Wohnort / -sitz**
natural de / vecino/-a de – residente en	**geboren in** / (gebürtig) **aus – ansässig / wohnhaft in**
nacionalidad *f*	**Nationalität; Staatsangehörigkeit**
¿Cuál es su nacionalidad? / ¿Qué nacionalidad tiene usted?	Welche Staatsangehörigkeit haben Sie?
extranjero /-a	**Ausländer(in); Fremde(r)**
estado *m* **civil**	**Familienstand**
¿**Casado**, **soltero** o **divorciado**?	**Verheiratet**, **ledig** oder **geschieden**?
Soy / estoy **viudo**.	Ich bin **Witwer**.
sexo *m*: **varón** *m* – **hembra** *f*	**Geschlecht**: **Mann / männliches Geschlecht – Frau / weibliches Geschlecht**
altura *f* / **talla** *f* – **peso** *m*	**Größe – Gewicht**
¿Qué altura tiene usted? / ¿Cuánto mide usted?	Wie groß sind Sie?
¿Cuál es su peso? / ¿Cuánto pesa usted?	Was wiegen Sie?
dar la talla	tauglich sein
dirección *f* / **señas** *fpl*	**Adresse; Anschrift**
Se le puede localizar en esta dirección.	Er ist unter dieser Adresse zu erreichen.
dirección de correo electrónico	E-Mail-Adresse
profesión *f*	**Beruf**
¿Qué profesión ejerce / tiene? / ¿Cuál es su profesión?	Was sind Sie von Beruf?
parado /-a – jubilado /-a	**Arbeitslose(r) – Pensionär(in)**
carné *m* / **documento** *m* **(nacional) de identidad** (D. N. I.)	**Personalausweis**
pasaporte *m*	**(Reise-)Pass**
renovar (o>ue) el pasaporte	den Pass erneuern

1.2 Partes del cuerpo
Körperteile

In Bezug auf Körperteile verwendet man im Spanischen – im Gegensatz zum Deutschen oder Englischen – in der Regel den bestimmten Artikel und nicht die Possessivpronomen, da die Bezugsperson aus dem Zusammenhang hervorgeht. Genau wie im Deutschen werden die häufigsten Schmerzen durch Substantivverbindungen ausgedrückt:
dolor msg *de cabeza* (= Kopfschmerzen) / *de garganta* (= Halsschmerzen) / *de oídos* (= Ohrenschmerzen) / *de muelas* (= Zahnschmerzen) / *de espalda* (= Rückenschmerzen).
Ansonsten verwendet man den Ausdruck: *Me duele la mano. / Me duelen los dedos.* (= Mir tut der Arm / tun die Finger weh.)

cabeza *f*	**Kopf**
de (los) pies a (la) cabeza	von Kopf bis Fuß
cerebro *m* – **cerebral**	**Gehirn – Gehirn-**
pelo *m*	**Haar; Haare**
Me corté / he cortado el pelo.	Ich ließ mir die Haare schneiden.
cara *f* – **rostro** *m*	**Gesicht – Antlitz**
mejilla *f*	**Wange; Backe**
frente *f*	**Stirn**
ojo *m*	**Auge**
a ojos cerrados	blindlings
ceja *f*	**Augenbraue**
nariz *f*	**Nase**
boca *f*	**Mund; Maul**
boca abajo – boca arriba	bäuchlings – rücklings
diente *m* – **muela** *f*	**Zahn – Backenzahn**
Me duele(n) la(s) muela(s). / Tengo dolor de muelas.	Ich habe Zahnschmerzen.
lengua *f* – **labio** *m*	**Zunge – Lippe**
besar en los labios	auf die Lippen küssen
oreja *f* – **oído** *m*	**Ohr** (*äußeres*) – **Gehör** (*inneres*)
una otitis / infección de oído(s)	eine Mittelohrentzündung
duro de oído	schwerhörig
cuello *m*	**Hals** (*von außen gesehen*)
garganta *f*	**Kehle; Hals** (*von innen gesehen*)
Me duele la garganta. / Tengo dolor de garganta.	Ich habe Halsschmerzen.

hombro *m*	**Schulter**
Elena se encogió de hombros.	Elena zuckte nur mit den Achseln.
mirar por encima del hombro	von oben herab ansehen
espalda *f*	**Rücken**
pecho *m*	**Brust; Busen**
barriga *f* / **panza** *f*	**Bauch / Wanst**
brazo *m*	**Arm**
Ricardo se rompió / ha roto el brazo.	Ricardo hat sich den Arm gebrochen.
codo *m*	**Ell(en)bogen**
mano *f*	**Hand**
muñeca *f*	**Handgelenk;** (Kinder-)**Puppe**
dedo *m* (de la mano / del pie)	**Finger; Zehe**
uña *f*	**(Finger-)Nagel**
pierna *f*	**Bein**
estirar las piernas	sich die Beine vertreten
muslo *m* – **pantorrilla** *f*	**(Ober-)Schenkel – Wade**
enseñar las pantorrillas	die Beine zeigen
rodilla *f* – **tobillo** *m*	**Knie – (Fuß-)Knöchel**
estar de rodillas	knien
pie *m* – **pata** *f*	**Fuß – Pfote**
estar de pie	stehen
ir a pie / *fam* a pata	zu Fuß gehen
tórax *m* / **pecho** *m*	**Brustkorb**
costilla *f*	**Rippe**
corazón *m*	**Herz**
enfermo del corazón	herzkrank
pulmón *m*	**Lunge**
hígado *m* – **riñón** *m*	**Leber – Niere**
un transplante de riñón	eine Nierentransplantation
estómago *m* – **vientre** *m*	**Magen – Bauch**
con el estómago vacío	auf nüchternen Magen
hacer de vientre	Stuhlgang haben
abdomen *m* / **bajo vientre**	**Unterleib**
intestino *m* – **tripa(s)** *f*	**Darm – Darm / Bauch / Wanst**
heces *fpl* / **excremento(s)** *m*	**Stuhl(gang); Kot**
nalgas *fpl*	**Gesäß; Hintern; Hinterteil**
culo *m*	**Hintern; Po; Arsch**
ano *m*	**After; Anus**
orinar – **orina** *f*	**urinieren – Urin / Harn**
genitales *mpl*	**Genitalien; Geschlechtsteile**
vagina *f*	**Vagina; Scheide**
pene *m* – **testículo** *m*	**Penis – Hoden**

Euphemismen
Ein Euphemismus ist eine beschönigende, „verhüllende" Umschreibung für etwas, das man sich scheut direkt auszusprechen. Für bestimmte Körperteile, Ausscheidungen usw. werden häufig solche „indirekten" Ausdrücke gebraucht, z.B.:
ano: ojete • *pecho: busto* • *nalgas: posaderas / trasero* • *defecar* (= Kot ausscheiden): *evacuar / obrar / hacer de cuerpo / de vientre / caca* (= Stuhlgang haben) • *heces / excrementos: evacuaciones* • *genitales: las vergüenzas / partes íntimas / nobles / pudendas* • *pene: miembro viril* • *vomitar: echar la pastilla* • *orinar: hacer pipí, cambiar de agua al canario.*

circulación *f*	**Kreislauf**
La mala circulación provoca varices.	Krampfadern werden durch schlechte Durchblutung verursacht.
sangre *f*	**Blut**
donante de sangre	Blutspender(in)
conservar / no perder la sangre fría	nicht die Nerven verlieren
hacerse mala sangre	sich ärgern / Sorgen machen
venas *f* – **arterias** *f*	**Venen – Arterien**
esqueleto *m*	**Skelett**
mover el esqueleto	tanzen
hueso *m*	**Knochen**
estar en los huesos	nur noch Haut und Knochen sein
articulación *f*	**Gelenk**
articulaciones hinchadas	geschwollene Gelenke
piel *f*	**Haut**
músculo *m*	**Muskel**
glándula *f*	**Drüse**
nervio *m*	**Nerv**
tener nervios de acero	eiserne Nerven haben
perder los nervios	die Nerven verlieren
tener los nervios de punta	sehr aufgeregt sein
Me pone de los nervios.	Er / Sie geht mir auf die Nerven.
nervioso	**nervös; Nerven-**
Es un tipo nervioso.	Er ist ein nervöser Typ.
sufrir una depresión nerviosa	einen Nervenzusammenbruch erleiden
Estoy al borde de un ataque de nervios / nervioso.	Ich bin am Rande eines Nervenzusammenbruchs.

1.3 Apariencia
Äußere Erscheinung

alto – **bajo** / *pey* **canijo**	**groß** – **klein** (gewachsen)
grande – **pequeño**	**groß** – **klein**
delgado – **gordo**	**schlank / dünn** – **dick**
un hombre gordo / delgado	ein dicker / schlanker Mann
flaco / magro – **enjuto / escuálido**	**dünn / dürr** – **ausgemergelt**
un chico flaco de diecisiete años	ein dünner Siebzehnjähriger
sobrado de peso – **falto de peso**	**übergewichtig** – **untergewichtig**
Iñigo está falto de peso.	Iñigo hat Untergewicht.
sobrepeso *m* / falta de peso	**Übergewicht** – Untergewicht
débil / **endeble** / *pey* **flacucho**	**schwach / schwächlich**
fuerte / **vigoroso**	**kräftig**
regordete / gordito / rechoncho	**rundlich / mollig / pummelig**
corpulento / grueso / obeso	**korpulent / beleibt / füllig**
una mujer corpulenta, un poco metida en carnes	eine korpulente Frau, etwas füllig
ancho **(de espaldas / hombros)**	**breit(schultrig)**
fornido / recio	**kräftig** (gebaut); **stämmig**
robusto – **rollizo**	**robust; rüstig; stramm** – **drall**
buen mozo	**strammer Bursche**
garboso / gallardo / apuesto	**flott; schneidig**

El atractivo **(= Die Attraktivität)**

bonito / LAm, Andal *lindo: ¡Qué bebé más lindo / bonito!* (= Was für ein niedliches Baby!)

encantador / *encanto* m: *una chica encantadora* (= ein reizendes junges Mädchen); *¡Un encanto! / ¡Encantador(a)!* (= Entzückend!)

atracivo: *Es delgado y atractivo.* (= Er ist schlank und attraktiv.)

guapa / hermosa / bien parecida / LAm *linda: una mujer hermosa / bien parecida* (= eine gut aussehende Frau)

de (muy) buen ver: una mujer de (muy) buen ver (= eine (sehr) gut aussehende Frau)

guapo / apuesto / bien parecido: un hombre joven y apuesto / bien parecido (= ein gut aussehender junger Mann)

bonito (bes. v. Mädchen) / *guapo* / LAm *lindo* / Esp fam *mono: una chica guapa / bonita / mona* (= ein hübsches junges Mädchen)

precioso / *preciosidad* f: *Ella es preciosa y tiene unos ojos azules preciosos.* (= Sie ist wunderschön und hat wunderschöne blaue Augen.) *Es una preciosidad.* (= Sie ist ein bildhübsches / bildschönes Mädchen.)

***La falta de atractivo* (= Mangelnde Attraktivität)**
feo: un hombre feo (= ein hässlicher Mann)
poco atractivo/agraciado: Es una mujer poco atractiva. (= Sie ist eine wenig attraktive Frau.)
desfavorecido: un hombre desfavorecido (= ein unattraktiver Mann)
de mal aspecto: un tipo de mal aspecto (= ein unansehnlicher Typ)

Bei einer Personenbeschreibung verwendet man den bestimmten Artikel: *Tiene el pelo castaño y los ojos verdes.* (= Er/Sie hat braune Haare und grüne Augen.)

cara *f*	**Gesicht**
una cara oval/ovalada/redonda	ein ovales/rundes Gesicht
ojo *m*	**Auge**
ojos oscuros/claros	dunkle/helle Augen
arrugas *f* – **arrugado**	**Falten – runzlig; faltig**
cana *f*	**weißes Haar**

***Para describir el pelo* (= Zur Beschreibung des Haares)**
un peinado de moda (= eine modische Frisur)
sus rizos rubios (= seine/ihre/Ihre blonden Locken)
su hermoso/LAm *lindo pelo rubio* (= sein/ihr/Ihr schönes blondes Haar)
Esp *morenas*/LAm *morochas* – Esp *rubias*/LAm *catiras*/CAm *güeras* – *pelirrojas* (= Brünette – Blondinen – Rothaarige)
una mujer morena/de pelo blanco (= eine dunkelhaarige, braunhäutige/weißhaarige Frau)
Lleva coleta/trenzas. (= Er/Sie trägt einen Pferdeschwanz/Zöpfe.)
pelo liso, rizado y crespo (= glattes, lockiges und krauses Haar)
Es mayor y encanece. (= Er/Sie ist alt und wird grau.)
Se está quedando calvo. (= Er bekommt langsam eine Glatze.)
Tiene una calva. (= Er hat eine Glatze.)

ropa *f* – **vestido** *m*	**Kleidung/Kleid – gekleidet**
vestido elegantemente/a la última	elegant/modisch gekleidet
ir elegantemente vestido	schick/flott gekleidet sein
acicalado/aseado – desaseado	**gepflegt – ungepflegt**
desaliñado/descuidado	**vernachlässigt; ungepflegt**
aspecto desaliñado/descuidado	ungepflegte Erscheinung
sucio – mugriento	**schmutzig – schmuddelig**
andrajoso/desharrapado	**schäbig**

1.4 Infancia y juventud
Kindheit und Jugend

el / la **recién nacido / -a** – **recién nacido**	**Neugeborenes** – **neugeboren**
bebé *m* / **bebe / -a** *RPl, Pe*	**Baby**
nene / -a	**kleines Kind**
canguro *m / f*	**Babysitter(in)** (*wörtlich*: Känguruh)
cuna *f*	**Wiege**
desde la cuna hasta la sepultura	von der Wiege bis zur Bahre
niñez *f* / **infancia** *f* – **tierna edad** *f*	**Kindesalter** – **frühe Kindheit**
niño / -a – **niños / -as**	**Kind** – **Kinder**
ropa **infantil**	**Kinderbekleidung**
niñera *f* / **chacha** *f* / **tata** *f*	**Tagesmutter; Kindermädchen**
hijo *m* – **hija** *f*	**Sohn / Kind** – **Tochter / Kind**
Ella es hija única.	Sie ist ein Einzelkind.
guardería *f* **(infantil)**	**Kinderkrippe** (für Säuglinge und Kleinkinder)
guardería *f* / **jardín** *m* **de infancia** / *Mex* **jardín de niños**	**Kindergarten / -tagesstätte / Spielgruppe**
juguete *m* – **juguetería** *f*	**Spielzeug** – **Spielwarenladen**
Todos los niños necesitan juguetes.	Jedes Kind braucht Spielzeug.

Juegos para (los) niños **(= Spiele für Kinder)**
jugar a la pelota / pelotear (= Ball spielen) • *jugar a cartas* (= Karten spielen) • *jugar a las casitas* (= Mutter und Vater spielen) • *jugar al escondite* (= Versteck spielen) • *muñeca* f (= Puppe) • *cochecito* m (= Puppenwagen) • *casa* f *de muñeca(s)* (= Puppenhaus / -stube) • *animal* m *de peluche / de trapo* (= Plüschtier / Stofftier) • *osito* m *de peluche / de felpa* (= Teddybär) • *mecano* m / *caja f de construcciones* (= Baukasten) • *cubos* m *(de madera) / piezas* f *(de mecano)* (= Bauklötzchen) • *canicas* f / *pitas* f / LAm *bolitas* f (= Murmeln) • *tren* m / *ferrocarril* m *en miniatura* (= Modelleisenbahn)
libro m *de colorear* (= Malbuch) • *caja* f *de pinturas* (= Mal- / Tuschkasten) • *lápices* m *de colores* (= Buntstifte) • *pinturas* f *de cera* (= Wachsmalstifte) • *pinturas* f (= Farben)
juego m *de mesa* (= Brettspiel) • *acertijo* m / *adivinanza* f (= Rätsel) • *rompecabezas* msg / mpl (= Puzzle / Puzzlespiel) • *subibaja* m / *columpio* m (= Wippe) • *columpio* m (= Schaukel) • *patines* m *(de ruedas)* (= Rollschuhe) • *patines* m *(de hielo)* (= Schlittschuhe) • *monopatín* m (= Skateboard) • *bicicleta* f / *bici* f (= Fahrrad) • *triciclo* m (= Dreirad) • *trineo* m (= Schlitten)

joven *m/f*	**jung; Jugendliche(r); junges Mädchen**
gente joven / jóvenes / juventud	junge Leute; Jugendliche; Jugend
chico – **chica**	**klein; jung; Junge; Knabe; Kleiner – junges Mädchen; Kleine**
Es un buen chico.	Er ist ein guter Kerl.
chiquillo – chiquilla	**kleiner Junge; Knabe; Liebling – kleines Mädchen; Liebchen; Schatz**

Männliche Jugendliche sind *chicos, muchachos, jóvenes, chavales, tíos* (wörtlich: Onkel). Weibliche Jugendliche sind *chicas, muchachas, jóvenes, chavalas, tías* (wörtlich: Tanten). Lateinamerikanische Varianten sind (besonders in Mexiko) *chamacos/-as,* (besonders im Andenbereich) *cabros/-as* und (besonders im Süden Lateinamerikas) *pibes/-as.*

juventud *f*	(die) **Jugend(zeit)**

Entsprechungen für „Jugend":
Pasé mi infancia en Santiago. (= Ich habe meine Jugend in Santiago verbracht.)
La juventud / La gente joven tiene sus propios problemas. (= Die Jugend hat ihre eigenen Probleme.)

adolescente *m/f*	**Heranwachsende(r)**
la **adolescencia**	das **Erwachsenwerden**
la **pubertad**	die **Pubertät**
un(a) quinceañero/-a	**ein Teenager**
una madre quinceañera	eine Mutter im Teenageralter
menor *m/f* **(de edad)**	**Minderjährige(r); Kind**
mayor *m/f* **(de edad)**	**Volljährige(r); Erwachsene(r)**
ser mayor de edad	volljährig/mündig sein
llegar (g>gue) **a la mayoría** *f* **de edad**	**volljährig werden**
juvenil	**jugendlich; Jugend-**
club juvenil – albergue juvenil	Jugendclub – Jugendherberge
delincuente juvenil	jugendliche(r) Straftäter(in)
organización juvenil	Jugendorganisation
adulto/-a	**erwachsen; Erwachsene(r)**
crecer (c>zc)	**erwachsen werden**
Tienen dos hijos crecidos/mayores.	Sie haben zwei erwachsene Söhne.

1.5 Edad madura y vejez
Mittlere Jahre und Alter

edad *f* **madura**	**das mittlere Lebensalter** (ca. 40–65)
crisis *fsg/fpl* **de los cuarenta**	**Midlife-Crisis** (um die 40)
madurez *f*	**Reife**
maduro – **inmaduro**	*(körperlich, geistig)* **reif** – **unreif**
en la flor de su vida / en sus mejores años	**in der Blüte seiner/ihrer Jahre; in den besten Jahren**
la **esperanza de vida**	die **Lebenserwartung**
el **envejecimiento**	das **Altwerden**; das **Altern**
la **menopausia / época crítica**	die **Wechseljahre**
envejecer (c>zc) / **hacerse** (– hago – hice, hizo – hecho) **viejo**	**alt werden; altern**
irse (– voy – iba – fui – ido) **haciendo viejo**	**(langsam) älter werden**
Nos vamos haciendo viejos.	Wir werden langsam älter.
anciano/-a / viejo/-a	**alte(r) Mann/Frau; Greis(in)**
asilo de ancianos	**Altersheim; Altenheim**

Wie im Deutschen sind auch im Spanischen Euphemismen (= beschönigende Umschreibungen) gebräuchlich: *persona mayor* (= ältere/erwachsene Person), *de cierta edad* (= in reifem Alter), *de edad avanzada* (= in fortgeschrittenem Alter); *un hombre entrado en años* (= ein betagter Mann).
In Lateinamerika werden jedoch oft *mi viejo/vieja* und deren Verkleinerungsformen *mi viejito/-a* als Koseausdruck (= mein/-e Freund/-in) verwendet, wobei *viejos* auch eine Bezeichnung für die Eltern (= die Alten) sein kann. Diese letzte Anwendung setzt sich mittlerweile auch in Spanien in der Jugendsprache durch: *Mis viejos se han ido, así que podemos hacer una fiesta en casa.* (= Meine Eltern sind weg, also können wir ein Fest bei mir machen.)

ser (– soy – era – fui – sido) **viejo**	**alt sein**
estar (– estoy – estuve – estado) **viejo**	**alt wirken/aussehen**
No es viejo, pero está viejo.	Er ist nicht alt, sieht aber so aus.
mayor	**erwachsen; volljährig; ältere(r, s)**
Son mayores.	Sie sind alt/erwachsen/volljährig.
los mayores	die **Vorfahren / Ahnen / Erwachsenen / alten Leute**

veterano *m*	*(auch Kriegs-)***Veteran**
un diplomático / profesor veterano	ein altgedienter Diplomat / Lehrer
edad *f* **de retiro / de jubilación**	**Renten- / Pensionsalter**
pensionista *m / f* / **jubilado /-a**	**Rentner(in)**
jubilarse	**in den Ruhestand gehen**
un funcionario retirado / jubilado	ein pensionierter Beamter
retiro *m* / **jubilación** *f*	**Ausscheiden aus dem Arbeitsleben**
cuando alcance la edad de jubilación	wenn sie / er das Rentenalter erreicht
la vejez / la tercera edad	**das Alter**

Wenn von *vejez* oder *gente mayor* die Rede ist, werden oft Euphemismen (= beschönigende / verhüllende Ausdrücke) verwendet: *mujeres de cierta edad* sind Frauen in mittleren Jahren, das Alter selbst wird oft als *el otoño de la vida, el ocaso de la vida, sus años de retiro* umschrieben. Eine *residencia para la tercera edad* erhält solche weniger „direkt“ klingenden Namen wie *residencia para mayores, residencia de ancianos* oder schlicht *residencia* oder *asilo,* wenn es nicht sogar nur angedeutet wird mit Ausdrücken wie *un lugar donde se pueden ocupar de él / ella* (= wo man sich um ihn / sie kümmern kann). Die Menschen, die man im Deutschen als Senioren bezeichnet, sind auf Spanisch *jubilados / señores de edad;* vorher ist man *de mediana edad.*

longevidad *f*	**Langlebigkeit**
decaimiento *m* / **deterioro** *m*	**Verfall; Verschlechterung**
decaimiento físico	nachlassende körperliche Energie
en sus últimos años	**in seinen / ihren letzten Lebensjahren**
senilidad *f* – **senil**	**Senilität** – **senil**
sufrir / padecer la **enfermedad** *f* **de Alzheimer**	an **Alzheimer** leiden

Unfreundliche, diskriminierende Ausdrücke, die auf ältere Menschen angewandt werden: *ser un fósil* (= verknöchert / verkalkt sein) • *chocho* (= kindisch vor Alter / senil / vertrottelt / tatterig) • *volverse chocho* (= vertrotteln / trottelig werden) • *chochear* (= faseln) • *estar para el arrastre / acabado* (= es nicht mehr bringen / dem Ende nahe sein)

estar (– estoy – estuve – estado) **mal de salud**	**bei schlechter Gesundheit sein**
servicio *m* de **comidas a domicilio**	**Essen auf Rädern**

1.6 Personalidad y comportamiento
Persönlichkeit und Verhalten

comportarse / **portarse**	**sich benehmen / verhalten**
personalidad *f*	**Persönlichkeit**
Tiene una personalidad atractiva.	Er / Sie besitzt ein sympathisches Wesen.
carácter *m* / **manera** *f* **de ser**	**Wesen; Charakter**
Tiene un carácter fuerte.	Er / Sie hat einen starken Charakter.
temperamento *m* / **genio** *m*	**Temperament; Naturell**
temperamental	**temperamentvoll**
buen genio – mal genio	**Gutmütigkeit / gute Laune – schlechte Laune**
tener buen genio – tener mal genio	einen guten Charakter haben / gutmütig sein – jähzornig / leicht aufbrausend sein
estar de mal genio	schlecht gelaunt sein
humor *m*	**Laune; Humor**
estar de buen / mal humor	gute / schlechte Laune haben

Adjektive, die menschliche Eigenschaften ausdrücken, mit ihrem Gegenteil

contento (= zufrieden) – *descontento* (= unzufrieden)
inhibido (= gehemmt) – *desinhibido* (= ungehemmt)
interesado (= gewinnsüchtig / selbstsüchtig / eigennützig) – *desinteresado* (uneigennützig / selbstlos)
considerado (= rücksichtsvoll) – *desconsiderado* (= rücksichtslos)
agradecido (= dankbar) – *desagradecido* (= undankbar)
cortés (= höflich) – *descortés* (= unhöflich)
honesto (= ehrlich) – *deshonesto* (= unehrlich)
fiel (= treu) – *infiel* (= untreu / treulos)
maduro (= reif) – *inmaduro* (= unreif)
decente (= anständig) – *indecente* (= unanständig)
discreto (= taktvoll) – *indiscreto* (= taktlos)
capaz de (= zu etwas fähig) – *incapaz de* (= zu etwas unfähig)
experto (= erfahren) – *inexperto* (= unerfahren)
flexible (= flexibel) – *inflexible* (= unflexibel)
tolerante (= duldsam) – *intolerante* (= unduldsam)
culto (= kultiviert / gebildet) – *inculto* (= unkultiviert / ungebildet)
civilizado (= gebildet / zivilisiert) – *incivilizado* / *salvaje* (= ungebildet / unzivilisiert / wild)

justo (= fair / gerecht) – *injusto* (= unfair / ungerecht)
sensato (= vernünftig / besonnen) – *insensato* (= unvernünftig / töricht)
seguro (de sí mismo) (= sicher / selbstbewusst) – *inseguro / cohibido* (= unsicher / gehemmt)
paciente (= geduldig) – *impaciente* (= ungeduldig)
parcial (= parteiisch) – *imparcial* (= unparteiisch)
prudente (= vorsichtig) – *imprudente* (= unvorsichtig)
responsable (= verantwortungsbewusst) – *irresponsable* (= verantwortungslos)
respetuoso (= ehrerbietig / rücksichtsvoll / anstandsvoll) – *irrespetuoso* (= unehrerbietig / respektlos)

Bei einer Gruppe von Adjektiven bevorzugt man im Spanischen beschönigend auf den Mangel einer Eigenschaft hinzuweisen, statt direkt den Gegensatz zu verwenden, auch wenn er existiert: *eficiente – ineficiente / poco eficiente* (= effizient – ineffizient / wenig effizient); *cultivado – poco cultivado* (= kultiviert – unkultiviert / wenig kultiviert); *correcto – incorrecto / poco correcto* (= korrekt – inkorrekt / wenig korrekt); *fiable – poco fiable* (= zuverlässig – unzuverlässig / wenig zuverlässig); *exigente – poco exigente* (= anspruchsvoll / unbescheiden – anspruchslos / bescheiden); *interesante – poco interesante* (= interessant – uninteressant); *comprensivo – poco comprensivo / incomprensivo* (= verständnisvoll – verständnislos); *razonable – poco razonable / irrazonable* (= vernünftig / angemessen – unvernünftig); *sentimental – poco sentimental* (= sentimental / gefühlvoll – unsentimental / gefühllos); *servicial – poco servicial* (= gefällig – ungefällig).

bueno – malo	**gut – schlecht**
bondadoso – malicioso	**gütig – boshaft**
un señor / dios / soberano bondadoso	ein gütiger Herr / Gott / Herrscher
una mirada maliciosa	ein boshafter Blick
benévolo – malévolo	**wohlwollend – böswillig / übelgesinnt**
compasivo – despiadado	**mitfühlend – mitleidlos**
íntegro – corrupto	**ehrlich / rechtschaffen – korrupt**
un hombre recto e íntegro	ein aufrichtiger und ehrlicher Mann

Viele der hier aufgeführten Adjektive werden durch Anhängen von *-mente* an die weibliche Form des Adjektivs zu häufig gebrauchten

> Adverbien:
> *Actuó insensatamente / ineficientemente / desinteresadamente / irresponsablemente.* (= Er / Sie handelte töricht / ineffizient / selbstlos / verantwortungslos.)
> *Se comportó discretamente / juiciosamente / valerosamente / razonablemente.* (= Er / Sie verhielt sich taktvoll / klug / mutig / vernünftig.)

trabajador – **perezoso** / **vago** / *esp LAm, Andal* **flojo**	**fleißig** – **faul**
educado – **maleducado** / **grosero**	**höflich** – **unhöflich** / **grob**
¡No hace falta ser maleducado!	Warum denn gleich grob werden?
conservador – **progresista**	**konservativ** – **progressiv**
listo – **tonto**	**klug** / **listig** – **dumm**
de miras amplias – **estrecho de miras**	**tolerant** / **großzügig** – **engstirnig**
egocéntrico – **altruista**	**ichbezogen** – **altruistisch** / **selbstlos**
generoso / **desprendido** – **avaro** / **tacaño** / **agarrado**	**großzügig** – **geizig** / **knauserig**
descuidado – **meticuloso**	**lax; lässig** – **pingelig**
encantador – **falto** / **desprovisto de encanto**	**charmant** – **ohne Charme**
optimista *m / f* – **pesimista** *m / f*	**optimistisch; Optimist(in)** – **pessimistisch; Pessimist(in)**
extravertido – **introvertido**	**extravertiert** – **introvertiert**
alegre / **de buen humor** – **triste**	**gut gelaunt** – **trübsinnig** / **traurig**
interesante – **sin interés** / **aburrido**	**interessant** – **uninteressant** / **langweilig**
salado – **soso**	**geistreich** / **witzig** (*wörtlich:* salzig) – **langweilig** (*wörtlich:* fad[e] [Person])
divertido – **aburrido**	**unterhaltend** / **lustig** – **langweilig**
fuerte – **débil**	**stark** – **schwach**
duro – **débil**	**(knall)hart** – **schwach**
un tipo duro	ein knallharter Kerl
valeroso / **valiente** – **cobarde**	**mutig** / **tapfer** – **feige**
un **gallina**	eine **feige Nuss** / ein **Feigling**
relajado – **tenso**	**entspannt** – **angespannt**
tranquilo – **agitado** / **excitado**	**ruhig** – **aufgeregt**
Estaba muy tranquilo antes de la operación.	Er war vor der Operation sehr ruhig.
respetuoso – **descarado** / **fresco**	**respektvoll** – **frech**
No seas descarado con tus padres.	Sei nicht frech zu deinen Eltern.

1.7 Sentidos y sensaciones
Sinne und Sinneseindrücke

sentido *m*	**Sinn**
el sentido de la vista / del oído	der Seh- / Gehörsinn
sentido del olfato / gusto / tacto	Geruchs- / Geschmacks- / Tastsinn
sensación *f*	**Empfindung; Sinneseindruck; Gefühl**
sentir (– siento – sentí, sintió – sentido)	**fühlen; empfinden; verspüren**
No sintió el dolor.	Er / Sie spürte den Schmerz nicht.
ojo *m*	**Auge**
¡ojo!	Vorsicht!; Achtung!
ojeada *f*	(flüchtiger) **Blick**
echar una ojeada a / sobre algo	einen kurzen Blick auf etwas werfen / etwas überfliegen
ver (– veo – vi – visto)	**sehen**
Vio que no había nadie.	Er / Sie sah, dass niemand da war.
Vimos un(a película de) vídeo.	Wir sahen uns ein Video an.
mirar	**ansehen; (an)schauen; nachsehen**
ver / mirar la televisión	fernsehen
¿Has mirado en la cocina?	Hast du in der Küche nachgesehen?
Mira a éste.	Schau dir doch mal dies hier an.
Estaban / Estuvieron mirando cómo comía el perro.	Sie sahen zu, wie der Hund fraß.
mirada *f*	**Blick**
preguntar / interrogar a alguien con la mirada	jemand fragend anblicken
De una mirada lo dejó callado.	Sein / Ihr Blick brachte ihn zum Schweigen.
Lo he notado.	Ich habe es bemerkt.
notar / **darse** (– doy – di – dado) **cuenta**	**bemerken; wahrnehmen**
Nadie se dio cuenta del robo.	Niemand bemerkte den Diebstahl.
observar	**beobachten; bemerken**
observación *f*	**Beobachtung; Bemerkung**
vista *f*	**Sehkraft / -vermögen; (Aus-)Sicht**
Está perdiendo vista.	Seine / Ihre Sehkraft lässt nach.
corto de vista / miope – hipermétrope	kurzsichtig *(konkret und im übertragenen Sinne)* – weitsichtig
Fue amor a primera vista.	Es war Liebe auf den ersten Blick.

una hermosa vista al mar	ein schöner Ausblick aufs Meer
¡Hasta la vista!	Auf Wiedersehen!
vistazo *m*	**flüchtiger Blick**
Se ve de un vistazo.	Man sieht es auf einen Blick.
visible – **invisible**	**sichtbar** – **unsichtbar**
ciego /-a / **invidente** *m / f* – **tuerto /-a**	**blind / Blinde(r)** – **einäugig / Einäugige(r)**
En el reino de los ciegos, el tuerto es el rey.	Unter den Blinden ist der Einäugige König.
visual – **vídeo** *m* / **video** *Arg*	**visuell / Seh-** – **Video(-)**
medios audiovisuales	audiovisuelle Medien
oído *m* – **oreja** *f*	**Gehör** / (inneres) **Ohr** – (äußeres) **Ohr**
Es un poco duro de oído.	Er ist ein bisschen schwerhörig.
audífono *m* / **aparato** *m* **de(l) oído**	**Hörhilfe; Hörgerät**
sordo /-a	**taub; Taube(r)**
sordomudo /-a	**taubstumm; Taubstumme(r)**
oír (– oigo, oye – oí, oyó – oído)	**hören**
¿No has oído un ruido?	Hast du das Geräusch nicht gehört?
¡oye! / ¡oiga!	hör (mal) zu! / hören Sie (mal) zu!
¡oiga!	hallo! (am Telefon)
escuchar	**(zu)hören**
Escuché atentamente pero no pude oír nada.	Ich lauschte angestrengt, konnte aber nichts hören.
escuchar la radio	Radio hören
sentir (– siento – sentí, sintió – sentido)	**hören; vernehmen**
Se sienten pasos en el pasillo.	Man hört Schritte im Flur.
sonido *m*	**Schall; Laut; Klang**
sonar (o>ue)	**klingen; klingeln**

Das spanische Verb *sonar* wird nicht wie das deutsche Verb „spielen“ im Sinne von „ein Instrument spielen“ verwendet. Dafür benutzt man *tocar* (= berühren).
La guitarra suena bien. (= Die Gitarre klingt gut.)
Tocas muy bien la guitarra. (= Du spielst sehr gut Gitarre.)

tono *m*	**Ton**
No me gusta tu tono de voz.	Mir gefällt dein Ton nicht.
volumen *m*	**Lautstärke**
subir / bajar el volumen	das Gerät lauter / leiser stellen
ruidoso – **silencioso**	**laut** – **geräuschlos / leise**

El / (La instalación de) aire acondicionado es demasiado ruidoso /-a.	Die Klimaanlage ist zu laut.
audible – inaudible	**hörbar – unhörbar**
audio-	**Audio-; Ton-**
ruido *m*	**Geräusch; Lärm; Krach**
No puedo aguantar el ruido.	Ich kann den Lärm nicht aushalten.
la **nariz** – **olfato** *m*	die **Nase** – **Geruch(ssinn)**
oler (huelo, olemos – olí – olido)	**riechen; wittern; duften**
La sopa huele deliciosamente.	Die Suppe riecht köstlich.
olor *m* – **oloroso**	**Geruch / Gestank – wohlriechend / duftend**
apestar / oler mal / heder (e>ie)	**stinken**
Aquí apesta / huele fatal.	Hier stinkt's.
fragancia *f*	(Wohl-)**Geruch / Duft**
la fragancia única de estas rosas	der besondere Duft dieser Rosen
perfumar – perfume *m*	**parfümieren – Parfüm / Duft**
aroma *m*	**Aroma; Duft**

Achtung, *falsos amigos* (= falsche Freunde)!
Span. *aroma* wird nur gerochen und als angenehm empfunden, ist also Duft. Dt. **Aroma** wird auch geschmeckt und als angenehm empfunden (span. = *sabor / gusto*): *el inconfundible aroma del café recién molido* (= der unverwechselbare Duft frisch gemahlenen Kaffees). *Estos tomates no saben a nada.* (= Diese Tomaten haben überhaupt keinen Geschmack.)

saber (– sé – supe – sabido) – **sabor** *m*	**schmecken – Geschmack**
(Esto) sabe dulce / salado / agrio.	Es schmeckt süß / salzig / sauer.
gusto *m*	**Geschmack(ssinn); Vorliebe**
apetito *m* – **apetitoso**	**Appetit – schmackhaft / appetitlich**
tacto *m*	**Gefühls- / Tastsinn**
La tela tiene un tacto muy suave.	Der Stoff fühlt sich sehr weich an.
tocar (c>que)	**berühren**
Por favor, (se ruega) no tocar.	Bitte nicht berühren.
tocar un instrumento	ein Instrument spielen
asir / agarrar / *Esp* **coger / tomar**	**anfassen**

i In der Südspitze Lateinamerikas und auch in anderen lateinamerikanischen Ländern, wie z. B. Mexiko, sollte man das Verb *coger* nicht im Sinne von „anfassen" benutzen, da es auf intime Beziehungen hinweist. Stattdessen kann man *tomar* verwenden.

1.8 Sentimientos y actitudes
Gefühle und Einstellungen

actitud *f*	**Einstellung; Haltung**
actitud frente / hacia los extranjeros	Einstellung gegenüber Ausländern
sentimiento *m*	**Gefühl**
No quería herir tus sentimientos.	Ich wollte dich nicht verletzen.
sentimental	**gefühlvoll; sentimental**
una persona / novela sentimental	ein sentimentaler Mensch / Roman
sentir (– siento – sentí, sintió – sentido)	**fühlen; bedauern**
Se sentía cansada.	Sie fühlte sich müde.
Lo siento (mucho).	Es tut mir (sehr) Leid.
Siento que te vayas.	Ich bedauere, dass du gehst.
emocionar	**(be)rühren; bewegen; ergreifen**
Eso me emociona.	Das berührt mich.
emoción *f*	**Emotion**; Spannung; Aufregung
humor *m*	**Stimmung; Laune**
No estoy de humor para bromas.	Mir ist nicht nach Spaßen zumute.
estar de buen / mal humor	gute / schlechte Laune haben
amor *m* – **amoroso**	**Liebe – liebevoll / Liebes-**
Lo hace por amor.	Er / Sie tut das aus Liebe.
amor mío	Liebling; Geliebte(r)
enamorarse de	**sich verlieben in**
Se ha enamorado de ella.	Er / Sie hat sich in sie verliebt.
amar – **amarse**	**lieben – einander / sich lieben**

Amar klingt auf Spanisch sehr poetisch und gewählt, deswegen wird stattdessen *querer* bevorzugt: *Quiero mucho a mi familia.* (= Ich liebe meine Familie sehr.) Darüber hinaus wird „etwas lieben" mit dem Verb *adorar* (= anbeten) oder mit anderen Verben, die Begeisterung ausdrücken, übersetzt: *Adoro la comida vasca / la paella / Sevilla.* (= Ich liebe die baskische Küche / Paella / Sevilla.)

adorar	**anbeten; lieben; verehren**
encantar	**entzücken; begeistern**
Me encantaría quedarme aquí.	Am liebsten würde ich hier bleiben.
estar encantado	**angetan sein**
querer (– quiero – quise – querido)	**lieben; mögen; gern haben** (wollen)
Te quiero.	Ich liebe dich.
¿Quiere (Vd.) beber algo?	Möchten Sie etwas trinken?

cariño *m*	**Zuneigung; Anhänglichkeit**
tener cariño a alguien	jemand gern haben
cariñoso	**liebevoll; zärtlich**
apreciar – aprecio *m*	**zu schätzen wissen / hochachten – Hochachtung**
gustar	**gefallen; mögen; gern haben; gern tun**
Me gusta mucho este chico.	Dieser Junge gefällt mir sehr.
¿Qué te gustaría hacer?	Was würdest du gern tun?

Die deutsche Frage „Wie gefällt es dir?“ wird nicht wörtlich ins Spanische übersetzt. Man fragt *¿Qué te parece?* oder *¿Cómo lo encuentras?* oder einfach *¿Te gusta?* (= Gefällt es dir?).

disfrutar / pasarlo bien	**genießen**
Lo paso muy bien aquí.	Ich bin sehr gern hier.
apasionar / entusiasmar	**begeistern**
Me apasiona Latinoamérica.	Ich bin von Lateinamerika begeistert.
entusiasmarse / apasionarse	**schwärmen; sich begeistern**
Se entusiasma con Caballé.	Er / Sie schwärmt für Caballé.
desear – deseo *m*	**begehren – Wunsch / Begehren**
el deseo de paz / amor	das Verlangen nach Frieden / Liebe
ansiar *(stärker)* / **anhelar**	**sehnlich begehren; ersehnen**
ansiar (volver a) ver a alguien	sich nach jemand sehnen
anhelo *m* / *el* **ansia** *f**	**Begierde; Sehnsucht**
añorar / *LAm* **extrañar**	**sehnlichst verlangen; Sehnsucht empfinden; sich sehnen nach**
Te extraño / añoro.	Ich sehne mich nach dir.
añoranza *f* / **nostalgia** *f* **(de)**	**Sehnsucht; Heimweh**
Siento nostalgia de mi país.	Ich habe Heimweh.
interés *m* – **interesante**	**Interesse – interessant**
interesarse por	**sich interessieren für**
preferir (– prefiero – preferí, prefirió – preferido)	**bevorzugen; vorziehen**
Prefiero el cine a la televisión.	Ich ziehe das Kino dem Fernsehen vor.
admirar – admirador(a)	**bewundern – Verehrer(in)**

Sehr heißt in Bezug auf Verben nicht *muy*, sondern *mucho*: *La quiere / admira mucho.* (= Er / Sie liebt / bewundert sie sehr.)

soportar – insoportable	**ausstehen – unausstehlich**

No soporta las críticas.	Er verträgt nicht die Kritik.
aguantar – **inaguantable**	**ertragen / aushalten – unerträglich**
No lo aguanto más.	Ich halte ihn / es nicht mehr aus.
agradar – **desagradar**	**gefallen – missfallen / nicht mögen**
odiar – **odio** *m* **(a)**	**hassen – Hass (auf)**
Odio darme prisa.	Ich hasse es zu hetzen.
optimismo *m* – **pesimismo** *m*	**Optimismus – Pessimismus**
optimista *m / f* – **pesimista** *m / f*	**optimistisch / Optimist(in) – pessimistisch / Pessimist(in)**
esperar – **esperanza** *f*	**hoffen** / (er)**warten – Hoffnung**
perder la esperanza	die Hoffnung aufgeben
Espero que les guste.	Ich hoffe, es gefällt ihnen.
desesperar – **desesperación** *f*	**verzweifeln – Verzweiflung**
conmovedor / enternecedor	**rührend; bewegend; ergreifend**
una escena enternecedora	eine ergreifende Szene
prejuicio *m* **(contra)**	**Vorurteil (gegen)**
subjetivo – **objetivo**	**subjektiv – objektiv**

Adjektive, mit denen Verärgerung ausgedrückt wird
Estaba enfadada / enojada / molesta. (= böse / ärgerlich / verärgert)
El jefe estaba furioso / rabioso / hecho un demonio. (= rasend / wütend / fuchsteufelswild)

tener (– tengo, tiene – tuve – tenido) **miedo** *m* a / de *(vor Pron.)*	**Angst haben** vor
¿Tienes miedo al perro?	Hast du Angst vor dem Hund?
Él tiene miedo a volar.	Er fürchtet sich vor dem Fliegen.
orgullo *m* – **orgulloso**	**Stolz – stolz**
Estamos orgullosos de tu éxito.	Auf deinen Erfolg sind wir stolz.
celos *mpl* – **celoso**	**Eifersucht – eifersüchtig**
¿Tienes celos / ¿Estás celoso de ella?	Bist du eifersüchtig auf sie?
envidiar – **envidia** *f* – **envidioso**	**beneiden – Neid – neidisch**
Envidio tu inteligencia.	Ich beneide dich um deine Intelligenz.
despreciar / menospreciar	**verachten; unterschätzen**
sorprender – **sorpresa** *f*	**überraschen – Überraschung**
Estoy sorprendido de verte aquí.	Ich bin überrascht, dich zu sehen.
asombrado / atónito / perplejo	**erstaunt; verblüfft; bestürzt**
reír (río – reí, rió – reído) – **risa** *f*	**lachen** – (das) **Lachen**
sonreír (– sonrío – sonreí, sonrió – sonreído) – **sonrisa** *f*	**lächeln** – (das) **Lächeln**
llorar – **llanto** *m*	**weinen** – (das) **Weinen**

1.9 Moralidad e inmoralidad
Moral und Unmoral

moralidad *f* – **inmoralidad** *f*	**Moral / Sittlichkeit – Unmoral / Unsittlichkeit**
moral *f* – **moral**	**Moral / Sittlichkeit / Stimmung – moralisch / sittlich**
principios / valores morales	moralische Prinzipien / Maßstäbe
inmoral – amoral	**unmoralisch – amoralisch**
ética *f* – **ético**	**Ethik – ethisch / moralisch**
un comportamiento poco ético	ein unmoralisches Verhalten
bueno – malo	**gut – schlecht**

> *Bueno* und *malo* verlieren den Endvokal vor männlichen Substantiven in der Einzahl:
> *un buen / mal carácter* (= ein guter / schlechter Charakter).

correcto / recto	**richtig; recht**
Tú has actuado correctamente / rectamente.	Du hast richtig / recht gehandelt.
incorrecto / mal hecho	**falsch; schlecht; unrecht**
(el) mal – maldad *f*	**(das) Böse – Bosheit**
la lucha entre el bien y el mal	der Konflikt zwischen Gut und Böse
malo / malvado	**böse**
no hacer nada malo	nichts Unrechtes tun
buenas y malas acciones	gute und böse Taten
conciencia *f*	**Gewissen / Bewusstsein**
buena / mala conciencia	gutes / schlechtes Gewissen
ideal *m* – **ideal**	**Ideal – ideal**
generosidad *f*	**Großzügigkeit; Freigiebigkeit**
inocencia *f* – **inocente**	**Unschuld – unschuldig / naiv**
Han perdido su inocencia.	Sie haben ihre Unschuld verloren.
No seas inocente.	Sei doch nicht so naiv.
integridad *f*	**Integrität / Redlichkeit**
poner en duda su integridad	seine / ihre Integrität in Frage stellen
justo /-a – injusto	**gerecht / Gerechte(r) – ungerecht**
luchar por una causa justa	für eine gerechte Sache kämpfen
ser injusto con alguien	jemand Unrecht tun
honra *f* / **honor** *m* – **deshonra** *f* / **deshonor** *m*	**Ehre – Unehre / Ehrlosigkeit / Ehrverlust**

honrar – deshonrar	**ehren – entehren / die Ehre angreifen**
honradez *f* – **falta** *f* **de honradez**	**Ehrlichkeit / Redlichkeit – Unehrlichkeit / Unredlichkeit**
honestidad *f* – **deshonestidad** *f*	**Keuschheit / Ehrlichkeit – Unkeuschheit / Unehrlichkeit**
decencia *f* – **indecencia** *f*	**Anständigkeit – Unanständigkeit**
decente – indecente	**anständig – unanständig / anstößig / unsittlich**
Estoy seguro de que es un tío decente.	Sicherlich ist er ein anständiger Kerl.
(des)obedecer (c>zc)	**(nicht) gehorchen**
obediencia *f* – **desobediencia** *f*	**Gehorsam – Ungehorsam**
obediencia a la ley	Gehorsam gegenüber dem Gesetz
fidelidad *f* – **infidelidad** *f*	**Treue – Untreue / Treulosigkeit / Treuebruch**
Su infidelidad ha acabado con el matrimonio.	Seine / Ihre Untreue hat die Ehe kaputtgemacht.
fiel – infiel	**treu – untreu**
Prometió serle fiel.	Er / Sie schwor ihr / ihm, treu zu bleiben.
corrupción *f*	**Korruption; Bestechlichkeit**
corrupto	**korrupt / bestechlich / verdorben**
mentira *f* – **mentir** (– miento – mentí, mintió – mentido)	**Lüge – (an)lügen; heucheln**
mentiroso /-a / embustero /-a	**Lügner(in)**
Es un maldito embustero.	Er ist ein verdammter Lügner.
alborotador(a) / agitador(a)	**Unruhestifter(in)**
inútil / que no vale para nada	**nichtsnutzig; wertlos**
un(a) inútil	ein(e) nichtsnutzige(r) Mann / Frau
Es uno que no vale para nada.	Er ist ein Tunichtgut / Taugenichts.
granuja *m / f* / **tunante /-a**	**Gauner(in)**
escrúpulo *m*	**Skrupel**
no tener el menor escrúpulo	nicht den leisesten Skrupel haben
culpa *f*	**Schuld**
Todo es culpa mía.	Es ist alles meine Schuld.
culpabilidad *f* – **culpable**	**Schuld; Strafbarkeit – schuldig; strafbar**
Nadie es culpable (de ello).	Niemand hat / ist daran Schuld.
avergonzarse (– avergüenzo – avergoncé – avergonzado)	**sich schämen**
Deberías estar avergonzado.	Du solltest dich schämen.
sinvergüenza *m / f*	**unverschämte Person**

1.10 Relaciones humanas
Menschliche Beziehungen

relación *f* – **relaciones (entre)**	**Beziehung** – **Beziehungen** / **festes Verhältnis (zwischen)**
sus relaciones con (los) hombres	seine / ihre Beziehungen zu Männern
términos *mpl*	(= *relaciones*) **Beziehungen**
estar en buenos términos con alguien	gut mit jemand stehen
tener (– tengo, tiene – tuve – tenido) **trato** con otra gente	mit anderen Menschen **Umgang haben**
llevarse bien / mal con alguien	mit jemand **gut / schlecht auskommen / zurechtkommen**
Últimamente no se llevan tan bien.	In der letzten Zeit kommen sie nicht so gut miteinander zurecht.
entenderse (e>ie) con alguien	**sich** mit jemand **verstehen**; mit jemand **ein Verhältnis haben**
mutuo	**gegenseitig; beiderseitig**
respeto mutuo	gegenseitige Achtung
multitud *f* – **muchedumbre** *f*	**(Menschen-)Menge**
grupo *m*	**Gruppe**
todos los miembros del grupo	alle Mitglieder der Gruppe
clase *f*	**Klasse**
la clase alta / media / baja	die Ober- / Mittel- / Unterschicht
una familia de clase media	eine Familie der Mittelschicht
club *m*	**Klub; Verein; geschlossene Gesellschaft**
entrar en un club	einem Verein beitreten
unión *f*	**Verein; Verband; Bund; Bündnis; Union**
asociación *f*	**Vereinigung; Genossenschaft; Gilde**
cooperativa *f*	**Genossenschaft; Kooperative**
cofradía *f* – **cofrade** *m / f*	**Laienbrüderschaft; Genossenschaft** – **Mitglied einer Laienbrüderschaft**
hermandad *f*	**Berufsgenossenschaft** *(vor allem in der Landwirtschaft)*
pandilla *f*	**Clique; Bande**
cuadrilla *f*	**Freundesclique; Arbeitergruppe; Stierkämpfermannschaft**

Jemand, mit dem man etwas gemeinsam hat oder tut
compañero/-a de juego (= Spielkamerad/-in) • *compañero/-a de clase* (= Schulkamerad/-in) • *compañero/-a de viaje* (= Mitreisende/-r) • *conciudadano/-a* (= Mitbürger/-in) • *contertulio/-a* (= Mitglied in einer literarischen/künstlerischen/politischen Gesellschaft; Stammgast) • Esp *amiguete* m / *colega* m/f / *compañero/-a* / LAm *compadre* m / Mex *cuate* m / Pe *pata* m (= Kumpel) • *colega* m/f (= Kollege/Kollegin) • *camarada* m/f (= Kamerad/-in) • *compañero/-a* (= Gefährte/Gefährtin; Kollege/Kollegin) • *rival* m/f / *competidor(a)* (= Konkurrent/-in) • *cómplice* m/f (= Komplize/Komplizin)

miembro *m/f*	**Mitglied**
la calidad de miembro / **la pertenencia** (a una sociedad)	**Mitgliedschaft**
sociedad *f* – **socio/-a**	**Partnerschaft/Gesellschaft – Partner(in)/Mitglied-**
líder *m/f* – **liderazgo** *m*	(An-)**Führer(in) – Führung**
partidario/-a	**Anhänger(in)**
amigo/-a	**Freund(in)**
Son amigos íntimos.	Sie sind eng befreundet.
amigo/-a del alma	Busenfreund(in)
hacerse amigos	sich befreunden
amistad *f* – **amistoso**	**Freundschaft – freundschaftlich**
una amistad íntima/estrecha	eine enge/herzliche Freundschaft
amistades *fpl*	Freunde
compañía *f*	**Gesellschaft**
Ella le hace compañía.	Sie leistet ihm Gesellschaft.
compañerismo *m*	**Kameradschaft; Kollegialität**
conocer (c>zc) **a alguien**	**jemand kennen (lernen)**
Lo conozco de vista.	Ich kenne ihn vom Sehen.
conocido/-a	**Bekannte(r)**
un conocido de confianza	ein nahe stehender Bekannter
estrecho	**eng**
estrechas relaciones	enge Beziehungen
intimar con alguien	mit jemand **vertraut werden; (enge) Freundschaft schließen**
íntimo	**intim; vertraut; vertraulich**
simpatía *f*	**Sympathie; Mitgefühl**
simpatizar (z>ce)	**sympathisieren**
apoyar – **apoyo** *m*	**unterstützen – Unterstützung**
Nos ofrecieron su apoyo.	Sie boten uns ihre Unterstützung an.

cooperar – cooperación *f*	**zusammenarbeiten – Zusammenarbeit**
solidaridad *f* – **solidario**	**Solidarität – solidarisch**
afecto *m*	**Zuneigung; Gemütsbewegung**
tener afecto a alguien	jemand gewogen sein / lieb haben / gern haben
afectuosidad *f* – **afectuoso**	**Herzlichkeit / Zärtlichkeit – herzlich / lieb**
cariño *m* – **cariñoso**	**Liebe / Zuneigung – liebevoll / zärtlich**
tener cariño a alguien	jemand gern haben
amar – amor *m*	**lieben – Liebe**
enamorarse de	**sich verlieben** in
(Ella) se enamoró de su profesor.	Sie verliebte sich in ihren Lehrer.
acuerdo *m*	**Einverständnis; Einvernehmen; Abkommen; Vereinbarung**
estar de acuerdo – en desacuerdo	einverstanden / einig sein – nicht übereinstimmen
desacuerdo *m*	**Uneinigkeit / Meinungsverschiedenheit**
unanimidad *f*	**Einstimmigkeit**
Hay unanimidad sobre eso.	Darüber herrscht Einstimmigkeit.
conflicto *m*	**Konflikt**
enfrentamiento *m* / **choque** *m*	**Konfrontation; Zusammenprall**
chocar (c>que)	**aneinander geraten; zusammenstoßen**
Chocamos frecuentemente.	Wir haben oft Auseinandersetzungen.
diferencias *fpl*	**Meinungsverschiedenheit; Streit**
Parece que han dejado / aparcado sus diferencias.	Sie scheinen Ihren Streit beigelegt zu haben.
riña *f* / **disputa** *f* / **pelea** *f*	**Streit**
reñir (– riño – reñí, riñó – reñido) / **disputar / pelearse**	**streiten**
Riñen / Se pelean continuamente.	Sie streiten sich oft.
desprecio *m*	**Verachtung; Missachtung**
desdén *m*	**Geringschätzung; Gleichgültigkeit**
indiferencia *f* – **indiferente**	**Gleichgültigkeit – gleichgültig**
hostilidad *f* – **hostil**	**Feindseligkeit – feindselig**
enemistad *f* – **enemigo /-a**	**Feindschaft / Feindseligkeit – feindlich / Feind(in)**
adversario /-a	**Gegner(in)**
rival *m / f*	**Rivale / Rivalin; Nebenbuhler(in)**

rencor *m* – **rencoroso**	**Groll – grollend / nachtragend**
Es por eso que me guarda rencor.	Deshalb also ist sie / er mir böse.
envidiar – envidia *f* – **envidioso**	**beneiden / nicht gönnen – Neid – neidisch**

Comportamiento frente a otras personas **(= Verhalten anderen Menschen gegenüber)**
educación f / *cortesía* f (= Höflichkeit) • *respeto* m (= Achtung) • *amabilidad* f (= Freundlichkeit) • *consideración* f (= Rücksicht) • *tacto* m (= Takt) • *discreción* f (= Diskretion) *grosería* f / *falta* f *de educación* / *descortesía* f (= Unhöflichkeit) • *falta* f *de respeto* (= Respektlosigkeit) • *falta* f *de amabilidad* / *grosería* f (= Unfreundlichkeit) • *desconsideración* f / *falta* f *de consideración* (= Rücksichtslosigkeit) • *falta* f *de tacto* (= Taktlosigkeit) • *descaro* m / *desvergüenza* f (= Unverschämtheit) • *frescura* f (= Frechheit)

visitar – visita *f*	**besuchen – Besuch**
Teníamos pensado visitarte.	Wir hatten vor, dich zu besuchen.
Me ha hecho una visita.	Er / Sie hat mich besucht.
Hoy tenemos visita.	Heute haben wir Besuch.
ir (– voy – iba – fui – ido) **a ver**	**besuchen; aufsuchen**
Mañana iré a verte.	Morgen werde ich dich besuchen.
encontrarse (o>ue)	**zusammenkommen; sich treffen**
Nos encontramos todos los jueves.	Wir treffen uns jeden Donnerstag.
quedar	**sich verabreden**
Hemos quedado a las siete.	Wir haben uns für sieben Uhr verabredet.
He quedado con Miguel.	Ich bin mit Miguel verabredet.
salir (–g–) **con alguien**	**mit jemand (aus)gehen**
contacto *m*	**Kontakt; Verbindung**
Tenemos que mantenernos en contacto.	Wir müssen in Kontakt bleiben.
Tiene buenos contactos.	Er / Sie hat gute Verbindungen .
tener (– tengo, tiene – tuve – tenido) **enchufe**	**Vitamin B haben** (*wörtlich*: Steckdose)
charlar / **conversar** / *LAm* **platicar** (c>que)	**(be)sprechen; sich unterhalten**
charla *f* / **conversación** *f* / *Mex* **plática** *f*	**Gespräch; Unterhaltung; Unterredung**
Tenemos que charlar sobre eso.	Wir müssen uns darüber unterhalten.
discusión *f*	**Diskussion**

1.11 Sexualidad
Sexualität

erotismo *m* – **erótico**	**Erotik** – **erotisch**
sexo *m* – **sexualidad** *f*	**Geschlecht / Sex** – **Sexualität**
el sexo opuesto	das andere Geschlecht
cambio de sexo	Geschlechtsumwandlung
sexual	**sexuell; Sexual-; Geschlechts-**
atractivo sexual	Sexappeal; erotische Ausstrahlung
abuso / acoso sexual	sexuelle(r) Missbrauch / Belästigung
delito sexual – delincuente sexual	Sexualverbrechen – Sexualverbrecher
maniaco sexual	Triebtäter
sexista *m / f* – **sexismo** *m*	**sexistisch; Sexist(in)** – **Sexismus**
sexy	**sexy**
heterosexual *m / f*	**heterosexuell; Heterosexuelle(r)**
homosexual *m / f*	**homosexuell; Homosexuelle(r)**
homosexualidad *f*	**Homosexualität**
gay *m / pey* **marica** *m* **/-ón** *m*	**schwul; Schwuler**
lesbiana *f*	**lesbisch; Lesbierin; Lesbe**

Ausdrücke für *relaciones sexuales* (= Geschlechtsverkehr)
hacer el amor con alguien, acostarse con alguien, irse a la cama con alguien, tener relaciones sexuales con alguien

caricia *f* – **caricias** – **acariciar**	(das) **Streicheln** – **Petting** – **streicheln**
estimular / excitar – **estimulación** *f* / **excitación** *f*	(sexuell) **erregen** – **Erregung**
erección *f* – **erecto**	**Erektion** – **erigiert / steif**
clímax *m*	**Höhepunkt; Orgasmus**
orgasmo *m*	**Orgasmus**
tener un orgasmo	einen Orgasmus haben
pene *m* – **clítoris** *m*	**Penis** – **Klitoris / Kitzler**
eyacular – **eyaculación** *f*	**ejakulieren** – **Ejakulation**

i ***El destape*** (= Situation nach Ende der Frankodiktatur 1975): Die einsetzende Liberalisierung verursachte eine Reaktion gegen die strenge Moral des Frankismus und erotische bzw. pornografische Veröffentlichungen überschwemmten den Markt und beeinflussten das alltägliche Leben.

impotencia *f* – **impotente**	**Impotenz – impotent**
concepción *f* – **anticoncepción** *f* / **contracepción** *f*	**Empfängnis – Empfängnisverhütung**
anticonceptivo *m*	**empfängnisverhütend; Verhütungsmittel**
condón *m* / **preservativo** *m*	**Kondom / Präservativ**
virgen *f*	**jungfräulich; Jungfrau**
virginidad *f*	**Jungfräulichkeit**
embarazo *m* – **embarazada** / **encinta**	**Schwangerschaft – schwanger**
prueba del embarazo	Schwangerschaftstest / -untersuchung
quedarse embarazada / encinta	schwanger werden
Está embarazada de tres meses.	Sie ist im vierten Monat schwanger.
abortar	**eine Fehlgeburt haben; die Schwangerschaft abbrechen; abtreiben**
aborto *m*	**Fehlgeburt; Schwangerschaftsabbruch**
tener un aborto	eine Fehlgeburt haben; eine Abtreibung vornehmen lassen
masturbar – **masturbarse**	**masturbieren – onanieren / sich selbst befriedigen**
masturbación *f*	**Masturbation; Selbstbefriedigung**
SIDA *m* / **Síndrome** *m* **de inmunodeficiencia adquirida**	**Aids**
El Sida es un riesgo que se corre si uno es promiscuo / si uno se acuesta con todos sin tomar precauciones.	Aids ist ein Risiko, das man eingeht, wenn man mit vielen verschiedenen Partnern schläft, ohne Vorkehrungen zu treffen.
El sexo anal sin precauciones supone también un peligro de transmisión del Sida.	Analverkehr ohne Vorkehrungen erhöht die Gefahr einer Aidsübertragung.
enfermedades *f* **venéreas**	**Geschlechtskrankheiten**
prostituto /**-a** – **prostitución** *f*	**Prostituierte(r) – Prostitution**
prostituir(se) (– prostituyo – prostituí, prostituyó – prostituido)	**(sich) prostituieren**
casa *f* **de putas** / **burdel** *m*	**Bordell; Puff**
pornografía *f* – **pornográfico**	**Pornografie – pornografisch**
porno *m* **blando** – **porno** *m* **duro**	**Softporno – harter Porno**
violación *f* – **violador** *m*	**Vergewaltigung – Vergewaltiger**

1.12 Higiene personal
Körperpflege

higiene *f*	**Hygiene**
aseo *m*	**Reinlichkeit; Sauberkeit**
aseo personal	Körperpflege
limpieza *f*	**Sauberkeit; Reinlichkeit**
lavar(se)	**(sich) waschen**
¿Te has lavado las manos?	Hast du dir die Hände gewaschen?
¿Has lavado ya la ropa?	Hast du die Wäsche gewaschen?
ropa *f* – **colada** *f*	**Kleidung / Kleider / Wäsche – Wäsche**
Tengo que hacer la colada.	Ich muss Wäsche waschen.
jabón *m* – **detergente** *m*	**Seife – Waschmittel**
cepillar(se) – **cepillo** *m*	**(sich) bürsten – Bürste**
cepillo de dientes	Zahnbürste
cepillo (para el pelo) –	Haarbürste
bañar(se) – **baño** *m*	**(sich) baden – Bad**
¿Ya te has bañado?	Hast du schon gebadet?
Voy a darme un baño.	Ich werde ein Bad nehmen.
bañera *f* – el **cuarto de baño**	**Badewanne – das Badezimmer**
ducharse – **ducha** *f*	**(sich) duschen – Dusche**
tomar / darse una ducha	(sich) duschen
toalla *f*	**Handtuch**
secar(se) (c>que) (frotando con la toalla)	**sich abtrocknen / abrubbeln / mit dem Handtuch frottieren**

Die Konstruktion mit *de* bei Behälter- und Mengenangaben
un frasco de champú / colonia (= eine Flasche Shampoo / Kölnischwasser) • *una pastilla de jabón* (= ein Stück Seife) • *una caja de palillos / bastoncillos de algodón* (= eine Schachtel Zahnstocher / Wattestäbchen) • *un paquete de compresas / de pañuelos de papel / de klínex™* (= eine Packung Binden / Papiertaschentücher) • *un rollo de papel higiénico* (= eine Rolle Toilettenpapier) • *un tarro / bote de crema* (= eine Dose Creme) • *un tubo de pasta dentífrica* (= eine Tube Zahnpasta)

dentífrico *m* / **pasta** *f* (dentífrica / de dientes)	**Zahnpasta**
afeitar(se) – **crema** *f* **de afeitar**	**(sich) rasieren – Rasiercreme**
maquinilla *f* **de afeitar** (eléctrica)	**Rasierer; Rasierapparat; Elektrorasierer**

champú *m*	**Haarwaschmittel; Shampoo**
champú y suavizante	Shampoo und Pflegespülung
lavarse el pelo / la cabeza	**sich die Haare waschen**
secador *m* (de pelo)	**Haartrockner; Föhn**
peinar – **peine** *m*	**kämmen – Kamm**
peluquero /-a	**Friseur(in)**
peluquería *f*	**Friseursalon; Damensalon**
barbero *m* – **barbería** *f*	(Herren-)**Friseur – Barbierstube**
Voy a la barbería / al barbero.	Ich gehe zum Friseur.
maquillaje *m*	**Schminke; Make-up**
maquillar(se) – desmaquillar(se)	**(sich) schminken – (sich) abschminken**

Cosméticos **(= Kosmetika)**
crema f (= Creme) • *crema limpiadora* (= Reinigungscreme) • *crema hidratante* (= Feuchtigkeitscreme) • *polvos* mpl (*para la cara*) (= Gesichtspuder) • *lápiz* m / *barra* f *de labios* (= Lippenstift) • *sombra* f de *ojos* (= Lidschatten) • *lápiz* m de *ojos* (= Kajalstift) • *lápiz* m *para las cejas* (= Augenbrauenstift) • *rímel* m (= Wimperntusche) • *colorete* m (= Rouge) • *colonia* f (= Eau de Cologne / Kölnischwasser) • *perfume* m (= Parfüm) • *desodorante* m (= Deodorant)

depilar(se) – depilación *f*	**(sich) enthaaren – Enthaarung**
pinzas *fpl* (de depilar)	**Pinzette**
esmalte *m* **para las / de uñas**	**Nagellack**
lima *f* **para las / de uñas**	**Nagelfeile**
tijeras *fpl* **para las / de uñas**	**Nagelschere**
loción *f*	**Lotion**

Lociones können auch als *cremas* in den nachstehenden Beispielen bezeichnet werden: *loción corporal, loción facial, loción para (las) manos, loción para después del afeitado, loción para antes del afeitado, loción solar* (= Sonnencreme), *loción para bebés.*

(bastoncillo *m* **de) algodón** *m*	**Watte(stäbchen)**
pañuelo *m* **de papel / klínex™** *m*	**Papiertaschentuch; Tempo™**
sonarse (– sueno – soné – sonado)	**sich schneuzen / die Nase putzen**
compresa *f* – **tampón** *m*	**(Damen-)Binde – Tampon**
papel *m* **higiénico**	**Toilettenpapier**
servicio *m* / *LAm* **sanitario** *m*	**Toilette; Klo**

Weitere Ausdrücke für Toilette:
váter m / *lavabo* m / *baño* m / *retrete* m / *excusado* m

1.13 Muerte
Tod

muerte *f*	**(der) Tod; Todesfall**
¿Hay vida después de la muerte?	Gibt es ein Leben nach dem Tode?
muerte repentina / natural / violenta	plötzlicher / natürlicher / gewaltsamer Tod
¡Peligro de muerte!	Lebensgefahr!
muerte cerebral / clínica	Hirntod; klinischer Tod
mortal	**tödlich; sterblich; Sterbliche(r)**
sus restos mortales	seine / ihre sterblichen Überreste
heridas mortales	tödliche Verletzungen
pecado mortal	Todsünde
morir / *fam* **morirse** (– muero – morí, murió – muerto)	**sterben**
Murió de cáncer / vejez / una sobredosis.	Er / Sie starb an Krebs / Altersschwäche / einer Überdosis.
El abuelo se murió hace dos años.	Der Großvater ist vor zwei Jahren gestorben.
Murió de muerte natural / violenta.	Er / Sie starb eines natürlichen / gewaltsamen Todes.
defunción *f* / **fallecimiento** *m*	**(Da-)Hinscheiden; Ableben; Tod; Todesfall; Trauerfall**
cerrado por defunción	wegen Trauerfall geschlossen
perecer (c>zc)	**umkommen**
perder (e>ie) **la vida**	**ums Leben kommen**
agonizar (z>ce) – **agonizante** *m / f*	**im Sterben / in Agonie liegen – mit dem Tod ringend / Sterbende(r)**
muerto /-a	**gestorben; tot; Tote(r)**
caer muerto	tot umfallen
resucitar de entre los muertos	von den Toten auferstehen
difunto /-a	**verstorben; Verstorbene(r)**
cadáver *m* / *arg* **fiambre** *m*	**Leiche**
autopsia *f*	**Obduktion; Leichenöffnung; Autopsie**
practicar / hacer la autopsia	die Obduktion vornehmen / durchführen
ataúd *m* / **féretro** *m* / **caja** *f* (de muerto)	**Sarg**
urna *f* **funeraria**	**Urne**
funeral *m* / **entierro** *m*	**Begräbnis; Beerdigung; Beisetzung**
Estuve en su funeral.	Ich war auf seiner Beerdigung.

cortejo *m* **fúnebre**	**Trauerzug; Leichenzug**
exequias *fpl* / **funerales** *mpl* / **honras** *fpl* **fúnebres**	**Toten- / Trauerfeier; Trauergottesdienst**
funeraria *f* / **empresa** *f* **de pompas fúnebres**	**Bestattungsunternehmen**
corona *f* **(fúnebre)**	**Kranz** (auf dem Grab)
cementerio *m* / **campo** *m* **santo**	**Friedhof**
enterrar (e>ie) / **sepultar**	**begraben**
¿Dónde está enterrado?	Wo liegt er begraben?
incinerar – **incineración** *f*	**einäschern** – **Einäscherung**
cremación *f* – **crematorio** *m*	**Einäscherung** – **Krematorium**
tumba *f* / **sepulcro** *m*	**Grab(mal); Gruft; Grabstätte**
Depositó una corona en la tumba al / del soldado desconocido.	Er legte am Grabmal des unbekannten Soldaten einen Kranz nieder.
sepultura *f* – **sepulturero** /**-a**	**Grabstätte / Grab(mal) / Gruft** – **Totengräber(in)**
panteón *m* – **nicho** *m*	**Familiengruft** – **Nischengrab**
lápida *f* – **epitafio** *m*	**Grabstein** – **Grab(in)schrift / Epitaph**
el **alma** *f**	die **Seele**
¿Es el alma inmortal?	Ist die Seele unsterblich?

Das Wort *alma* gehört zu der Gruppe weiblicher Substantive, die mit einem betonten *a* anfangen und im Singular einen männlichen Artikel aus Gründen des Klangs bekommen. Diese Wörter bleiben aber weiblich:
el alma perdida (= die verirrte Seele), *todas las almas* (= alle Seelen).

luto *m* / **duelo** *m* – **estar** (– estoy – estuve – estado) **de luto** / **de duelo**	**Trauer** – **(be)trauern / in Trauer sein**
Está de luto por la muerte de su abuela.	Er / Sie betrauert den Tod seiner / ihrer Großmutter.
llevar luto / ponerse de luto / vestirse de luto	Trauer tragen / Trauer anlegen / trauern
pésame *m*	**Beileidsbezeugung**
dar el pésame	sein Beileid bezeugen
esquela *f*	**Todesanzeige; Traueranzeige**
(último) adiós *m*	**(am Grab) Nachruf**
ahogarse (g>gue)	**ertrinken; sich ertränken**
morir ahogado	ertrinken; Tod durch Ertrinken
asfixiar(se) – **asfixia** *f*	**ersticken** – **Ersticken**

muerte por asfixia	Tod durch Ersticken
terminal	**unheilbar; End-**
enfermo terminal	der unheilbar Kranke
cáncer terminal	unheilbarer Krebs
enfermedad en fase terminal	Krankheit im letzten Stadium
eutanasia *f*	**Euthanasie; Sterbehilfe**
suicidarse	**Selbstmord begehen**
suicidio *m* – **suicida** *m/f*	**Selbstmord; Selbsttötung; Freitod – Selbstmörder(in)**
matar / asesinar a alguien	**jemand töten / umbringen**
matón *m*	**Schläger; Raufbold; Rausschmeißer; Killer**
asesinato *m* – **asesino /-a**	**Mord – Mörder(in)**
liquidar a alguien	**jemand erledigen / liquidieren**
envenenar a alguien	**jemand vergiften**
Ha muerto envenenado.	Er ist an einer Vergiftung gestorben.

Die männliche Endung *-cidio* bedeutet „Mord / Tötung“
infanticidio (= Kindesmord) • *matricidio* (= Muttermord) • *parricidio* (= Vatermord) • *fratricidio* (= Geschwistermord) • *regicidio* (= Königsmord) • *magnicidio* (= Mord an einer hochgestellten Persönlichkeit) • *suicidio* (= Selbstmord) • *genocidio* (= Völkermord)
Die entsprechenden Mörder(innen) sind: *infanticida* • *matricida* • *parricida* • *fratricida* • *regicida* • *magnicida* • *suicida* • *genocida*

ejecutar – **ejecución** *f*	**hinrichten – Hinrichtung / Erschießung**

Métodos de aplicación de la pena de muerte
(= Hinrichtungsmethoden)
la horca – ahorcar (= Galgen – erhängen) • *la silla eléctrica* (= elektrischer Stuhl) • *la cámara de gas* (= Gaskammer) • *el pelotón de fusilamiento – fusilar – el fusilamiento* (= Erschießungskommando – standrechtlich erschießen – Erschießen) • *la inyección letal* (= Todesspritze) • *la decapitación – decapitar* (= Köpfen – köpfen) • *la guillotina* (= Guillotine / Fallbeil) • *la crucifixión* (= Kreuzigung) • *la lapidación – lapidar* (= Steinigung – steinigen)

víctima *f* **(mortal)**	**(Todes-)Opfer**
la última voluntad	**letzter Wille; Testament**
testamento *m*	**Testament**
hacer (el) testamento	sein Testament machen

Kapitel 2

2.1 Relaciones familiares
Verwandtschaftliche Beziehungen

pariente/-a	**Verwandte(r)**
pariente cercano/lejano	naher/entfernter Verwandter
No es pariente mío.	Er ist nicht mit mir verwandt.
familiar *m/f*	**Verwandte(r); Familienangehörige(r)**
¿Tiene usted familiares aquí?	Haben Sie hier Verwandte?
antepasado *m*	**Vorfahre**
descendiente *m/f*	**Nachkomme; Nachfahre**
origen *m*	**Abstammung; Herkunft**
cubanos de origen europeo	Kubaner europäischer Herkunft
familia *f* (numerosa)	(kinderreiche) **Familie**
padre – **madre**	**Vater** – **Mutter**

Die Pluralformen von Familienmitgliedern mit unterschiedlichem Geschlecht aber gleichem Verwandtschaftsgrad werden mit der männlichen Form wiedergegeben: *los padres* (= die Eltern) • *los hijos* (= die Kinder) • *los hermanos* (= die Geschwister) usw.

Zusammensetzungen mit *-astro*
padrastro (= Stiefvater) • *madrastra* (= Stiefmutter) • *padrastros* (= Stiefeltern) • *hijastro* (= Stiefsohn) • *hijastra* (= Stieftochter)

hijo – **hija**	**Sohn** – **Tochter**
hermano – **hermana**	**Bruder** – **Schwester**

***Parientes políticos / familia política* (= angeheiratete Verwandte)**
suegro/padre político (= Schwiegervater) • *suegra/madre política* (= Schwiegermutter) • *suegros/padres políticos* (= Schwiegereltern) • *yerno/hijo político* (= Schwiegersohn) • *nuera/hija política* (= Schwiegertochter) • *cuñado/hermano político* (= Schwager) • *cuñada/hermana política* (= Schwägerin)

tío – **tía**	**Onkel** – **Tante**
sobrino – **sobrina**	**Neffe** – **Nichte**
primo – **prima**	**Cousin/Vetter** – **Cousine**
abuelo – **abuela**	**Großvater** – **Großmutter**
nieto – **nieta**	**Enkel** – **Enkelin**

2.2 Matrimonio y divorcio
Ehe und Ehescheidung

matrimonio *m* – **matrimonial**	**Ehe / Heirat / Ehepaar – Ehe-**
partida / acta de matrimonio	Trauschein; Heiratsurkunde
consejero /-a matrimonial	Eheberater(in)
pedir en matrimonio	anhalten (um die Hand von jmd.)
contraer matrimonio	heiraten
matrimonio homosexual	Homo-Ehe
casarse	**heiraten / getraut werden**
¿Quieres casarte conmigo?	Willst du mich heiraten?
Los casó / ha casado el obispo.	Sie wurden vom Bischof getraut.
Está casada con él.	Sie ist mit ihm verheiratet.
Se casaron en 1992.	Sie haben 1992 geheiratet.
casarse por la Iglesia / por lo civil	sich kirchlich / standesamtlich trauen lassen
casarse en segundas nupcias	sich zum zweitenmal verheiraten
casado /-a	**verheiratet; verheiratete(r) Mann / Frau**
soltero /-a	**ledig; unverheiratete(r) Mann / Frau; Junggeselle**
Permaneció soltero toda su vida.	Er blieb sein Leben lang Junggeselle.
solterón – solterona	**alter Junggeselle – alte Jungfer**
pedir (– pido – pedí, pidió – pedido) **la mano** (de alguien)	(jemand) **einen Heiratsantrag machen**
petición *f* **de mano / pedida** *f*	**(Heirats-)Antrag**
prometerse – prometido /-a	**sich verloben – verlobt / Verlobte(r)**
Se han prometido hoy.	Sie haben sich heute verlobt.
compromiso *m* **matrimonial**	**Verlobung**
novio /-a – los novios	(der) **Verlobte; Bräutigam** / (die) **Verlobte; Braut – das Brautpaar**
¡Vivan los novios!	Ein Hoch auf die Brautleute!
boda *f* / **nupcias** *fpl*	**Heirat; Trauung; Hochzeit**
traje de boda / vestido de novia	Hochzeits- / Brautkleid
aniversario de (la) boda	Hochzeitstag
boda civil	standesamtliche Trauung
bodas de plata / oro	silberne / goldene Hochzeit
casamiento *m*	**Heirat; Ehe**
dama *f* / **doncella** *f* **de honor**	**Brautjungfer**
padrino *m* (de boda) – **madrina** *f* (de boda)	**Brautführer / Trauzeuge – Trauzeugin**

registro *m* **civil**	**Standesamt**
la luna de miel	**Flitterwochen; Hochzeitsreise**
Los recién casados pasaron su luna de miel en Cuba.	Ihre Flitterwochen verbrachten die Neuvermählten in Kuba.
marido – **mujer**	(Ehe-)**Mann** – (Ehe-)**Frau**
su **exmarido / exmujer**	ihr **Exmann** / seine **Exfrau**
esposo /-a *esp LAm*	(Ehe-)**Gatte** – **Gattin**
compañero /-a	**Lebensgefährte / Lebensgefährtin**
pareja *f*	(Ehe-)**Partner(in)**
"llevar los pantalones"	**„die Hosen anhaben"**
Ella lleva los pantalones.	Sie hat die Hosen an.
legítimo – **ilegítimo**	**ehelich** – **nichtehelich**
hijos legítimos e ilegítimos	eheliche und nichteheliche Kinder
fiel – **infiel**	**treu** – **untreu**
No te he sido nunca infiel.	Ich bin dir nie untreu geworden.
infidelidad *f*	**Untreue** *(in Ehe bzw. Partnerschaft)*
adulterio *m* – **adúltero /-a**	**Ehebruch** – **Ehebrecher(in)**
cometer adulterio	Ehebruch begehen
aventura *f* **(amorosa)** / **lío** *m*	(außereheliches) **Verhältnis; Affäre**
¿Habrá tenido un lío con ella?	Hatte er wohl ein Verhältnis mit ihr?
amante *m / f* / **querido /-a**	**Liebhaber(in); Geliebte(r) / Mätresse**
Su mujer tiene un amante.	Seine Frau hat einen Liebhaber.
donjuán / mujeriego	**Schürzenjäger; Frauenheld**
separarse – **separación** *f*	**sich trennen** – **Trennung**
Sus padres viven separados.	Seine / Ihre Eltern leben getrennt.
fracasar	**scheitern**
Su matrimonio ha fracasado.	Ihre Ehe ist gescheitert / kaputt.
divorciarse – **divorcio** *m*	**sich scheiden lassen** – (Ehe-)**Scheidung**
Él ha pedido el divorcio.	Er hat die Scheidung eingereicht.
Felipe quiere divorciarse de ella.	Felipe will sich von ihr scheiden lassen.
divorcio de mutuo acuerdo	einvernehmliche Scheidung
Se divorciaron / han divorciado.	Sie ließen sich scheiden.
manutención *f*	**Unterhalt** *(nach der Scheidung)*
Tiene que pagarle a su exmujer la manutención.	Er muss seiner früheren Frau Unterhalt zahlen.
custodia *f*	**elterliche(s) Sorge(recht)**
enviudar – **viudo /-a**	**verwitwen** – **Witwe(r)**
bigamia *f* – **bígamo /-a**	**Bigamie** – **Bigamist(in)**

2.3 Padres e hijos
Eltern und Kinder

maternidad *f* – **paternidad** *f*	**Mutterschaft** – **Vaterschaft**
materno / maternal – **paterno / paternal** – **filial**	**mütterlich** – **väterlich** – **Kindes-; kindlich**
embarazo *m* / *fam* **preñez** *f*	**Schwangerschaft**

Dass eine Frau schwanger (= *embarazada* / fam *preñada*) ist, kann auf unterschiedliche Weise ausgedrückt werden:
Va a tener un niño / familia. • *Está esperando un niño / familia.* •
Está encinta – en estado (de buena esperanza).
Una mujer encinta ist eine werdende Mutter.

contracciones *fpl* / **dolores** *mpl* **de(l) parto**	(Geburts-)**Wehen**
el comienzo de las contracciones	das Einsetzen der Wehen
matrona *f* / **comadrona** *f*	**Hebamme**
parto *m* / **alumbramiento** *m*	**Entbindung**
nacimiento *m* / **parto** *m*	**Geburt**
partida de nacimiento	Geburtsurkunde
prenatal – **postnatal**	**vor / nach der Geburt**
dar (– doy – di – dado) **a luz**	**zur Welt bringen**
(operación) cesárea *f*	**Kaiserschnitt**
aborto *m*	**Fehlgeburt; Schwangerschaftsabbruch**
prematuro	**vorzeitig**
Tuvo un hijo (prematuro).	Ihr Baby kam zu früh auf die Welt.
gemelo(s) /-a(s)	**Zwilling(e)**
bautismo *m (Sacramento)* / **bautizo** *m (Acto)*	**Taufe**
ahijado / ahijada	**Patenkind**
padrino – **madrina**	**Patenonkel** – **Patentante**

Kosewörter *(= nombres cariñosos)*
Für *padre: papá, papi, papito, papaíto, padrecito,* LAm *papacito.*
Für *madre: mamá, mami, mamita, mamaíta, madrecita,* LAm *mamacita.*
Für *niño /-a: el / la pequeño /-a, pequeñín /-a, pequeñito /-a; el / la chiquillo /-a, chiquito /-a, chiquitín /-a, la criatura; el / la crío /-a; nuestro cielo* m / *cielito* m; *nuestro angelito* m; *nuestro /-a rey /*

reina; tesoro m; *diablillo/-a;* Andes *el/la cabro/-a;* CAm, Mex *el/la chamaco/-a, chamaquito/-a, escuincle/-a;* CSur *pibe/-a.*

dar (– doy – di – dado) **el pecho – dar el biberón**	**die Brust geben / stillen – die Flasche geben**
pañal *m*	**Windel**
cambiar los pañales al niño	das Baby wickeln
bañar al niño	**das Baby baden**
nana *f* / **canción** *f* **de cuna**	**Wiegenlied; Schlaflied**
cuento *m* (para dormir)	Gute-Nacht-**Geschichte**
cuidado *m*	**Obhut; Pflege**
Una tía tomó al niño a su cuidado.	Eine Tante nahm das Kind in Pflege.
padres acogentes / hijos acogidos	**Pflegeeltern / -kinder**
padres / hijos adoptivos	**Adoptiveltern / -kinder**
adoptar – adopción *f*	**adoptieren – Adoption**
un hijo adoptado	ein adoptiertes Kind / Adoptivkind
dar en adopción	zur Adoption freigeben
tutor(a) – tutela *f*	**Vormund – Vormundschaft**
huérfano /-a – orfanato *m*	**Waise(nkind) – Waisenhaus**
criar / educar (c>que)	**ein Kind großziehen; erziehen**
Fue educada estrictamente.	Sie wurde streng erzogen.
educación *f* / **crianza** *f*	**Erziehung; Aufziehen**
salir (-g-) / **parecerse** (c>zc) **a alguien**	**jemand nachschlagen / ähnlich sein**
Él ha salido a su madre.	Er kommt nach seiner Mutter.
madre trabajadora	**berufstätige Mutter**
instrucción *f* / **educación** *f*	**Erziehung; Bildung**
paga *f* / **dinero** *m* **para gastos**	**Taschengeld**
Le hemos subido la paga.	Wir haben sein / ihr Taschengeld erhöht.
quehaceres *mpl* **domésticos**	**häusliche Pflichten**
realizar quehaceres domésticos	Arbeiten im Hause verrichten
reñir (– riño – reñí, riñó – reñido)	**jemand ausschimpfen**
Ana riñó a Juan por eso.	Ana schimpfte Juan dafür.
regañar / reprender a un niño	**ein Kind ausschimpfen / schelten**
pegar (g>gue) **a un niño**	**ein Kind schlagen**
mimar a un niño	**ein Kind verziehen / verwöhnen**
mimado /-a	**verwöhnt; verwöhntes Kind**
desatender (e>ie) **a un niño**	**ein Kind vernachlässigen**
abandonar a un niño	**ein Kind aussetzen**
maltratar a un niño	**ein Kind misshandeln**
malos *mpl* **tratos a niños**	**Kindesmisshandlung**

3.1 Alimentos
Nahrungsmittel

comida *f* (= Nahrung / Essen / Kost / Futter) • *comida dietética / de régimen* (= Diät- / Reformkost) • *comida basura* (= minderwertige Kost) • *comida rápida* (= Schnellgerichte) • *comida precocinada* (= Fertiggerichte) • *comida baja en calorías* (= kalorienarme Kost)

leche *f* (= Milch) • *leche entera* (= Vollmilch) • *leche desnatada* (= fettarme Milch) • *yogur* m (= Joghurt)

mantequilla *f* (= Butter) • *nata* f / LAm *crema* f (= Sahne) • *nata montada* (= Schlagsahne) • *helado* m / *mantecado* m (= Speiseeis)

queso *m* (= Käse) • *queso de cabra* (= Ziegenkäse) • *queso de oveja* (= Schafskäse) • *queso manchego* (= Schafskäse aus La Mancha) • *queso fresco* (= Frischkäse) • *queso azul* (= Blauschimmelkäse)

huevo *m* (= Ei) • *huevo cocido / duro* (= hart gekochtes Ei) • *huevo pasado por agua* / LAm *huevo tibio* / CSur *huevo a la copa* (= weich gekochtes Ei) • *huevos fritos / estrellados* (= Spiegeleier) • *huevos revueltos* (= Rühreier)

pan *m* (= Brot) • *pan blanco* (= Weißbrot) • *pan negro / moreno* (= Schwarz- / Graubrot) • *pan integral* (= Vollkornbrot) • *pan de centeno* (= Roggenbrot) • *pan candeal / de trigo* (= Weizenbrot) • *pan de maíz* (= Maisbrot) • *barra* f *(de pan)* (= Baguette) • *hogaza* f *(de pan)* (= Laib Brot) • *panecillo* m / *bollo* m *(de pan)* / *pan de Viena* (= Brötchen) • *bollo* m (= süßes Brötchen / Milch- / Eierbrot) • bes LAm, Andal *emparedado* m / *sándwich* m (= Sandwich) • *bocadillo* m / fam *bocata* m (= belegtes Brot) • *tostada* f (= Toast)

bollería *f* / ***pastelería*** *f* (= Feinbäckerei / Konditorei) • *bollo* m (= süßes Brötchen / Krapfen) • *pastel(illo)* m / LAm *queque* m (= kleiner Kuchen / Törtchen) • *tarta* f (= Torte / großer Kuchen) • *tarta* f / *torta* f *de frutas* (= Obsttorte / -kuchen) • *pastas* fpl (= [Zucker-]Gebäck / Plätzchen) • *pastel* m *de huevo* / LAm *panqueque* m (= Eierkuchen) • *rosquilla* f (= Kringel / Kranzkuchen) • *barquillo* m

(= Waffel) • *galleta* f / LAm *bizcocho* m / *magdalena* f (= Keks / Kleingebäck / [Schiffs-]Zwieback) • Esp *ma(g)dalena* f (= rundes Biskuitgebäck, besonders zum Frühstück) • *buñuelos* mpl (= spanischer Spritzkuchen; kleine in Öl ausgebackene Krapfen mit oder ohne Füllung) • *churros* m (= eine Art lange Kringel aus Mehl und Wasser, die in heißem Öl gebacken und normalerweise mit heißer Schokolade gegessen werden) • *polvorones* mpl (= Staubgebäck aus Mehl, Zucker und Schmalz) • *turrón* m (= süße Weihnachtsspezialität aus Mandeln, Honig, Eiweiß und Zucker)

***dulces** m* / ***golosinas** f* / ***chucherías** f* (= Süßigkeiten) • *bombones* m (= Pralinen) • *caramelos* m (= Bonbons / Süßigkeiten / Karamellbonbons) • *caramelo* m *de café con leche* (= Milchkaffeebonbon) • *una tableta de chocolate* m (= ein Riegel / eine Tafel Schokolade)

cereales** mpl* / ***grano m (= Getreide) • *centeno* m (= Roggen) • *trigo* m (= Weizen) • *salvado* m (= Kleie) • *avena* f (= Hafer) • *harina* f (= Mehl) • *arroz* m (= Reis) • *cebada* f (= Gerste)

***(copos** m **de) cereales** mpl* (= Getreideflocken) • *copos de maíz* / *cornflakes* m (= Cornflakes) • *copos de avena* (= Haferflocken)

pasta *f* (= Teigwaren / Nudeln) • *masa* f (= Teig) • *espagueti(s)* m • *macarrones* mpl • *raviolis* mpl • *tallarines* mpl • *fideos* mpl (= Fadennudeln)

carne *f* (= Fleisch) • *carne de vaca* (= Rindfleisch) • *carne de ternera* (= Kalbfleisch) • *carne de cerdo* / LAm *chancho* (= Schweinefleisch) • *lechón* m / *cochinillo* m (= Spanferkel) • *(carne de) cordero* m (= Lammfleisch) • *(carne de) carnero* m (= Hammelfleisch) • *beicon* m / *panceta* f (= Speck) • *jamón* m *de Jabugo* m (= Qualitätsschinken aus Huelva) • *jamón* m *serrano* (= Landschinken) • *jamón* m *(de) York* (= gekochter Schinken)

***aves** fpl* (= Geflügel) • *pollo* m (= Huhn / Hähnchen) • *pato* m (= Ente) • *ganso* m (= Gans) • *pavo* m / Mex *guajolote* m / CAm *jolote* m / CAm *chompique* m (= Truthahn / Pute) • *faisán* m (= Fasan) • *perdiz* f (= Rebhuhn)

***venado** m* / ***caza** f* (= Wild) • *corzo* m / *venado* m (= Reh) • *ciervo* m (= Hirsch) • *liebre* f (= Hase) • *conejo* m (= Kaninchen) • *jabalí* m (= Wildschwein)

***embutidos** mpl* (= Wurstware; Aufschnitt) • *chorizo* m (= Paprikawurst) • *morcilla* f (= Blutwurst) • *salchichón* m (= eine Art Salami aus Rind- oder Schweinefleisch) • *salchicha* f (= Wurst)

***pescado** m y **mariscos** m* (= Fisch und Meeresfrüchte) • *pescado* m *blanco/azul* (= Speisefisch mit weniger/mehr als 5 mg Fett pro Gramm) • *merluza* f (= Seehecht) • *bacalao* m (= Kabeljau/Stockfisch) • *besugo* m (= Graubarsch) • *rodaballo* m (= Steinbutt) • *sardina* f (= Sardine) • *boquerón* m / *anchoa* f (= Sardelle) • *mero* m (= roter Grouper) • *caballa* m (= Makrele) • *lubina* f (= Seebarsch) • *arenque* m (= Hering) • *arenque* m *ahumado* (= Bückling) • *solla* f / *platija* f (= Scholle) • *salmón* m (= Lachs) • *salmón* m *ahumado* (= Räucherlachs) • *lenguado* m (= Seezunge) • *trucha* f (= Forelle) • *atún* m (= Tunfisch) • *calamar* m / *chipirón* m (= Tintenfisch) • *pulpo* m (= Krake) • *sepia* f / *jibia* f / *choco* m (= Sepia) • *langosta* f (= Languste) • *bogavante* m (= Hummer) • *centolla* f /*-o* m (= See-/Meerspinne) • *ostra* f (= Auster) • *camarones* m / *quisquillas* f (= Sandgarnelen) • *gambas* f (= größere Krabben/Garnelen/Scampi) • *cigala* f (= Kaisergranat) • *langostino* m (= Langschwanzkrebs) • *buey* m *(de mar)* (= Taschenkrebs) • *nécora* f (= Schwimm-krabbe) • *percebes* m (= essbare Entenmuscheln) • *almejas* f (= Venusmuscheln) • *mejillones* m (= Miesmuscheln)

***sopa** f* (= Suppe) • *consomé* m (= Fleisch-/Kraftbrühe; Konsommee) • *caldo* m (= Brühe, Suppe) • *sopa* f *de ajo/cebolla/pescado/tomate* (= Knoblauch-/Zwiebel-/Fisch-/Tomatensuppe) • *guisado* m / *guiso* m / *estofado* m (= Eintopf) • *cocido* m / *puchero* m (= Eintopf aus Fleisch, Hülsenfrüchten und Gemüse) • *menestra* f (= Gemüseeintopf) • *gazpacho* m (= kalte Gemüsesuppe)

***salsa** f* (= Soße) • *alioli* m (= Soße aus Knoblauch, Öl und Eigelb) • *ajiaceite* m (= Soße aus Knoblauch und Öl) • *mahonesa* f / *mayonesa* f (= Mayonnaise) • *salsa* f *verde* (= Soße mit Petersilie) • *salsa rosa* (= Cocktailsauce)

***grasa** f* (= Fett) • *aceite* m *(de oliva)* (= [Oliven-]Öl) • *mantequilla* f (= Butter) • *margarina* f (= Margarine) • *manteca* f (= Schmalz)

***finas hierbas** fpl* (= Gewürzkräuter) • *especia* f (= Gewürz) • *sal* f (= Salz) • *pimienta* f (= Pfeffer) • *pimentón* m (= Paprikapulver) • *mostaza* f (= Senf) • *ajo* m (= Knoblauch) • *perejil* m

(= Petersilie) • *azafrán* m (= Safran) • *albahaca* f (= Basilikum) • *eneldo* m (= Dill) • *comino* m (= Kümmel) • *vainilla* f (= Vanille)

verdura *f* (= Gemüse) • *hortalizas* fpl (= grünes Gemüse) • *legumbres* f (= Hülsenfrüchte) • *judías* f / *alubias* f / LAm *frijoles* m / CSur *porotos* m (= weiße bzw. rote Bohnen) • *judías* f *verdes* / Mex *ejotes* m / CSur *porotos* m *verdes* (= grüne Bohnen) • *lentejas* f (= Linsen) • *garbanzos* m (= Kichererbsen) • *guisantes* m (= Erbsen) • *espárrago* m (= Spargel) • *alcachofa* f (= Artischocke) • *col* f / *berza* f / *repollo* m (= Kohl) • *col* f *de Bruselas* (= Rosenkohl) • *coliflor* f (= Blumenkohl) • *espinaca* f (= Spinat) • *acelga* f (= Mangold) • *maíz* m / Mex *elote* m / Andes, CSur *choclo* m (= Mais) • *setas* f / *hongos* m (= Speisepilze) • *champiñón* m (= Champignon) • *tomate* m (= Tomate) • *pepino* m (= Gurke) • *zanahoria* f (= Karotte) • *puerro* m (= Lauch / Porree) • *berenjena* f (= Aubergine) • *calabacín* m (= Zucchini) • *pimiento* m (= Paprika) • *cebolla* f (= Zwiebel) • *lechuga* f (= Kopfsalat) • *escarola* f (= Endivie / Lattich)

patatas *f / LAm, Andal* **papas** *f* (= Kartoffeln) • *boniato* m / LAm *batata* f / *camote* m (= Süßkartoffel) • *patatas cocidas* (= Salzkartoffeln) • *patatas sin pelar / cocidas con su monda* (= Pellkartoffeln) • *patatas salteadas* (= Bratkartoffeln) • *patatas fritas* (= Pommes frites) • *patatas al horno* (= in der Schale gebackene Kartoffeln) • *puré* m *de patatas* (= Kartoffelbrei / -püree) • *ensalada* f *de patatas* (= Kartoffelsalat) • *tortilla* f *de patatas* (= Kartoffelomelett)

ensalada *f* (= Salat) • *aliño* m (= Salatsoße) • *ensalada mixta* (= gemischter Salat) • *ensalada de lechuga* (= grüner Salat) • *ensalada de tomate* (= Tomatensalat) • *ensalada de escarola* (= Endiviensalat) • *ensaladilla* f *rusa* (= russischer Salat / Kartoffelsalat) • Esp *macedonia* f / *ensalada de frutas* (= Obstsalat)

fruta *f* (= Obst) • *manzana* f (= Apfel) • *pera* f (= Birne) • *cereza* f (= Kirsche) • *ciruela* f (= Pflaume) • *melocotón* m (= Pfirsich) • *albaricoque* m (= Aprikose) • *uva* f (= Weintraube) • *fresas* f / Andal, CSur *frutilla(s)* f (= Erdbeeren) • *plátano* m / LAm *banana* f (= Banane) • *naranja* f (= Apfelsine) • *pomelo* m / LAm *toronja* f (= Grapefruit) • *limón* m (= Zitrone) • *piña* f / LAm *ananá(s)* f (= Ananas) • *melón* m (= Melone) • *sandía* f (= Wassermelone) • *higo* m (= Feige) • *dátil* m (= Dattel) • *aceituna* f / *oliva* f (= Olive) • *nuez* f (= [Wal-]Nuss) • *avellana* f (= Haselnuss) • *cacahuete* m / LAm *maní* m / Mex *cacahuate* m (= Erdnuss) • *almendra* f (= Mandel) • *castaña* f (= Kastanie)

3.2 Bebidas
Getränke

beber – **bebida** *f*	**trinken** – **Getränk**
bebidas sin alcohol	alkoholfreie Getränke
el **agua** *f** **(mineral)**	**(Mineral-)Wasser**
agua (mineral) sin gas	Tafelwasser (ohne Kohlensäure)
agua (mineral) con gas	Mineralwasser; Sprudel
agua potable	Trinkwasser
agua del grifo / corriente	Leitungswasser
(agua) tónica	Tonic(wasser)
cerveza *f* – **vino** *m*	**Bier** – **Wein**
vino tinto / blanco	Rot- / Weißwein
cava *m* – **sangría** *f*	**Sekt** – **Sangria**
gaseosa *f*	**Brauselimonade**
refresco *m*	**Erfrischungsgetränk**
refresco *m* **de limón** / **de naranja**	**(Zitronen- / Orangen-)Limonade**
coca-cola™ *f*	**Coca-Cola™; Coke™**
zumo *m* / *LAm* **jugo** *m* **de fruta**	**(Frucht-)Saft**
zumo de manzana / de melocotón	Apfel- / Pfirsichsaft
zumo de naranja / de limón / de pomelo / de uva	Orangen- / Zitronen- / Grapefruit- / Traubensaft
batido *m* / *LAm* **malteada** *f*	**Milchshake; Milchmixgetränk**
batido de fresa / de vainilla	Erdbeer- / Vanillemilchshake
leche *f*	**Milch**

Getränke können, wie im Deutschen, durch Vorsetzen von *un / una* oder ein Zahlwort „portioniert“ werden: *Un café (= una taza de café) y un zumo de naranja (= un vaso de zumo de naranja), por favor. Dos aguas con gas (= botellines de agua con gas), por favor.*

café *m* solo / *LAm* americano	schwarzer **Kaffee**
(café) cortado – (café) con leche	kleine Tasse Kaffee mit etwas Milch – Milchkaffee
(café) descafeinado	koffeinfreier Kaffee
té *m* negro / verde	schwarzer / grüner **Tee**
té de menta / poleo	Pfefferminztee
tisana *f* / **infusión** *f*	**Kräutertee**
manzanilla *f* – **tila** *f*	**Kamillentee** – **Lindenblütentee**
cacao *m*	**Kakao**
chocolate *m* **(caliente)**	(heiße / Trink-)**Schokolade; Kakao**

3.3 Cocina y cocinar
Küche und Kochen

cocinar – **preparar**	**kochen** – (zu)**bereiten** / **backen**
Inés cocina muy bien y ahora está preparándonos una paella.	Inés kocht sehr gut und sie macht uns jetzt eine Paella.
cocina *f*	**Küche; Herd; Kochkunst**
la cocina española	die spanische Küche
cocina casera	Hausmannskost
cocina eléctrica / de gas	Elektro- / Gasherd
horno *m*	**Backofen;** *LAm* **Herd**
(horno) microondas *msg / mpl*	**Mikrowelle(nherd)**
libro *m* **de cocina** – **receta** *f*	**Kochbuch** – **Kochrezept**
pelar las patatas	**die Kartoffeln schälen**
aliñar la ensalada	**den Salat anmachen**
colar (o>ue) – **colador** *m*	**sieben** – **Sieb**
remover (o>ue)	**(um)rühren**
batir – **batidora** *f*	*(Ei / Sahne)* **schlagen** – **Mixer**
rebanada *f*	**Scheibe**

> *Rebanada* ist das allgemeine Wort für Scheibe, wobei es meistens für *pan* (= Brot) verwendet wird. Konkretere Übersetzungen sind: *tajada* f (= Scheibe Fleisch / Melonenscheibe) • *rodaja* f (= runde Zitronen- / Wurstscheibe) • *loncha* f / *lonja* f (= Lage Schinken)

rebanar	**(in Scheiben) schneiden**
pan rebanado / en rebanadas	geschnittenes Brot
picar (c>que)	**klein schneiden; durch den Fleischwolf drehen**
carne *f* **picada** – **picadillo** *m*	**Hackfleisch** – **Gehacktes**
moler (o>ue)	(*Kaffee usw.*) **mahlen**
molinillo *m*	**Kaffeemühle**
cocer (o>ue; c>za, zo)	**kochen; sieden**
un huevo cocido / pasado por agua	ein hart / weich gekochtes Ei
hervir (– hiervo – herví, hirvió – hervido)	**sieden;** (Flüssigkeiten) **kochen**
preparar un pastel	**einen Kuchen backen**
freír (– frío – freí, frió – frito)	(in der Pfanne) **braten**
estofar / **guisar** – **rehogar** (g>gue)	**schmoren** – **dünsten**
estofado *m*	**Schmorbraten**
asar – **asado** *m*	**braten** – **Braten**
asado de cerdo / vaca / pato	Schweine- / Rinder- / Entenbraten

pollo asado	Brathähnchen
asar a la parrilla / a la plancha	grillen
a la parrilla	**vom Grill; vom Rost**
a la plancha – a la brasa	**vom Grill – vom Holzkohlengrill**
carne a la plancha	Grillfleisch
parrillada *f*	**Grillgericht;** (das) **Gegrillte(s)**
tostar (o>ue) – **tostada** *f*	**toasten – Toast**
tostador/-a *m/f*	**Toaster**
tetera *f* – **cafetera** *f*	**Teekanne – Kaffeekanne; Kaffeemaschine**
sartén *f* – **paellera** *f*	**(Brat-)Pfanne – Paella-Pfanne**
cazuela *f* – **cacerola** *f*	**Topf – Kasserolle**
puchero *m* – **olla** *f*	**Kochtopf – Kochtopf; Kessel**
olla exprés	Schnellkochtopf
plato *m*	**Teller; Gericht**
fregar los platos	das Geschirr abwaschen / abspülen
platos vegetarianos	vegetarische Gerichte
fuente *f*	**Schüssel; Platte**
ensaladera *f* – **sopera** *f*	**Salatschüssel – Suppenschüssel**
frutero *m*	**Obstschale**
bandeja *f* / *Mex* **charola** *f*	**Tablett**
azucarero *m* – **azucarera** *f*	**Zuckerdose – Zuckerdose / -fabrik**
escudilla *f* / **tazón** *m* / **cuenco** *m*	**Schale; kleine Schüssel**
taza *f* **y platillo** *m*	**Tasse und Untertasse**
tarro *m* / **bote** *m*	(Marmeladen-)**Glas; Topf; Krug; Gefäß** (aus Glas, Ton usw.)
vaso *m* – **copa** *f*	**Glas – Stielglas**
jarro *m* / **jarra** *f*	(Ton- / Glas-)**Kanne / Krug**
un jarro de agua	ein Wasserkrug
lata *f*	**Dose**
una lata de sardinas	eine Büchse / Dose Sardinen
enlatar	**einmachen; einwecken; „eindosen“**
abrelatas *msg/mpl*	**Büchsenöffner; Dosenöffner**
abrebotellas *msg/mpl* / *LAm* **destapador** *m*	**Flaschenöffner**
sacacorchos *msg/mpl*	**Korkenzieher**
cubierto *m*	**Besteck; Gedeck**
Nos faltan los cubiertos.	Uns fehlt das Besteck.
cuchillo *m* **y tenedor** *m*	**Messer und Gabel**
cuchara *f* (sopera)	(Suppen-)**Löffel**
cucharón *m* – **cucharilla** *f*	**Schöpflöffel – Teelöffel**
¿Una o dos cucharillas de azúcar?	Einen oder zwei Teelöffel Zucker?

3.4 Comidas
Mahlzeiten

desayunar – **desayuno** *m*	**frühstücken – Frühstück**
Tomo café para desayunar.	Ich trinke zum Frühstück Kaffee.

> *i* *El desayuno español* besteht meistens aus einem *café* (= schwarzer Kaffee) bzw. einem *café con leche* (= Milchkaffee), *bollería* (= Gebäck) oder etwas *pan* (= Weißbrot) mit *mantequilla* (= Butter) und *mermelada* (= Marmelade). Dazu trinkt man meistens *zumo de naranja* (= Orangensaft). Nach dem traditionell kleinen spanischen Frühstück machen viele Leute *a media mañana* (= ca. zwischen 10.00 und 11.00 Uhr) *una pausa / un descanso* (= Pause) und essen *el bocadillo.*

bocadillo *m / fam* **bocata** *m*	**belegtes Brot**
tapas *f*	**kleine Imbisse; Appetithappen**

Die *tapas* sind eine Spezialität, die man fast überall in Spanien jeweils vor *la comida* (= Mittagessen) oder vor *la cena* (= Abendessen) in Lokalen essen kann.

comida *f /* **almuerzo** *m LAm, Andal*	**Mittagessen**

> *i* Auch wenn man manchmal von zwei Hauptmahlzeiten spricht, ist trotzdem *la comida* im Allgemeinen die Hauptmahlzeit. Wenn möglich, unterbricht man seine Tätigkeit für zwei Stunden und lässt sich *la comida* nicht nehmen. Dabei ist die Uhrzeit für die spanische *comida* nicht genau um Mittag, sondern von etwa 13.30 bis 15.30 Uhr.

comer / *LAm, Andal* **almorzar** (o>ue; z>ce)	**essen; zu Mittag essen**
café *m*	(Nachmittags-)**Kaffee**
¿Quedamos hoy para el café?	Sehen wir uns heute zum Kaffee?
merienda *f* – **merendar** (e>ie)	**Vesperbrot – vespern**
cena *f*	**Abendessen** *(meist erst ab 20.30 Uhr)*
cenar	**zu Abend essen**
Hoy vamos a cenar fuera.	Wir gehen heute Abend zum Essen aus.

3.5 Comer fuera
Auswärts essen

cliente *m/f* — **Gast**
Rogamos a nuestros distinguidos/ respetables clientes ... — Wir bitten unsere verehrten Gäste ...
frecuentar — (als Kunde/Kundin) **besuchen**

***Tipos de restaurantes* (= Arten von Restaurants)**
bar m (= Kneipe) • *bodega* f (= Weinkeller/Vorratskammer) • *bodegón* m (= Kneipe/(Wein-)Schenke) • *taberna* f (= Taverne) • *café* m (= einfaches Lokal, oft mit Straßenterrasse / Kaffeehaus) • *cafetería* f (= Cafeteria / auch Schnellimbiss / *PR, Col, Chi, Cu* Kaffeeladen) • *cantina* f (= Kantine) • *casa* f *de comidas* (= einfaches Speise-/Gasthaus) • *coche-restaurante* m / LAm *vagón-restaurante* m (= Speisewagen) • *mesón* m (= rustikales Restaurant / kleines Wirtshaus) • *restaurante* m (= Restaurant / Gaststätte / Esslokal) • *parrillada* f / *asador* m (= Restaurant mit Grillspezialitäten) • *hamburguesería* f (= Hamburger-Restaurant) • *venta* f (= Gasthaus auf dem Land, vor allem in Südspanien) • *hostería* f (= Gasthaus, oft mit Unterkunft) • *(el) área* f *de servicio* (= Rasthof/-stätte) • *restaurante (de) autoservicio* m (=Selbstbedienungs-Restaurant) • *snackbar* m (= Imbissstube) • *salón* m *de té* (= entspricht der deutschen Konditorei) • *tetería* f (= Teestube) • *bar-restaurante* m *de carretera* (= Fernfahrer-Raststätte) • *merendero* m (= Ausflugslokal / [Dorf-]Wirtshaus) • *marisquería* f (= auf Meeresfrüchte spezialisiertes Lokal) • *tasca* f (= einfaches anspruchloses Lokal)

i Als Bezeichnung für die Kategorie eines spanischen Restaurants verwendet man *tenedores* (= Gabeln): *1 tenedor* (= einfach), *5 tenedores* (= Luxusrestaurant der höchsten Kategorie).

tentempié *m* — **Kleinigkeit** (zu essen)
Sólo vamos a comer un tentempié. — Wir essen nur eine Kleinigkeit.
picar (c>que) **algo** — **eine Kleinigkeit essen**
para llevar — **zum Mitnehmen**
reservar — **reservieren** (lassen); **vorbestellen**
¿Ha reservado (usted) mesa? — Haben Sie einen Tisch reserviert?
reserva *f* — **Reservierung;** (Tisch)**Bestellung**
menú *m* — **Menü**
menú del día — Tagesmenü

i In Spanien wird ein *menú del día* in fast allen *restaurantes* angeboten. *Comer de menú / (el) menú (del día)* ist sehr populär und eine günstige Alternative zu *comer a la carta* (= à la carte speisen / essen). Normalerweise sind im *menú del día* erster Gang, Hauptgericht, Nachtisch und Getränk (Wasser, Erfrischungsgetränk oder Wein) inbegriffen.

carta *f* / *LAm* **minuta** *f*	**Speisekarte**
comer a la carta / a la minuta	à la carte essen
carta del día – carta de vinos	Tageskarte – Weinkarte
comida *f*	**Mahlzeit; Essen**
plato *m*	**Teller; Gang; Gericht**
una comida de / con cuatro platos	ein Vier-Gänge-Menü
plato del día	Tagesgericht
pedir (– pido – pedí, pidió – pedido)	**bestellen**
pedido *m*	**Bestellung**
entremeses *m* / **entrantes** *m*	**Vorspeisen**
entrada *f*	**Vorspeise**
¿Qué desea tomar de entrada?	Was hätten Sie gern als Vorspeise?
tomar	**essen; nehmen**
salado /-a – **soso /-a** – **picante**	**salzig** – **fad** – **scharf**
guarnición *f*	**Beilage**
recomendar (e>ie)	**empfehlen**
elegir (– elijo – elegí, eligió – elegido)	**(aus)wählen**
postre *m*	**Nachtisch; Dessert**
tener (– tengo, tiene – tuve – tenido)	(auf der Karte) **haben**
¿Tienen también flan?	Haben Sie auch Karamellpudding?
cuenta *f*	**Rechnung**
Camarero, la cuenta, por favor.	Herr Ober, die Rechnung bitte.
servicio *m* – **propina** *f*	**Bedienung(sgeld)** – **Trinkgeld**
¿Cuánta propina le has dado al camarero?	Wie viel Trinkgeld hast du dem Kellner gegeben?
encargado /-a	**Geschäftsführer(in)**
Quiero hablar con el encargado, por favor.	Ich möchte bitte den Geschäftsführer sprechen.
camarero /-a / *Mex* **mesero /-a** / *Ven* **mesonero /-a**	**Kellner /-in**
ración *f* / *(Torte)* **porción** *f*	**Portion**
especialidad *f* (de la casa)	**Spezialität** des Hauses
ir (– voy – iba – fui – ido) (bien) con	**passend zu**

3.6 Ropa
Kleidung

ropa *f*	**Kleidung; (Anzieh-)Sachen**
Gastamos mucho en ropa.	Wir geben viel für Kleidung aus.
ropa ligera / (de) sport	legere Kleidung
vestir (– visto – vestí, vistió – vestido)	**kleiden**
Estaba vestida de negro.	Sie war schwarz gekleidet.
vestirse	**sich anziehen**
Siempre se viste bien.	Er / Sie zieht sich immer gut an.
llevar	**tragen**
Nunca llevo sombrero.	Ich trage nie einen Hut.
ponerse (– pongo – puse – puesto)	(*Kleidung*) **anziehen;** (*Hut*) **aufsetzen**
quitarse	(*Kleidung*) **ausziehen;** (*Hut*) **abnehmen**
Se quitó el sombrero y el abrigo.	Er legte Hut und Mantel ab.
Se quitó (toda) la ropa.	Er / Sie zog sich (ganz) aus.
calzar (z>ce)	**Schuhe anhaben / tragen**
calzarse (z>ce) – **descalzar(se)** (z>ce)	**(sich) die Schuhe anziehen – (sich) die Schuhe ausziehen**
descalzo	**barfuß**

***Abrigos** m, **chaquetas** f **y trajes** m* **(= Mäntel, Jacken und Anzüge)**
abrigo m / *gabán* m (= Mantel) • *gabardina* f / *impermeable* m (= Regenmantel) • *anorak* m • *chaqueta* f / *americana* f / LAm *saco* m (= Jacke / Jackett / Sakko) • *chaqueta* f *de punto* / *rebeca* f (= Strickjacke) • *traje* m *(de chaqueta)* / LAm, Andal *terno* m / Col, Ven *flus* m (= Anzug / Kostüm) • *chaleco* m (= Weste)

***Vestidos** m* **(= Kleider)**
vestido m (= Kleid) • *vestido de boda* / *de novia* (= Hochzeitskleid) • *vestido de noche* / *largo* (= Abendkleid)

Partes** f **de arriba / superiores **(= Oberteile)**
blusa f (= Bluse) • *jersey* m / LAm *pulóver* m / Pe *chompa* f / Andal *chaleco* m (= Pullover / Pulli) • *jersey* / *suéter* m *de pico* (= Pullover mit V-Ausschnitt) • *camisa* f (= Oberhemd / Hemdbluse) • *de manga larga* – *de manga corta* – *sin mangas* (= langärmelig – kurzärmelig – ärmellos) • *sudadera* f (= Sweatshirt) • *polo* m (= Polohemd) • *camiseta* f / Arg *remera* f / Chi *polera* f (= T-Shirt)

Pantalones** msg / mpl, **faldas** f, **etc. **(= Hosen, Röcke usw.)**
pantalón / -ones msg / mpl (= Hose / -n) • (*pantalón / -ones*) *vaquero(s) / tejano(s)* / LAm *bluejeans* msg / mpl (= Jeans) • *pantalón / -ones cortos* (= kurze Hose / -n / Shorts) • *falda* f / LAm *pollera* f (= Rock)

Bei *pantalones, calzoncillos, bragas* etc. kann der spanische Plural sowohl dem deutschen Singular als auch dem Plural entsprechen: *Esos pantalones son muy anchos.* (= Diese Hose[n] ist / sind zu weit.)

Ropa** f **interior y ropa de baño **(= Unterwäsche und Badekleidung)**
calzoncillo(s) m / *slip* m / LAm *calzón / -ones* m (= Unterhose) • *calzón / -ones* (= Boxershorts) • *calzoncillo(s) largo(s)* (= lange Unterhose) • *braga(s)* f (= Damenslip / -schlüpfer) • *camiseta* f (= Unterhemd) • *medias* fpl / *pantis* mpl (= Strumpfhose) • *leotardos* mpl (= Wollstrumpfhose) • *medias* f *(de nilón / nailon)* (= [Nylon-]Strümpfe) • *calcetines* m / LAm *medias* f (= Socken) • *sostén* m / *sujetador* m / LAm *corpiño* m (= BH) • *bañador* m (= Badehose / -anzug) • *traje* m *de baño* (= Badeanzug) • *biquini* m

Ropa** f **de dormir **(= Nachtwäsche)**
camisón m (*de noche*) (= Damennachthemd) • *pijama* m / LAm *piyama* m (= Schlafanzug) • *bata* f (= Morgenrock) • *albornoz* m (= Bademantel)

***Calzado** m* **(= Fußbekleidung)**
zapatos m (= Schuhe / geschnürte Halbschuhe) • *zapatillas* f *(de casa / de deporte / de baño / de ballet)* (= leichte Schuhe / Hausschuhe; Pantoffeln / Turnschuhe / Badeschuhe / Ballettschuhe) • *mocasines* mpl (= Slipper) • *zapatos de tacón alto* (= Stöckelschuhe) • *botas* f (= Stiefel) • *sandalias* f (= Sandalen)

***Sombreros** m* **(= Kopfbedeckungen)**
sombrero m (= Hut) • *boina* f (= Baskenmütze) • *gorra* f (= Mütze / Kappe) • *gorro* m (= runde Kappe / Mütze ohne Schirm) • *pañuelo* m *(para la cabeza)* (= Kopftuch) • *velo* m (= Schleier)

***Otras prendas** f **y accesorios** m* **(= Andere Kleidungsstücke und Zubehör)**
corbata f (= Krawatte / Schlips) • *pajarita* f (= Fliege) • *bufanda* f (= Schal) • *pañoleta* f (= kleines Halstuch für Frauen) • *guantes* m (= Handschuhe) • *cinturón* m (= Gürtel)

4.1 Enfermedades y síntomas
Krankheiten und Symptome

enfermedad *f*	**Krankheit; Erkrankung**
enfermedad de Alzheimer	die Alzheimer-Krankheit
enfermedades infecciosas / tropicales	Infektions- / Tropenkrankheiten
una **afección** cardiaca	eine Herz**krankheit**
una **dolencia** corriente	ein häufiges **Leiden**
un **mal** incurable	eine unheilbare **Krankheit**
molestia *f*	**Beschwerde**
achaques de la edad	Alters**beschwerden**
síntoma *m*	**Symptom; Anzeichen**
síndrome *m*	**Krankheitsbild; Syndrom**
síndrome de abstinencia	Entzugserscheinungen
ataque *m*	**Anfall; Zusammenbruch**

Ausdrücke für „Krankheit, Erkrankung und Leiden"
enfermedades graves / leves (= ernste / leichte Krankheiten) • *contraer una enfermedad* (= sich eine Krankheit zuziehen) • *ponerse enfermo / malo* (= krank werden) • *padecer una enfermedad* (= an einer Krankheit leiden) • *diagnosticar una enfermedad* (= eine Krankheit feststellen) • *enfermedad mental* (= Geisteskrankheit) • *una enfermedad respiratoria* (= eine Erkrankung der Atemwege) • *una enfermedad hereditaria* (= ein Erbleiden)

fiebre *f* – **febril**	**Fieber – fiebrig / Fieber-**
sudar – sudor *m*	**schwitzen – Schweiß**
temblar (e>ie)	**zittern**
malestar *m*	**Unwohlsein**
contagiar – contagio *m*	**anstecken – Ansteckung**
una enfermedad contagiosa	eine ansteckende Krankheit
Me has contagiado.	Ich habe mich bei dir angesteckt.
náuseas *fpl* – **ganas** *fpl* **de vomitar**	**Übelkeit**
Tengo ganas de vomitar.	Mir ist übel.
vomitar – vómito *m*	**sich übergeben, erbrechen – Erbrechen**
marearse – mareo *m*	**schwindlig / übel werden – Schwindel; Ohnmacht; Übelkeit**

Se marea en el coche.	Ihm/Ihr wird beim Autofahren übel.
marearse en barco / en avión	Seekrankheit – Luftkrankheit
crónico	**chronisch**
jaqueca *f*	**Migräne**
derrame *m* **cerebral / apoplejía** *f*	**Schlaganfall**

Bei Krankheiten, die plötzlich erscheinen, wird oft das Verb *dar* (= geben) benutzt:
Le ha dado un infarto. (= Er/Sie hatte einen Infarkt.) • *Le ha dado un mareo.* (= Es ist ihm/ihr schwindlig geworden.) • *Le ha dado un ataque de nervios.* (= Er/Sie hatte einen Nervenzusammenbruch.)

desmayarse – desmayo *m*	**zusammenbrechen – Ohnmacht**
Se desmayó en la calle.	Er brach auf der Straße zusammen.
inconsciencia *f* **– inconsciente**	**Bewusstlosigkeit – bewusstlos**
Se quedó inconsciente.	Er/Sie wurde bewusstlos.
(una) insolación	**(ein) Hitzschlag; (ein) Sonnenstich**
corazón *m* **– cardiaco**	**Herz – Herz-**
Está enferma del corazón.	Sie ist herzkrank.
problemas de corazón	Herzbeschwerden
fallo cardiaco	Herzversagen
infarto *m*	(Herz-)**Infarkt**
Ha sobrevivido a dos infartos.	Er/Sie hat zwei Infarkte überlebt.
resfriado *m* / **constipado** *m*	**Erkältung; Schnupfen**
¿Has pillado un resfriado?	Hast du dir einen Schnupfen geholt?
Cogió **la gripe**.	Er/Sie kriegte **die Grippe**.
dolor *m* **de garganta**	**Halsschmerzen**
toser – tos *f*	**husten – Husten**
estornudar – estornudo *m*	**niesen – Niesen**
pulmonía *f*	**Lungenentzündung**
(el) sarampión	**(die) Masern**
(la) escarlatina	**Scharlach**
(la) rubeola	**Röteln**
(la) viruela	**(die) Pocken**
vacuna de la viruela	Pocken(schutz)impfung
(la) varicela	**(die) Windpocken**
hernia *f*	**Bruch; Hernie** *(z. B. Bauchfell)*
apéndice *m*	**Blinddarm**
sangre *f* **– sanguíneo**	**Blut – Blut-**

tensión alta / baja	hoher / niedriger Blutdruck
intoxicación *f* **alimenticia**	**Lebensmittelvergiftung**
estómago *m*	**Magen**
problemas de estómago	Magenbeschwerden
digestión *f*	**Verdauung**
problemas **digestivos**	**Verdauungs**störungen
indigestión *f*	**Magenüberlastung; Übersättigung**
estreñimiento *m*	**Verstopfung**
diarrea *f*	**Durchfall**
úlcera *f* **(de estómago)**	**(Magen-)Geschwür**
cólico *m*	**Kolik**
cálculo *m* **biliar / renal**	**Gallen- / Nierenstein**
un **tumor** benigno / maligno	eine gutartige / bösartige **Geschwulst**
cáncer *m*	**Krebs**
cáncer de estómago / pecho	Magen- / Brustkrebs
SIDA *m*	**Aids**

Die Endung ***-itis*** *fsg / fpl* **bedeutet** ***inflamación*** **(= -entzündung)**
apendicitis (= Blinddarmentzündung) • *bronquitis* (= Bronchitis) • *gastritis* (= Magenschleimhautentzündung) • *laringitis* (= Kehlkopfentzündung) • *meningitis* (= Hirnhautentzündung) • *amigdalitis* (= Mandelentzündung) • *conjuntivitis* (= Bindehautentzündung) • *otitis* (= Ohrenentzündung)

calambre *m*	**Krampf**
reuma(tismo) *m*	**Rheuma(tismus)**
variz *f*	**Krampfader**
ciática *f*	**Ischias**
lumbago *m*	**Hexenschuss**
alergia *f* – **alérgico /-a**	**Allergie – allergisch; Allergiker(in)**
Es alérgica a los gatos.	Sie ist gegen Katzen allergisch.
Tengo alergia.	Ich habe Heuschnupfen.
erupción *f* **cutánea / sarpullido** *m*	**Hautausschlag**
grano *m*	**Pickel**
salir un grano	einen Pickel bekommen
picor *m* / **picazón** *f*	**Jucken; Juckreiz**
hincharse – hinchazón *f*	**anschwellen – Schwellung**
cardenal *m*	**blauer Fleck**
hematoma *m*	**Bluterguss; Hämatom**
pus *m* – **supurar**	**Eiter – eitern**
insomnio *m* – **insomne**	**Schlaflosigkeit – schlaflos**

4.2 Accidentes y lesiones
Unfälle und Verletzungen

accidente *m*	**Unfall; Unglück**
si ocurre / hay un accidente	wenn es zu einem Unfall kommt
Hubo un accidente en la Puerta del Sol.	An der Puerta del Sol war ein Unfall.
Quiero dar parte de un accidente.	Ich möchte einen Unfall melden.
chocar (c>que) / **colisionar**	**zusammenstoßen**
Un taxi ha chocado con un autobús.	Ein Taxi ist mit einem Bus zusammengestoßen.
choque *m* / **colisión** *f*	**Zusammenstoß**
Seis personas murieron en la colisión.	Bei dem Zusammenstoß kamen sechs Menschen ums Leben.
un choque frontal	ein Frontalzusammenstoß
estrellarse contra	(Auto) **prallen gegen**
El coche se estrelló contra una pared.	Das Auto prallte gegen eine Mauer.
atropellar / **pillar** / *Esp* **coger** (g>ja, jo)	**überfahren; anfahren**
ileso	**unverletzt**
herir (– hiero – herí, hirió – herido)	**verletzen**
herida *f*	**Verletzung**
Resultó herida en el incendio.	Sie wurde bei dem Brand verletzt.
Fue gravemente herido.	Er wurde schwer verletzt.
Sufrió heridas en la cabeza.	Er / Sie erlitt Kopfverletzungen.
víctima *f* – **herido** /**-a**	(Unfall-)**Opfer** – **Verletzte(r)**
hacerse (– hago – hice, hizo – hecho) **daño** / **lastimarse**	**sich verletzen**
lesionarse – **lesión** *f*	**sich verletzen** – **Verletzung**
El futbolista se lesionó.	Der Fußballspieler verletzte sich.
romperse (– rompo – rompí – roto) / **fracturarse algo**	**sich etwas brechen**
Se ha roto / fracturado una pierna.	Er / Sie hat sich ein Bein gebrochen.
fractura *f*	**(Knochen-)Bruch; Fraktur**
Lo llevaron al hospital con una **conmoción** *f* **cerebral**.	Er wurde mit einer **Gehirnerschütterung** ins Krankenhaus gebracht.
sentido *m*	**Bewusstsein**
perder el sentido	ohnmächtig werden
quemarse – **quemadura** *f*	**sich verbrennen** – **Verbrennung**

Sufrió quemaduras de segundo grado.	Er erlitt Verbrennungen 2. Grades.
asfixiarse – **asfixia** *f*	**ersticken** – **Ersticken**
Seis personas murieron de asfixia / asfixiadas.	Sechs Menschen erstickten.
dislocarse (c>que)	**ausrenken; auskugeln; verrenken**
Se ha dislocado el hombro.	Er / Sie kugelte sich das Schultergelenk aus.
torcerse (o>ue, c>za, zo)	**verdrehen; verstauchen; vertreten**
Me he torcido la muñeca.	Ich habe mir das Handgelenk verstaucht.
tirón *m*	*(z. B. Muskel-)***Zerrung**
Le dio un tirón en la espalda.	Er / Sie hat sich eine Rückenzerrung zugezogen.
contusión *f*	**Prellung**
cortarse – **corte** *m*	**sich schneiden** – **Schnittwunde**
roce *m* / **rozadura** *f*	**Schürfwunde**
picar (c>que) – **picadura** *f*	**stechen** – **Stich**
sangrar – **ensangrentado**	**bluten** – **blutig; blutbefleckt**
El hombre sangraba mucho.	Der Mann blutete stark.
vendar – **venda** *f*	**verbinden** – **Verband**
esparadrapo *m* – **tirita** *f*	**Leukoplast™** – **(Heft-)Pflaster**
Dame una tirita, rápido.	Gib mir schnell mal ein Pflaster.
Por lo visto había sufrido un **shock** *m*.	Er / Sie stand offensichtlich unter **Schock**.
congelación *f*	**Unterkühlung**
congelarse / **morir de frío**	**erfrieren; an Unterkühlung sterben**
prestar los primeros auxilios	**erste Hilfe leisten**
reanimar	**wiederbeleben**
respiración *f* **boca a boca**	**Mund-zu-Mund-Beatmung**
tratar / **asistir** / **atender** (e>ie)	(ärztlich) **behandeln**
Las víctimas fueron atendidas en el lugar del accidente.	Die Opfer wurden an der Unfallstelle ärztlich versorgt.
¿Qué médico te trata?	Bei welchem Arzt bist du?
llamar una **ambulancia** *f*	einen **Krankenwagen** rufen
camilla *f*	**Tragbahre**
llevar	**bringen**
Los llevaron al hospital.	Sie wurden ins Krankenhaus gebracht.
emergencia *f* / **urgencia** *f*	**Notfall**
(**servicio** *m* **de**) **urgencias**	**Notaufnahme**
estado *m*	**Zustand; Verfassung**
Su estado es crítico.	Sein / Ihr Zustand ist kritisch.

4.3 Minusvalidez y deficiencias
Behinderungen

minusvalidez *f* – **minusválido /-a**	**körperliche Behinderung – behindert; Behinderte(r)**
adecuar los edificios para los minusválidos	Gebäude behindertengerecht einrichten
invalidez *f* – **inválido /-a**	**Invalidität – invalide / körperbehindert; Invalide**
Un accidente de caballo lo dejó inválido.	Ein Reitunfall machte ihn zum Invaliden.
incapacidad *f* – **incapacitado /-a**	**Unfähigkeit – arbeitsunfähig / behindert; Behinderte(r)**
incapacidad laboral	Arbeitsunfähigkeit
disminuido /-a	**behindert; Behinderte(r)**
impedido /-a	**körperbehindert; Körperbehinderte(r)**
deficiencia *f* / **retraso** *m* **mental**	**geistige Behinderung**
deficiente / retrasado /-a mental	**geistig behindert / zurückgeblieben; geistig Behinderte(r)**
problema *m* / **trastorno** *m*	(Funktions-)**Störung**
defecto *m*	**Fehler**
defecto de nacimiento	Geburtsfehler
defecto a la hora de hablar	Sprachfehler
sordo /-a	**taub; Taube(r)**
Es sorda de un oído.	Sie ist auf einem Ohr taub.
duro de oído	**schwerhörig**
mudo /-a	**stumm; Stumme(r)**
un joven **sordomudo**	ein junger **Taubstummer**
Es sordomuda de nacimiento.	Sie ist von Geburt an taubstumm.
ciego /-a	**blind; Blinde(r)**
tuerto /-a	**einäugig; Einäugige(r)**
mutilado	**verstümmelt; versehrt**
manco /-a	**einarmig / -händig; Einarmige(r)**
cojear – **cojo /-a**	**hinken – hinkend; Hinkende(r) / Lahme(r)**
parálisis *fsg* / *fpl* – **paralítico /-a**	**Lähmung / Paralyse – Gelähmte(r) / Paralytiker(in)**
muleta *f*	**Krücke**
silla *f* **de ruedas**	**Rollstuhl**
hereditario	**erblich; Erb-**
una enfermedad hereditaria	eine Erbkrankheit

4.4 En el médico
Beim Arzt

Médico / médica ist das allgemeine Wort für Arzt / Ärztin; die Anredeform ist aber *doctor / doctora (Gracias, doctora.).*

médico *m / f* **de medicina general**	**Arzt / Ärztin für Allgemeinmedizin**
médico de cabecera / de familia	**Hausarzt / -ärztin**
médico particular / de pago	**Privatarzt**
la Seguridad Social	**die gesetzliche Krankenversicherung**

***Algunos especialistas* (= Einige Fachärzte)**
otorrinolaringólogo / -a (= Hals-Nasen-Ohren-Arzt / -Ärztin) • *ginecólogo / -a* (= Frauenarzt / -ärztin) • *oftalmólogo / -a / oculista* (= Augenarzt / -ärztin) • *ortopeda* (= Orthopäde / Orthopädin) • *pediatra* (= Kinderarzt / -ärztin) • *psiquiatra* (= Psychiater / -in) • *psicoterapeuta* (= Psychotherapeut / -in) • *cirujano / -a* (= Chirurg / -in) • *dermatólogo / -a* (= Hautarzt / -ärztin) • *internista* (= Internist / -in) • *cardiólogo / -a* (= Kardiologe / Kardiologin)

consulta *f*	**Arztpraxis; Sprechzimmer; Sprechstunde**
Los miércoles no hay consulta.	Mittwochs ist keine Sprechstunde.
sala *f* **de espera**	**Wartezimmer**
enfermero / -a / ayudante *m / f*	**Sprechstundenhilfe**
cita *f* / **hora** *f* / **número** *m*	**Termin**
¿Ha pedido usted hora / número?	Haben Sie einen Termin?
enfermo / -a – **enfermizo**	**krank; Kranke(r) – kränklich**
paciente *m / f* – **ficha** *f* **médica**	**Patient(in) – Patientenkarte**
tarjeta *f* **de la Seguridad Social**	**Krankenversicherungskarte**
recetar – **receta** *f*	**ein Rezept verordnen / verschreiben – Rezept**
sólo con receta	nur auf Rezept erhältlich
un **certificado** médico	ein ärztliches **Attest**
volante *m* **(de asistencia médica)**	**Krankenschein**
dar de baja / de alta	**krank / gesund schreiben**
reconocer (c>zc) / **examinar**	**untersuchen**
reconocimiento *m* / **chequeo** *m*	(ärztliche) **Untersuchung**
desnudarse	**sich ausziehen**
Por favor, desnúdese completamente.	Würden Sie sich bitte ganz ausziehen.

vestirse (– visto – vestí, vistió – vestido)	**sich anziehen**
Ya se puede volver a vestir.	Sie können sich jetzt wieder anziehen.
¿Qué le **pasa** a usted?	Was **fehlt** Ihnen?
Tengo **molestias** *f* / **problemas** *m* de estómago.	Ich habe Magen**beschwerden**.
molestar	**weh tun; stören**
débil – **fuerte**	**schwach – stark**
doler (o>ue) – **dolor** *m*	**weh tun – Schmerz(en)**
Me duele la mano.	Mir tut die Hand weh.
un dolor sordo / fino / agudo / punzante	ein dumpfer / heftiger / brennender / stechender Schmerz
doloroso – **dolorido**	**schmerzhaft – schmerzend**
(sobre) peso *m*	**(Über-)Gewicht**
engordar – **adelgazar** (z>ce)	**zunehmen – abnehmen**
apetito *m* / **ganas** *fpl* **de comer**	**Appetit**
¿Tiene usted apetito?	Wie ist es mit Ihrem Appetit?
obrar	**Stuhlgang haben**
respirar – **respiración** *f*	**atmen – Atem**
Respire profundamente.	Holen Sie tief Luft.
Le tomaré la **tensión**.	Ich werde Ihren **Blutdruck** messen.
análisis *msg* / *mpl* **de sangre**	**Blutuntersuchung**
radiografía *f*	**Röntgenaufnahme**
electrocardiograma *m*	**EKG** (= Elektrokardiogramm)
ecografía *f*	**Ultraschalluntersuchung**
El médico le puso una **inyección**.	Der Arzt gab ihm / ihr eine **Spritze**.
vacunar – **vacuna** *f*	**impfen – Impfung**
tratamiento *m*	**ärztliche Behandlung**
curar / **sanar**	**heilen**
cura *f*	**Heilverfahren; Genesung; Kur**
mejorar – **mejoría** *f*	**besser gehen – Besserung**
recaer – **recaída** *f*	**einen Rückfall haben – Rückfall**
restablecimiento *m*	**Wiederherstellung**
convalecencia *f*	**Genesung**
medicina *f* / **medicamento** *m*	**Medizin; Medikament; Arzneimittel**
medicación *f*	**Medikamente; Verordnung**
calmante *m* – **píldora** *f*	**Schmerzmittel – Pille**
pastilla *f* – **remedio** *m*	**Tablette – (Heil-)Mittel**
pomada *f* / **crema** *f*	**Salbe**
Hay que ponerse la pomada dos veces al día.	Die Salbe ist zweimal täglich aufzutragen.

4.5 En el dentista
Beim Zahnarzt

dentista *m/f* / **odontólogo /-a**	**Zahnarzt / Zahnärztin**
mecánico *m/f* **dentista**	**Zahntechniker(in)**
clínica *f* **dental**	**Zahnklinik**
tratamiento *m* **odontológico / dental**	**Zahnbehandlung**
dolor *m* **de muelas**	**Zahnschmerzen**
Este diente es **sensible** al frío.	Dieser Zahn ist kälte**empfindlich**.
doler (o>ue)	**weh tun**
lengua *f* – **encía** *f*	**Zunge – Zahnfleisch**
Me sangra la encía.	Mein Zahnfleisch blutet.
moverse (o>ue)	**wackeln**
El diente se mueve.	Der Zahn wackelt.
mandíbula *f* **inferior / superior**	**Unter- / Oberkiefer**
echarse hacia atrás / reclinarse	**sich zurücklehnen**
enjuagarse (g>gue) – **enjuague** *m*	**spülen – Spülung**
diente *m* – **diente de leche**	**Zahn – Milchzahn**
desvitalizar un diente	eine **Wurzelbehandlung** durchführen
sacar / extraer una **muela**	einen **Backenzahn** ziehen
empastar – empaste *m*	**füllen / plombieren – Füllung / Plombe / Inlay**
Hay que empastar este diente.	Dieser Zahn muss plombiert werden.
picadura *f* / **caries** *fsg/fpl*	**Verfall; Zerfall; Karies**
picarse (c>que)	**verfallen**
Tengo un diente picado.	Ich habe ein Loch in einem Zahn.
poner una **corona** a una muela	einen Zahn mit einer **Krone** versehen
funda *f*	**Facette**
poner un **puente**	eine **Brücke** anbringen
dentadura *f* postiza	künstliches **Gebiss**; dritte Zähne
prótesis *fsg/fpl* **dental**	**Zahnprothese**
ortodoncia *f* – **raíz** *f*	**Zahnregulierung – Wurzel**
tratamiento de la raíz	Wurzelbehandlung
hacer un **molde** *m* para un empaste	einen **Abdruck** für ein Inlay machen
sarro *m*	**Zahnstein; Zahnbelag**
paradentosis *f*	**Paradontose**
hilo dental – ducha *f* **bucal**	**Zahnseide – Mundddusche**

4.6 En el hospital
Im Krankenhaus

hospital *m*	**Krankenhaus; Hospital**
clínica *f*	**Klinik**
clínica particular / privada	Privatklinik
centro *m* **hospitalario / médico**	**Klinikum**
hospitalización *f*	**Einweisung ins Krankenhaus**
operar sin necesidad de hospitalización	chirurgische Ambulanz
hospitalizar (z>ce) / **ingresar**	**einweisen**
Estuvo varias semanas hospitalizada.	Sie war wochenlang im Krankenhaus.
el **alta** *f**	**Entlassungsschein**
dar el alta / de alta	entlassen
paciente *m / f*	**Patient(in)**
paciente externo	ambulante(r) Patient(in)
paciente hospitalizado	stationär behandelte(r) Patient(in)
médico *m / f*	**Arzt / Ärztin; ärztlich**
el médico de guardia	der / die diensthabende Arzt / Ärztin
MIR (Médicos Internos Residentes)	Assistenzärzte
médico jefe de un hospital	Chefarzt / -ärztin
médico jefe de un servicio clínico	Oberarzt / -ärztin
especialista *m / f*	**Facharzt**
someterse a un **reconocimiento** *m* **médico**	sich einer **ärztliche Untersuchung** unterziehen
historial *m* **médico**	**Krankengeschichte**
visita *f* **médica**	**Visite**
servicio *m* **clínico**	(Krankenhaus) **Station**
servicio de maternidad	Entbindungsstation
servicio de medicina interna	innere Station / Medizin
servicio de cirugía	die chirurgische Station / Chirurgie
médico de un servicio clínico	Stationsarzt / -ärztin
enfermera de un servicio clínico	Stationsschwester
enfermero / -a	**(Kranken-)Pfleger / Schwester**
enfermera en prácticas	Schwesternschülerin
enfermera jefe	Oberschwester
auxiliar *m / f*	**Pfleger(in)**
servicio *m* **de urgencias**	**Notaufnahme**
casa *f* **de socorro**	**Unfallstation**
operar – **operación** *f* / **intervención** *f* **quirúrgica**	**operieren** – **Operation**

someterse a una operación	sich einer Operation unterziehen
operable – inoperable	**operabel – inoperabel**

> Im Spanischen wird oft die dritte Person Mehrzahl benutzt, um das Passiv auszudrücken:
> *Me operaron de apendicitis.* (= Ich wurde am Blinddarm operiert.)
> „Lassen" im Sinne von „veranlassen" wird nie mit *dejar* übersetzt:
> *Me tuve que operar.* (= Ich musste mich operieren lassen.)

quirófano *m*	**Operationssaal**
mesa *f* **de operaciones**	**Operationstisch**
cirujano /-a – cirugía *f*	**Chirurg(in) – Chirurgie**
bisturí *m*	**Skalpell**
rajar / abrir (– abro – abrí – abierto)	**aufschneiden**
coser – punto *m*	**nähen; Stich**
Me han dado cuatro puntos.	Sie haben mich mit vier Stichen genäht.
Me han quitado los puntos.	Mir wurden die Fäden gezogen.
cicatriz *f* **– cesárea** *f*	**Narbe – Kaiserschnitt**
traumatismo *m*	**Wundverletzung; Trauma**
implante *m*	**Implantation**
trasplante *m* **de órganos**	**Organtransplantation**
extirpar – extirpación *f*	**entfernen – Entfernung; Wegnahme**
amputar – amputación *f*	(*ein Glied*) **abnehmen; amputieren – Abnahme** (*eines Gliedes*); **Amputation**
anestesista *m / f*	**Anästhesist(in); Narkosearzt / -ärztin**
anestesia *f* general / local	Voll**narkose** / örtliche **Betäubung**
anestésico *m*	**Anästhetikum; Narkosemittel**
sala *f* **de restablecimiento**	**Wachraum; Wachstation**
unidad *f* **de cuidados intensivos (UCI) / de vigilancia intensiva (UVI)**	**Intensivstation**
Está ahora en cuidados intensivos / en la UVI.	Er / Sie liegt jetzt „auf Intensiv".
suero *m*	**Tropf; Infusion(sapparat)**
Todavía le están suministrando suero.	Er / Sie hängt immer noch am Tropf.
paciente *m / f* **terminal / incurable**	**unheilbar Kranke(r)**
sala de enfermos terminales	Sterbestation
moribundo /-a	**Sterbende(r)**

4.7 Vida sana
Gesunde Lebensweise

salud *f*	**Gesundheit**
Nadar es bueno para la salud.	Schwimmen ist gesundheitsfördernd.
Fumar perjudica la salud.	Rauchen schadet der Gesundheit.
fanático /-a de la salud	Gesundheitsfanatiker(in) / -apostel
consciente de su salud	gesundheitsbewusst
clínica *f* **de adelgazamiento**	**Schönheitsfarm**
régimen *m*	**Diät; Schlankheitskur**
Muchas personas hacen régimen para perder peso.	Viele Leute machen eine Diät um Gewicht zu verlieren.
dieta *f*	**Heilprogramm; Diätplan; Kur**
Estoy a dieta porque tengo una úlcera de estómago.	Ich lebe Diät, weil ich ein Magengeschwür habe.
dietética *f* – **dietético**	**Diätetik; Ernährungswissenschaft – diätetisch; Diät-**
tienda de productos dietéticos	Reformhaus; Bioladen; Naturkostladen
vegetariano /-a	**vegetarisch; Vegetarier(in)**
comida *f* **orgánica**	**Biokost; Bio-Lebensmittel**
cultivo *m* **ecológico**	**aus ökologischem Anbau**
fibra *f*	**Faser; Ballast(stoff)**
producto *m* **integral**	**Vollwertkost**
huevos *m* **de granja**	**Eier von frei laufenden Hühnern**
vitamina(s) *f*	**Vitamin(e)**
pastillas *f* **para adelgazar**	**Schlankheitspillen**
fisioterapia *f*	**Physiotherapie**
masaje *m* – **dar** (– doy – di – dado) **masajes**	**Massage – massieren**
sauna *f* / *CSur m*	**Sauna**
hacer **deporte**	**Sport** treiben
ejercicio *m* – **moverse** (o>ue)	**Bewegung; Übung – sich bewegen**
entrenar – **entrenamiento** *m*	**trainieren – Training**
gimnasia *f* – **gimnasio** *m* – **gimnástico**	**Turnen – Turnhalle – Turn-**
yoga *m*	**Yoga**
pasear	**spazieren gehen; wandern**
correr – **hacer** (– hago – hice, hizo – hecho) **footing**	(einen) **Dauerlauf** (machen) – **joggen**

5.1 Pisos y casas
Wohnungen und Häuser

vivienda *f*	**Wohnung** *(als kollektiver Begriff)*
bloque de viviendas	Häuserblock
vivir	**leben; wohnen**
¿Dónde vives?	Wo wohnst du?
piso *m*	**Stockwerk; Wohnung**
piso de alquiler	Mietswohnung
piso de protección oficial	Sozialwohnung
primer / segundo / tercer piso	erster / zweiter / dritter Stock
apartamento *m / LAm* **departamento** *m*	**Appartement;** (Etagen-)**Wohnung**
bloque de apartamentos / pisos	Wohnblock

Tipos de pisos / apartamentos **(= Arten von Wohnungen)**
estudio m (= Einzimmerwohnung) • *dúplex* m (= Maisonettewohnung) • *ático* m (= Penthouse / Dachterrassenwohnung) • *buhardilla* f (= Dachstube / Mansarde)

mi hogar *m*	**mein Heim / Haus; meine Wohnung**
No pasamos nunca mucho tiempo lejos del hogar.	Wir sind nie lange von zu Hause weg.
casa *f*	**Haus**
a casa – en casa	nach Hause – zu Hause
Viven en una casa de dos pisos muy bonita.	Sie wohnen in einem sehr schönen zweistöckigen Haus.
¿Vamos a tu casa?	Gehen wir zu dir?
casa adosada	Reihenhaus
casa prefabricada	Fertighaus
alojamiento *m*	**Unterkunft; Quartier**
Después de dos horas encontramos por fin (un) alojamiento.	Nach zwei Stunden fanden wir endlich eine Unterkunft.
asilo *m*	**Obdach;** (Not-)**Unterkunft**
Los refugiados encontraron provisionalmente asilo en un barco.	Die Flüchtlinge fanden vorübergehend Obdach auf einem Schiff.
residencia *f*	(Wohn-)**Haus; Residenz**
la residencia oficial del presidente del gobierno	der Amtssitz des Regierungschefs
castillo *m* – **palacio** *m*	**Burg; Schloss – Palast**

torre *f* / **bloque** *m* **de pisos**	(Wohn-)**Hochhaus**
bloque de oficinas	Bürohochhaus
rascacielos *msg* / *mpl*	**Wolkenkratzer**
tienda *f* (de campaña) / *LAm* **carpa** *f*	**Zelt**
caravana *f* / **remolque** *m* / *LAm* **tráiler** *m*	**Wohnwagen**
planta *f*	*(bei Kaufhäusern und großen Gebäuden)* **Stock**(werk); **Etage**
La sección de deportes se encuentra en la quinta planta.	Die Sportabteilung befindet sich im fünften Stock.
planta *f* **baja**	**Erdgeschoss**
en el **desuán**	auf dem **Dachboden** / **Speicher**
entrada *f* – **pasillo** *m*	**Diele** – **Korridor**
escalera *f* – **escalón** *m*	**Treppe(nhaus)** – **Stufe**
hall *m* **de entrada** / **vestíbulo** *m*	**Eingangshalle**

Partes de una casa o piso **(= Teile eines Hauses oder einer Wohnung)**
cuarto m / *habitación* f / LAm *pieza* f (= Zimmer / Raum) • *dormitorio* m / CAm, Mex *recámara* f (= Schlafzimmer) • *sala* f *de estar* / *salón* m / LAm *living* m (= Wohnzimmer) • *comedor* m (= Esszimmer) • *cuarto* m *de huéspedes* (= Gästezimmer) • *despacho* m / *biblioteca* f (= Arbeitszimmer) • (*cuarto de*) *baño* m (= Badezimmer) • *pasillo* m / *corredor* m (= Korridor / Gang / Flur) • *sótano* m / *bodega* f (= Keller / Untergeschoss / Souterrain) • *balcón* m (= Balkon)

puerta *f*	**Tür**
Hay alguien en la puerta.	Es ist jemand an der Tür.
puerta de (entrada a la) casa / *RPl* puerta-calle	Haustür
ventana *f*	**Fenster**
chimenea *f*	**Schornstein; offener Kamin**
tejado *m* – **techo** *m*	**Dach** – **Dach** / (Zimmer-)**Decke**
Estaba contento de tener un techo sobre la cabeza.	Ich war froh ein Dach über dem Kopf zu haben.
ascensor *m* / *LAm* **elevador** *m*	**Aufzug; Fahrstuhl; Lift**
patio *m*	**(Innen-)Hof**

Lo que está fuera de la casa **(= Was außerhalb des Hauses ist)**
cobertizo m / LAm *galpón* m (= Schuppen) • *piscina* f / Mex *alberca* f / CSur *pileta* f (= Swimmingpool) • *garaje* m / *cochera* f (= Garage) • *patio* m (= Hof) • *valla* f / *cerca* f (= Zaun) • *verja* f (= Gatter; Gartentür) • *portón* m / *puerta* f (= Tor)

5.2 Mobiliario, accesorios, etc.
Möbel, Ausstattung usw.

mueble *m* – **mobiliario** *m*	**Möbel**(stück) – **Mobiliar / Möbel**
Faltaban varios muebles.	Mehrere Möbelstücke fehlten.
El mobiliario era nuevo.	Die Möbel waren neu.
amueblar	**möblieren; mit Möbeln ausstatten / einrichten**
una pieza / habitación amueblada	ein möbliertes Zimmer
armario *m* **(ropero)** / *LAm* **clóset** *m* / **placar(d)** *m*	(Kleider-)**Schrank**
armario empotrado	Einbauschrank

Según se hace uno la cama, así se acuesta.
(= Wie man sich bettet, so liegt man.)
cama f (= Bett) • *cama de matrimonio* (= französisches Bett) • *cama doble* (= Doppelbett) • *camas gemelas* (= zwei gleiche Einzelbetten) • *cama plegable* (= Klappbett) • *sofá-cama* m (= Schlafcouch) • *cuna* f (= Wiege / Kinderbett) • *colchón* m (= Matratze) • *almohada* f (= Kopfkissen) • *cojín* m / *almohadilla* f (= kleines Kissen) • *sábana* f (= Laken) • *manta* f / LAm *frazada* f / *cobija* f (= Decke) • *edredón* m (= Federbett / Plumeau) • *sobrecama* f / *colcha* f (= Tagesdecke / Überbett)

anaquel *m* / **balda** *f* / **entrepaño** *m*	**Schrankbrett; (Regal-)Brett; Bord**
estante *m*	**Ständer; Bücherbord; Bücherbrett**
estantería *f* – **biblioteca** *f*	**Bücherregal – Bücherschrank / Bibliothek**
cómoda *f*	**Kommode**
mesa *f* – **escritorio** *m*	**Tisch – Sekretär; Schreibtisch**
mesa de comedor	Esstisch
mantel *m*	**Tischdecke**
servicio(s) *m* / **lavabo** *m* / **váter** *m* / *LAm* **baño** *m* / *LAm* **sanitario** *m*	**Toilette**
ir al servicio / baño / váter	auf die Toilette gehen
bañera *f* / *LAm* **tina** *f* / *CSur* **bañadera** *f*	**Badewanne**
ducha *f* / *Mex* **regadera** *f*	**Dusche; Brause**
grifo *m* / *CSur* **canilla** *f*	**Wasserhahn**
abrir / cerrar el grifo	den Wasserhahn auf- / abdrehen
lavabo *m* / *CSur* **lavatorio** *m*	**Waschbecken**
fregadero *m* / **pila** *f*	**Spülbecken; Spüle; Ausguss**

***Electrodomésticos* (= Elektrogeräte)**
frigorífico m / *nevera* f / LAm *refrigeradora* f / Arg *heladera* f (= Kühlschrank) • *congelador* m / *congeladora* f (= Tiefkühltruhe / Gefrierschrank) • *cocina* f / LAm *horno* m (= Herd) • *horno* m (= Ofen) • *microondas* msg / mpl (= Mikrowelle) • *tostador* m / *tostadora* f (= Toaster) • *lavadora* f (= Waschmaschine) • *secadora* f (= Trockner) • *lavaplatos* msg / mpl / *lavavajillas* msg / mpl (= Spülmaschine) • *aspirador* m / *aspiradora* f (= Staubsauger) • *aire* m *acondicionado* (= Klimaanlage) • *ventilador* m (= Ventilator) • *calentador* m *(de agua)* (= Boiler)

lámpara *f*	**Lampe**
lámpara de pie	Stehlampe
luz *f*	**Licht; Lampe**
encender / apagar las luces	die Lampen an- / ausmachen
enchufe *m* / **toma** *f* **(de corriente)**	**Steckdose**
¿Dónde está el enchufe / la toma ?	Wo ist die Steckdose?

Objetos en los que uno está sentado
(= Dinge, auf oder in denen man sitzt)
silla f (= Stuhl) • *sillón* m / *butaca* f (= Sessel) • *tumbona* f (= Liegestuhl) • *mecedora* f / LAm *mecedor* m (= Schaukelstuhl) • *sofá* m (= Sofa) • *taburete* m (= Hocker / Schemel)

sentarse (e>ie) – **estar** (– estoy – estuve – estado) **sentado**	**sich hinsetzen – sitzen**
reloj *m* **de pared / de pie / de caja**	**Wand- / Standuhr**
despertador *m*	**Wecker**
espejo *m*	**Spiegel**
cortinas *f*	**Vorhänge**
Entonces corrió las cortinas.	Dann zog er / sie die Vorhänge zu.
persiana *f*	**Rollo; Jalousie; Rollladen**
alfombra *f* (de baño)	(Bade-)**Teppich**
moqueta *f* – **alfombrilla** *f*	**Teppichboden – Teppich; Läufer**
suelo *m* **de parqué / parquet** *m*	**Parkettfußboden**
calefacción *f* **central**	**Zentralheizung**
La casa tiene calefacción central.	Das Haus hat Zentralheizung.
caldera *f* (de calefacción)	**Heizkessel**
papelera *f*	**Papierkorb**
cubo *m* / *LAm* **bote** *m* / *LAm* **bidón** *m* / *LAm* **tarro** *m* / *Arg, Ec, Pe* **tacho** *m* **de la basura**	**Mülleimer; Mülltonne**

5.3 Quehaceres domésticos
Hausarbeiten

faena *f* / **tarea** *f* (doméstica / del hogar)	**häusliche Beschäftigung(en)**
hacer la(s) faena(s)	die Haus(halts)arbeit erledigen
limpiar	**sauber machen; putzen**
limpiar las ventanas	die Fenster putzen
Ya va siendo hora de que hagamos una limpieza en profundidad.	Es wird Zeit, dass wir mal gründlich sauber machen.
He limpiado el baño.	Im Bad habe ich sauber gemacht.
limpiar la mesa / pasar un trapo a la mesa	die Krümel vom Tisch wischen
Si viertes / derramas algo, podrías al menos limpiarlo.	Wenn du etwas verschüttest, könntest du es wenigstens aufwischen.
la limpieza	**das Reinigen / Putzen**
encargado /-a de la limpieza	Reinigungspersonal
mujer / señora de la limpieza	Reinigungsfrau; Zugehfrau
asistenta *f*	**Reinigungsfrau; Zugehfrau**
lavar – **lavado** *m*	**waschen** – (Ab-)**Waschen**
Habría que lavar ya el mantel. / El mantel necesita un lavado.	Die Tischdecke müsste mal gewaschen werden.
Eso es difícil de lavar.	Das lässt sich nicht gut waschen.
Por desgracia las manchas no han salido con el lavado.	Die Flecken sind (beim Waschen) leider nicht herausgegangen.
Tu camisa azul está para lavar.	Dein blaues Hemd ist in der Wäsche.
fregar (e>ie, g>gue)	**abspülen; aufwaschen; wischen; schrubben; scheuern**
fregar / lavar los platos / la vajilla	(das) Geschirr abspülen / abwaschen
Acabo de fregar / limpiar el suelo.	Ich habe gerade aufgewischt / den Boden gewischt.
fregar el suelo a conciencia	den Fußboden gründlich schrubben
fregar una olla	einen Kochtopf scheuern
fregado *m*	(das) **Abspülen**
hacer el fregado	abspülen
polvo *m*	**Staub**
¿Has quitado el polvo en el salón / la sala?	Hast du im Wohnzimmer Staub gewischt?

barrer	**fegen**
aspirador *m* / **aspiradora** *f*	**Staubsauger**
pasar la aspiradora	saugen
cepillar – **cepillo** *m*	**bürsten** – **Bürste**
cepillo para (la) ropa	Kleiderbürste

Utensilios** m **de limpieza, productos** m **de limpieza
(= Reinigungsutensilien, Reinigungsmittel)
paño m / *trapo* m (= [Staub-]Tuch / [Putz-]Lappen) • *paño* / LAm *trapo de cocina* (= Geschirrtuch) • *esponja* f (= Schwamm) • *estropajo* m (= Strohwisch) • *escoba* f (= Besen) • *fregona* f (= Wischmopp) • *recogedor* m *y escobilla* f / *cepillo* m (= Müllschaufel und Handfeger) • *jabón* m (= Seife) • *detergente* m (= Reinigungs- / Waschmittel) • *detergente (en polvo)* (= Waschpulver)

retirar	**abräumen; wegräumen**
retirar los platos	das Geschirr abräumen
ordenar	**aufräumen**
Ordena tu habitación.	Räum dein Zimmer auf.
arreglar / **recoger** (g>ja, jo)	**aufräumen; in Ordnung bringen**
recoger la mesa	den Tisch abdecken / abräumen
recoger la habitación	Ordnung im Zimmer schaffen
aclarar	**(ab)spülen**
Sólo voy a aclarar los vasos.	Ich spüle nur schnell die Gläser ab.
secar (c>que)	**das Geschirr abtrocknen**
Déjame secar a mí.	Lass mich abtrocknen.
ropa *f* **sucia** / **colada** *f*	(schmutzige) **Wäsche**
hacer la colada	(die) Wäsche waschen
planchar	**bügeln**
planchar las camisas	die Hemden bügeln
lustrar / *Mex* **bolear** / *Chi* **embolar**	**polieren; putzen**
lustrar / dar lustre / limpiar los zapatos	Schuhe putzen
encerar	**bohnern**
cera *f* **para suelos** – **cera** *f* **para muebles**	**Bohnerwachs** – **Möbelpolitur**
ventilar / **airear** / **orear** una habitación / cama	ein Zimmer / Bett **lüften**
hacer (hago – hice, hizo – hecho)	*(Zimmer, Bett usw.)* **machen**
hacer las camas	die Betten machen
¿Has hecho ya el cuarto de baño?	Hast du schon das Bad gemacht?
hacer la compra	einkaufen
sacudir las alfombras	die Teppiche **klopfen**

6.1 Comunidades
Gemeinschaften

comunidad *f*	**Gemeinschaft**
la Comunidad Europea	die Europäische Gemeinschaft
unión *f*	**Union; Vereinigung**
la Unión Europea	die Europäische Union
confederación *f*	**Staatenbund; Konföderation**
imperio *m* – **imperial**	**Imperium; Weltreich** – **kaiserlich**
sociedad *f*	**Gesellschaft; Verein**
el papel de la mujer en la sociedad	die Rolle der Frau in der Gesellschaft
país *m* – **tierra** *f*	**Land** – **Land; Heimat**
una tierra de posibilidades ilimitadas	ein Land unbegrenzter Möglichkeiten
(la madre) patria *f* – **nación** *f*	**(das) Vaterland** – **Volk; Nation; Staat**
nacional – **nacionalista** *m/f*	**national** – **nationalistisch; Nationalist(in)**
estado *m* – **estatal**	**Staat** / *(Deutschland)* (Bundes-) **Land** – **staatlich**
los estados que forman una nación	die Länder, die eine Nation bilden
una **zona** muy rica	eine sehr reiche **Gegend**
región *f* – **regional**	**Region / Gebiet** – **regional**
una región poco poblada	ein dünn besiedeltes Gebiet
autonomía *f* – **comunidad** *f* **autónoma**	**Autonomie** – **autonome Region**
provincia *f* – **provincial**	**Provinz** – **provinziell / Provinz-**
ciudad *f* – **capital** *f*	**Stadt** – **Hauptstadt**
¿Vas a ir mañana a la ciudad?	Fährst du morgen in die Stadt?
ciudad natal	Heimatstadt
pueblo *m*	**Kleinstadt; Dorf; Volk**
aldea *f*	**kleines Dorf; Weiler**
municipio *m* – **municipal**	**(Stadt-)Gemeinde / Gemeindeverwaltung** – **städtisch / Stadt-**
distrito *m*	(Gerichts-)**Bezirk; Stadtteil**
distrito postal	Postbezirk; Postleitzahl
barrio *m*	**Gegend; Viertel; Vorstadt**
un barrio pobre	ein armes Viertel

6.2 Sistemas políticos
Politische Systeme

democracia *f* – **democrático**	**Demokratie – demokratisch**
una democracia parlamentaria	eine parlamentarische Demokratie
sistema *m* **de gobierno presidencialista**	**präsidentielles Regierungssystem**
Los EEUU tienen un sistema de gobierno presidencialista.	Die USA haben ein präsidentielles Regierungssystem.
república *f*	**Republik**
federación *f* – **federal** – **federalismo** *m*	**Zusammenschluss / Föderation – Bundes- – Föderalismus**
la República Federal Alemana	die Bundesrepublik Deutschland
autoritario	**autoritär**
junta *f* **militar**	**Militärjunta**
(el) fascismo – fascista *m/f*	**(der) Faschismus – faschistisch; Faschist(in)**
grupos neofascistas	neofaschistische Gruppen
(el) franquismo	autoritäres Regierungssystem in Spanien unter Franco, 1939–1975
(el) nazismo *m*	**(der) Nazismus**
nazi *m/f*	**Nazi; Nazi-**
(el) comunismo	**(der) Kommunismus**
(el) socialismo	**(der) Sozialismus**
(el) capitalismo	**(der) Kapitalismus**
(el) liberalismo – liberal	**(der) Liberalismus – liberal**

***¿Quién gobierna?* (= Wer regiert?)**

absolutismo m (= Absolutismus): *un monarca o dictador que asume todos los poderes*

totalitarismo m (= totalitäres System): *un dictador o un partido que asume todos los poderes*

monarquía f *absoluta* (= absolute Monarchie): *un monarca que asume todos los poderes*

teocracia f (= Theokratie): *un sacerdote o el clero*

aristocracia f (= Adelsherrschaft): *la nobleza*

dictadura f (= Diktatur): *un dictador*

democracia f (= Demokratie): *los representantes elegidos por el pueblo*

monarquía f *parlamentaria* (= konstitutionelle Monarchie): *los representantes elegidos por el pueblo*

6.3 Partidos y política
Parteien und Politik

partido *m*	**Partei**
el presidente del partido	der Parteiführer
el partido en el poder	die Regierungspartei
(la) política	**(die) Politik**
dedicarse a la política	in die Politik gehen
política de izquierdas	linke Politik
la política económica del Gobierno	die Wirtschaftspolitik der Regierung
político *m*	**politisch; Politiker**
un político del PSOE	ein Politiker der spanischen sozialistischen Partei
un partido político	eine politische Partei
importante políticamente	politisch wichtig/bedeutsam
poder *m*	**Macht**
el partido en el poder	die Partei, die jetzt an der Macht ist
en caso de que consigan el poder	falls sie an die Macht kommen
miembro *m* **de un partido**	**(Partei-)Mitglied(schaft)**
el centro – centrista	**die Mitte / das Zentrum – Zentrums-**
la izquierda – izquierdista *m/f*	**der linke Flügel – linksgerichtet; Linke(r)**
una coalición de centro-izquierda	eine Mitte-Links-Koalition
la derecha – derechista *m/f*	**der rechte Flügel – rechtsgerichtet; Rechte(r)**
un partido de extrema derecha	eine rechtsextremistische Partei
extremista *m/f*	**extrem; radikal; Extremist(in)**
extremista de derechas	Rechtsradikale(r)
extremismo *m*	**Extremismus**
radical *m/f* – **radicalismo** *m*	**radikal; Radikale(r) – Radikalismus**
partidos radicales	radikale Parteien
cambios radicales	radikale Veränderungen
moderado	**gemäßigt**
un conservador moderado	ein gemäßigter Konservativer
una política moderada	gemäßigte Politik
liberal *m/f*	**liberal; Liberale(r)**
tránsfuga *m/f*	**Parteiüberläufer(in)**
socialista *m/f*	**sozialistisch; Sozialist(in)**
un partido socialista	eine sozialistische Partei

cuando los socialistas estaban en el poder	als die Sozialisten an der Macht waren
comunista *m/f*	**kommunistisch; Kommunist(in)**
un partido/gobierno comunista	eine kommunistische Partei/Regierung

i **Die Parteienlandschaft in Spanien** (≈ bezeichnet, wenn möglich, die ungefähre Entsprechung in der Bundesrepublik Deutschland):
el Partido Popular / PP (≈ CDU/CSU)
el Partido Socialista Obrero Español / PSOE (≈ SPD)
Izquierda Unida / IU (= ehemalige kommunistische Partei)
Convergencia i Unió / CiU (= katalanische nationalistische Partei)
Partido Nacionalista Vasco / PNV (= baskische nationalistische Partei)
Bloque Nacionalista Galego / BNG (= galicische nationalistische Partei)
Coalición Canaria (= Kanarische nationalistische Partei)

la base	**(Partei-)Basis**
reforzar el partido en la base	die Partei an der Basis verstärken
elecciones *fpl*	**Wahl(en)**
presentarse a unas elecciones como independiente	als Unabhängige(r) kandidieren
quedar bien en unas elecciones	gut bei den Wahlen abschneiden
amañar unas elecciones	eine Wahl fälschen
electoral – elector(a)	**Wahl- – wahlberechtigt/Wähler(in)**
programa electoral	Wahlprogramm
En el congreso del partido se decide el programa electoral.	Der Parteitag entscheidet über das Wahlprogramm der Partei.
designar – designación *f*	**nominieren – Nominierung**
candidato/-a – candidatura *f*	**Kandidat(in) – Kandidatur**
plataforma *f* **electoral**	**Wahlplattform**
imagen *f*	**Aussehen; Eindruck**
sondeo *m*	**Meinungsumfrage**
Los dos candidatos están igualados en los sondeos.	Die beiden Kandidaten liegen in den Meinungsumfragen Kopf an Kopf.
campaña *f* **electoral**	**Wahlkampf**
recuento *m* **de votos**	**Stimmenauszählung**
pucherazo *m*	**Wahlbetrug** (bei der Stimmenauszählung)
corrupción *f*	**Korruption**
corrupción electoral	Wahlbestechung

6.4 El poder legislativo
Die gesetzgebende Gewalt

separación *f* **de poderes**	**Gewaltenteilung**
legislar – legislativo	**Gesetze erlassen – gesetzgebend**
las Cortes	**Parlament**
el presidente de las Cortes	Parlamentsvorsitzende(r)
parlamento *m* – **parlamentario/-a**	**Parlament – parlamentarisch; Abgeordnete(r)**
disolución del parlamento	Parlamentsauflösung
cámara *f*	**Kammer**
la Cámara alta/baja	die erste/zweite Kammer
miembro *m* **del parlamento**	(Parlaments-)**Abgeordnete(r)**
Congreso *m* **de los diputados**	**Abgeordnetenkammer**
diputado/-a	**Abgeordnete(r)**
Senado *m* – **senador(a)**	**Senat – Senator(in)**

i Seit der Verabschiedung des Gesetzes zur politischen Reform am 4. Januar 1977 hat las *Cortes españolas* zwei Kammern: *Congreso de los diputados (= Cámara baja)* mit 350 Abgeordneten und Senado *(= Cámara alta)* mit 256 Senatoren.

líder *m/f* – **jefe/-a**	**Führer(in) – Chef(in)**
el líder/jefe de la oposición	der Oppositionsführer
mayoría *f* – **minoría** *f*	**Mehrheit – Minderheit**
la mayoría parlamentaria	die parlamentarische Mehrheit
grupo *m* **parlamentario**	**Fraktion**
portavoz *m/f*	*(Parlament)* **Sprecher(in)**
el portavoz del grupo mixto	der Sprecher der kleinen Parteien
el banco azul	**die Regierungsbank**
escaño *m*	**Sitz; Abgeordnetensitz**
período *m* **legislativo**	**Legislaturperiode; Amtzeit**
sesión *f*	**Sitzung**
la sesión parlamentaria	die Parlamentsitzung
debate *m*	**Debatte**
el debate sobre el estado de la nación	die Debatte über die Lage der Nation
el **acta** *f** – **discurso** *m*	das **Protokoll – Rede**
pronunciar un discurso	eine Rede halten
moción *f*	**Antrag**
presentar una moción	einen Antrag stellen
moción de censura	Misstrauensvotum

veto *m*	**Veto**
ratificar (c>que)	**ratifizieren**
Las leyes tienen que ser ratificadas por el Senado.	Gesetze müssen durch den Senat ratifiziert werden.
abstenerse (– abstengo, abstiene – abstuve – abstenido) – **abstención** *f*	**sich** (der Stimme) **enthalten** – **Stimmenthaltung**
ley *f* – **constitución** *f*	**Gesetz** – **Verfassung**
promulgar una ley	ein Gesetz erlassen
estatuto *m*	**Statut; autonome Verfassung**
ponencia *f*	**Bericht; Berichterstattung; Antrag**
comité *m*	**Ausschuss**
presupuesto *m*	**Haushalt(splan); Etat**
ajustar el presupuesto	den Haushalt einschränken
disolver (– disuelvo – disolví – disuelto)	**auflösen**
disolver el parlamento y convocar elecciones	das Parlament auflösen und eine Wahl ansetzen
referéndum *m*	**Referendum; Volksentscheid**
elecciones *fpl* – **electoral**	**Wahl** – **Wahl-**
las próximas elecciones generales	die nächste Parlamentswahl
Perdió / ganó las elecciones.	Er / Sie gewann / verlor die Wahl.
campaña electoral	Wahlkampf
distrito electoral	Wahlkreis
segunda vuelta *f*	**Stichwahl**
elegir (– elijo – elegí, eligió – elegido)	**wählen**
Los diputados son elegidos por cuatro años.	Die Abgeordneten werden auf vier Jahre gewählt.
votar – **voto** *m*	**wählen** – **Stimme**
Votó a favor / en contra de la reforma.	Er / Sie stimmte für / gegen die Reform.
voto de censura	Misstrauensvotum
votación *f* – **votante** *m / f*	**Abstimmung / Wahl** – **Stimmberechtigte(r)**
someter a votación	zur Abstimmung bringen
votación secreta	geheime Abstimmung / Wahl
urna *f*	**Urne**
acudir a las urnas	wählen gehen
candidato /-a	**Kandidat(in)**
¿Cuál es la posición del candidato con respecto al aborto?	Wie steht der Kandidat zum Schwangerschaftsabbruch?
presentarse a unas elecciones	**kandidieren**

6.5 Gobierno
Regierung

gobierno *m*	**Regierung**
el gobierno federal	die Bundesregierung
formar gobierno	eine Regierung bilden
remodelación del gobierno	Regierungsumbildung
administración *f*	**Verwaltung; Regierung; Behörde**
la administración pública	öffentliche Verwaltung
administración federal	Bundesbehörde
La Moncloa	**Amtssitz des spanischen Präsidenten**
un comunicado de La Moncloa	eine Mitteilung des Präsidenten
presidente /-a	**Präsident(in)**
vicepresidente /-a	**Vizepräsident(in)**
canciller *m/f*	**Kanzler**
el canciller alemán	der Bundeskanzler
jefe *m* **del Estado**	**Staatsoberhaupt**
Franco fue durante casi cuarenta años el jefe del Estado.	Franco war fast vierzig Jahre lang Staatsoberhaupt.
emperador – emperatriz	**Kaiser – Kaiserin**
la Corona	**Krone; Thron; Königreich**
discurso de la Corona	Thronrede
rey – reina	**König – Königin**
El Rey español vive en La Zarzuela.	Der spanische König wohnt in La Zarzuela.
príncipe (heredero) – princesa (heredera)	**(Kron-)Prinz – (Kron-)Prinzessin**
infante /-a	**Infant(in)**
la infanta Cristina	Infantin Cristina (Tochter von König Juan Carlos I)
gabinete *m*	**Kabinett**
Entró como miembro del gabinete.	Er/Sie wurde Mitglied des Kabinetts.
consejo *m* **de ministros**	**Kabinettssitzung**
ministerio *m*	**Ministerium**
el Ministerio de Asuntos Exteriores	das Außenministerium
el Ministerio del Interior	das Innenministerium
ministro /-a	**Minister(in)**
ministro de Asuntos Exteriores	Außenminister
junta *f*	**Bezeichnung bestimmter autonomer Regierungen**

el presidente de la Junta de Andalucía	der Präsident der andalusischen Regierung
Generalitat *f*	**katalanische Regierung**
lehendakari *m / f*	**Präsident(in) der baskischen Regierung**
consejero /-a	**Minister(in) einer autonomen Regierung**
delegado /-a del Gobierno	**Regierungsvertreter(in) einer Autonomie**
alcalde(sa)	**Bürgermeister(in)**
alcaldía *f*	**Bürgermeisteramt**
concejal *m / f* **/-a**	**Gemeinderatsmitglied; Stadtrat / -rätin**
nombrar – **nombramiento** *m*	**ernennen** – **Ernennung**
Fue nombrado ministro de Asuntos Exteriores.	Er wurde zum Außenminister ernannt.
mandato *m*	**Mandat**
dimitir – **dimisión** *f*	**zurücktreten** – **Rücktritt**
El presidente ha dimitido.	Der Präsident ist zurückgetreten.
derrocar (c>que)	(die Regierung) **stürzen**
El dictador fue derrocado.	Der Diktator wurde gestürzt.
suceder – **sucesor(a)**	**nachfolgen** – **Nachfolger(in)**
oficina *f*	**Amt; Behörde; Dienststelle**
oficina del registro civil	Standesamt
oficina de empleo	Arbeitsamt
oficina central	Zentralstelle
departamento *m*	**(Ministerial-)Abteilung; Behörde**
Departamento de Asuntos Exteriores	Außenministerium
El departamento tiene 33 oficinas regionales.	Die Behörde hat 33 Zweigstellen.
negociado *m*	**Verwaltungsabteilung; Amt; Behörde**
el Negociado de Cuentas	Rechnungshof
centro *m*	**(Zentral-)Stelle; Zentrum**
Centro Superior de Información de la Defensa / CESID	spanischer Geheimdienst
agencia *f*	**Büro; Agentur; Stelle**
agencia de colocaciones	Stellenvermittlung
comisión *f*	**Kommission; Ausschuss**
comisión ordinaria	ordentlicher Ausschuss
comisión parlamentaria	parlamentarische Kommission
comité *m*	**Komitee; Ausschuss**

6.6 La justicia y la policía
Rechtswesen und Polizei

ley *f*	**Gesetz; Recht**
hacer cumplir la ley	dem Gesetz Geltung verschaffen
tribunal *m*	**Gericht**
Lo amenazó con llevarlo ante los tribunales.	Er/Sie drohte, ihn zu verklagen.
el Tribunal Constitucional	das Verfassungsgericht
juzgado *m*	**Gericht; Gerichtssitz**
Juzgados de Menores	Jugendgerichte
Audiencia *f* **Nacional**	**Oberlandesgericht**
Audiencias provinciales	Land(es)gerichte
procedimiento *m* **judicial**	**(Gerichts-)Verfahren**
proceder judicialmente (contra)	**gerichtlich vorgehen (gegen)**
dictar auto de procesamiento (contra)	**gerichtlich vorgehen (gegen)**
juicio *m* – **judicial**	**(Gerichts-)Verfahren / Prozess – gerichtlich**
Perdió el juicio.	Er/Sie verlor den Prozess.
un acuerdo extrajudicial	ein außergerichtlicher Vergleich
demandar – **demanda** *f*	**jemand verklagen** – **Klage**
presentar/poner una demanda	Klage erheben
Nos demandaron por los daños.	Sie verklagten uns auf Schadensersatz.
denunciar – **denuncia** *f*	**anzeigen** – **Anzeige**
acusar – **acusación** *f*	**anklagen; beschuldigen** – **Anklage**
Fue acusado de homicidio.	Er wurde des Totschlags angeklagt.
cargo *m*	**Anklage**
poner en libertad sin cargos	ohne Anklageerhebung freilassen
juez(a)	**Richter(in)**
el jurado	**die Geschworenen / Schöffen**
el Defensor del Pueblo	**Ombudsmann**
procesar – **procesamiento** *m*	**strafrechtlich verfolgen** – **gerichtliche Verfolgung**
atestado *m*	**Attest**
instruir el atestado	den Tatbestand aufnehmen
sumario *m*	**Ermittlungsverfahren**
informes *mpl* **periciales**	**Sachverständigengutachten**
fiscalía *f*	**Anklage(behörde); Staatsanwaltschaft**
fiscal *m/f*	**Staatsanwalt / Staatsanwältin**

procurador(a)	**Prozessvertreter(in);** (nicht plädierende/r) **Anwalt(in)**
la defensa	**die Verteidigung**
abogado/-a defensor(a)	**Verteidiger(in)**
testigo *m/f*	**Zeuge/Zeugin**
testigo de cargo	Belastungszeuge/-zeugin
careo *m*	**Gegenüberstellung** (der Zeugen oder Angeklagten)
interrogar (g>gue) – **interrogatorio** *m*	**verhören/vernehmen – Verhör/Vernehmung**
declarar – **declaración** *f*	**aussagen – Aussage**
delito *m*	**Straftat; Verbrechen; Delikt**
cuerpo del delito	Beweisstück; Corpus delicti
cometer un delito	ein Verbrechen begehen

Grados** m **de ejecución del delito **(= Schwere einer Straftat)**
delito m *consumado* (= vollendete Tat) • *delito* m *frustrado* (= nicht vollendeter Versuch) • *tentativa* f (= Versuch) • *conspiración* f (= Intrige) • *proposición* f (= Vorschlag) • *provocación* f (= Anstiftung)

infracción *f*	**Vergehen; Übertretung**
infracción de tráfico	Verkehrsübertretung
crimen *m*	(schweres) **Verbrechen; Mord; Tötung; Totschlag**
cometer/perpetrar un crimen	ein Verbrechen begehen
escenario del crimen	Tatort
criminalidad *f* – **criminal** *m/f*	**Kriminalität – Verbrecher(in)**
asesinato *m* – **asesino/-a**	**Mord – Mörder(in)**
homicidio *m* – **homicida** *m/f*	*(juristisch)* **Tötung/Totschlag – Mörder(in)**
confesar(se) (e>ie) – **confesión** *f*	**gestehen – Geständnis**
confesarse culpable	sich schuldig bekennen
sentenciar – **sentencia** *f*	**verurteilen – Urteil**
condenar – **condena** *f*	**verurteilen – Verurteilung**
absolver (– absuelvo – absolví – absuelto)	**freisprechen**
inocente – **culpable**	**unschuldig – schuldig**
declarar inocente/culpable	schuldig / nicht schuldig erklären
presunción *f* – **presunto**	**Vermutung – mutmaßlich**
en pleno uso *m* **de sus facultades**	**voll zurechnungsfähig**
enajenación *f* **mental transitoria**	**verminderte Zurechnungsfähigkeit**
circunstancias *f* **atenuantes/agravantes**	**mildernde/strafverschärfende Umstände**

pena *f*	**Bestrafung; Strafe**
multa *f*	**Geldstrafe; Bußgeld; Verwarnungsgeld**
Tuvo que pagar 500 euros de multa.	Er/Sie musste 500 Euro Strafe zahlen.
fianza *f*	**Kaution; Sicherheitsleistung**
El acusado fue puesto en libertad bajo fianza.	Der Angeklagte wurde gegen Kaution freigelassen.
(en) libertad *f* **condicional**	**(auf) Bewährung**
prisión *f*	**Gefängnis; Haft**
Fue condenado a seis años de prisión.	Er wurde zu sechs Jahren Gefängnis verurteilt.
prisión/detención preventiva	Untersuchungshaft
cárcel *f*	**Gefängnis**
apelar – **apelación** *f*	**Berufung einlegen** – **Berufung; Revision(sverfahren)**
El caso ha sido apelado.	Es wurde Berufung eingelegt.
sobreseimiento *m*	**Einstellung**
cumplimiento *m* **de la ley**	**Durchsetzung/Vollzug des Rechts**
la policía – **policía** *m/f*	**die Polizei** – **Polizist(in)**
Soy policía.	Ich bin Polizist(in).
comisaría *f*	(Polizei-)**Revier;** (Polizei-)**Wache**
cuartel *m* / **cuartelillo** *m*	**Wachthaus; Wachtposten**
agente *m/f*	**Detektiv(in); Kriminalbeamte(r)**
comisario/-a	**Kriminalkommissar(in)**
la Guardia Civil	(Feld-)**Gendarmerie; Landpolizei**
sospecha *f* – **sospechoso/-a**	**Verdacht** – **Verdächtige(r)**
orden *f*	**Befehl**
orden de detención	(richterlicher) Haftbefehl
orden de registro	Durchsuchungsbefehl
delincuente *m/f*	**Straftäter(in)**
antecedentes *mpl* **penales**	**Vorstrafen**
sin antecedentes penales	nicht vorbestraft; Ersttäter(in)
persecución *f*	**Verfolgung**
arrestar – **arresto** *m*	**festnehmen / verhaften / in Haft nehmen** – (Polizei-)**Gewahrsam / Haft**
arresto domiciliario	Hausarrest
Fue arrestado.	Er wurde in Haft genommen.
detener (– detengo, detiene – detuvo – detenido)	**festnehmen; verhaften; in Haft nehmen**
detención *f*	**Festnahme; Verhaftung; Haft**

6.7 Impuestos
Steuern

erario *m* **público / fisco** *m*	**Fiskus; Staatskasse**
impuesto *m*	**Steuer**
subir los impuestos	die Steuern erhöhen
bajar / reducir los impuestos	die Steuern senken
aumento / disminución de los impuestos	Steuererhöhung / -senkung
gravar con un impuesto	besteuern; mit Steuern belasten
evasión de impuestos	Steuerhinterziehung
fiscal	**fiskalisch; Fiskus-; Steuer-; Finanz-**
fraude fiscal / tributario	Steuerhinterziehung
paraíso fiscal	Steuerparadies
ventajas fiscales para las empresas que invierten en el país	Steuervergünstigungen für Firmen, die im Inland investieren
la política fiscal	Finanzpolitik
gravar (con impuestos) – gravamen *m*	**besteuern; mit Steuern belasten – Belastung**
cargas / gravámenes sociales	Sozialabgaben
desgravar – desgravación *f* **(fiscal)**	**Steuererleichterung gewähren; von der Steuer absetzen – Steuervergünstigung**
Los libros desgravan.	Die Bücher kann man absetzen.
(delegación *f* **de) Hacienda** *f*	**Finanzamt**
Hacienda se queda con la mayor parte de mi sueldo.	Den größten Teil meines Einkommens kriegt das Finanzamt.
ingresos *mpl*	**Einkommen**
ingresos netos / brutos	Netto- / Bruttoeinkommen
salario *m* **– salarial**	**Lohn – Lohn-**
salario líquido	Nettolohn / -gehalt
retener / deducir del salario	vom Lohn abziehen
retención salarial	Direktabzug der Lohnsteuer
sueldo *m*	**Lohn**
Impuesto *m* **sobre la Renta (de las Personas Físicas) / IRPF**	**Einkommensteuer**
declaración *f* de la renta	Einkommensteuererklärung
hacer la declaración de la renta	eine Einkommensteuererklärung ausfüllen
entregar la declaración de la renta	eine Einkommensteuererklärung abgeben

Impuesto *m* **sobre el Valor Añadido / IVA** — **Mehrwertsteuer**

Todos los precios llevan el IVA incluido. — Alle Preise verstehen sich einschließlich Mehrwertsteuer.

exento / libre de impuestos — **steuerbefreit; steuerfrei**

mercancías libres de impuestos — steuerfreie Waren

ingresos libres de impuestos — nicht steuerpflichtiges Einkommen

devolución *f* **de impuestos** — **(Steuer-)Erstattung**

Usted tiene derecho a una devolución de impuestos. — Sie haben Anspruch auf eine Steuererstattung.

i ***Impuestos más importantes en España***
(= Wichtigste Steuern in Spanien)

Impuestos directos (= direkte Steuern): *impuesto sobre la renta* (= Einkommensteuer) • *impuesto sobre el patrimonio* (= Vermögenssteuer) • *impuesto sobre sucesiones y donaciones* (= Erbschaftssteuer)

Impuestos indirectos (= indirekte Steuern): *impuesto sobre el tráfico civil* = Handelssteuer) • *impuesto sobre el tráfico exterior* (= Außenhandelssteuer)

El Impuesto sobre el Valor Añadido / IVA wurde am 1. Januar 1986 eingeführt, als Spanien in die EG eintrat. Diese Steuer hat über 40 alte indirekte Steuern ersetzt.

asesor(a) fiscal — **Steuerberater(in)**

auditar – **auditoría** *f* — (die Bücher) **prüfen** – **Buchprüfung**

tasación *f* **a efectos impositivos** — **Veranlagung** (durch das Finanzamt)

contabilidad *f* — **Buchführung; Buchhaltung**

donativo *m* — **Spende**

En Alemania desgravan los donativos. — In Deutschland sind Spenden absetzbar.

amortización *f* — **Abschreibung**

derechos *mpl* **de aduana** — **Zoll(abgabe)**

¿Hay que pagar derechos de aduana por eso? — Muss man darauf Zoll bezahlen?

6.8 Seguridad Social
Soziale Sicherheit

el estado social	**der Wohlfahrtsstaat / Sozialstaat**
la red de servicios sociales	**das soziale Netz**
Instituto *m* **Nacional de la Seguridad Social / INSS**	**Allgemeine Staatliche Sozialversicherung**

i *La Seguridad Social* bedeutet allgemein „soziale Sicherheit“ und deckt die folgenden Risiken ab: *accidentes* m *de trabajo* (= Arbeitsunfälle), *paro* m (= Arbeitslosigkeit), *enfermedad* f (= Krankheit), *maternidad* f (= Mutterschaft), *invalidez* f (= Invalidität), *vejez* f (= Alter) und *muerte* f (= Tod).
Die Hauptanteile der *Seguridad Social* kommen von den Arbeitgeber- und Arbeitnehmerbeiträgen *(= cuotas* f *empresariales y de los trabajadores)* und an zweiter Stelle vom Staat.

Instituto *m* **de Migraciones y Servicios Sociales / IMSERSO**	**Allgemeine Staatliche Sozialversorgung**
Ministerio *m* **de Trabajo, Seguridad Social y Asuntos Sociales**	**Arbeits- und Sozialministerium**
Consejería *f* **de Asuntos Sociales**	**Sozialministerium** (in einigen Autonomien)
prestación *f* **/ ayuda** *f* **(social)**	**(Bei-)Hilfe; Zuschuss**
ayuda familiar	Familienbeihilfe
prestación social por baja maternal	Mutterschaftsgeld
supresión de prestaciones sociales	Streichung von Sozialleistungen
subsidio *m*	**(Bei-)Hilfe; Zuschuss**
subsidio por hijos	Kindergeld
subsidio de vivienda	Wohngeld
subsidio de enfermedad	Krankengeld
subsidio de desempleo	Arbeitslosengeld
baja *f* **maternal**	**Mutterschaftsurlaub**
ayuda *f* **social**	**Sozialhilfe**
seguro *m* – **asegurarse**	**Versicherung – sich versichern**
seguro de enfermedad	Krankenversicherung, -kasse
seguro de invalidez	Invaliditätsversicherung
asistencia *f* **domiciliaria**	**Pflegehilfe**
pensión *f*	**Rente; Pension; Ruhegehalt**
caja de pensiones / jubilaciones	Pensionskasse
pensión de viudedad	Witwenrente
centro *m* **de asesoramiento**	**Bürgerberatungsstelle**

6.9 Relaciones internacionales
Internationale Beziehungen

relaciones *f* **con otros países**	**Beziehungen zu anderen Staaten**
romper / restablecer las relaciones	die diplomatischen Beziehungen abbrechen / wiederaufnehmen
la **política exterior**	die **Außenpolitik**
ministro /-a / Ministerio de Asuntos Exteriores	**Außenminister(in) / -ministerium**
estadista *m / f*	**Staatsmann**
visita *f* **de estado**	**Staatsbesuch**
cumbre *f*	**Gipfeltreffen**
diplomacia *f*	**Staatskunst; Diplomatie**
diplomático /-a	**diplomatisch; Diplomat(in)**
embajador(a) – **embajada** *f*	**Botschafter(in) – Botschaft**
delegación *f* – **delegado /-a**	**delegierte Vertretung – Beauftragte(r)**
aliado *m*	**alliiert; Verbündeter; Bündnispartner**
las fuerzas aliadas de Europa	die alliierten Streitkräfte in Europa
alianza *f*	**Bündnis; Allianz**
frontera *f* – **fronterizo**	**Grenze – Grenz- / angrenzend**
crisis *fsg / fpl*	**Krise**
dar una solución política a la crisis	eine politische Lösung der Krise finden
disputa *f*	**Streit(igkeit); Auseinandersetzung**
intervención *f* **armada**	**bewaffnete Intervention**
reducir (– reduzco – reduje – reducido) **tensiones**	**die Spannungen abbauen**
poner (– pongo – puse – puesto) **fin a un conflicto**	**einen Konflikt beilegen**
negociar – negociaciones *fpl*	**verhandeln – Verhandlungen**
hacer (– hago – hice, hizo – hecho) **progresos**	**einen Durchbruch erzielen; Fortschritte machen**
llegar (g>gue) **a un compromiso**	**einen Kompromiss erzielen**
acuerdo *m*	**Abkommen**
llegar a un acuerdo	zu einer Einigung gelangen
la Unión Europea / UE	**die Europäische Union**
la ampliación de la UE	EU-Erweiterung
ayuda *f* **al / del extranjero**	**Auslandshilfe**
ayuda *f* **al desarrollo**	**Entwicklungshilfe**
país *m* **en vías de desarrollo**	**Entwicklungsland**

6.10 Defensa, guerra, militares
Verteidigung, Krieg, Militär

defender (e>ie) – **defensa** *f*	**verteidigen – Verteidigung**
los gastos de defensa	die Verteidigungsausgaben
la OTAN	**die NATO**
ministro/-a / Ministerio *m* **de Defensa**	**Verteidigungsminister(in) / -ministerium**
servicio *m* **militar**	**Wehrpflicht**
ejército *m*	**Armee; Heer**
militar *m*	**Militär; Militär-; militärisch**
las Fuerzas Armadas	**die Streitkräfte / Wehrmacht**
El Rey de España ostenta el mando supremo de las Fuerzas Armadas.	Der König Spaniens ist Oberkommandierender der Streitkräfte.
las Fuerzas Aéreas	**die Luftwaffe**
la Marina	**die (Kriegs-)Marine**
la infantería	**die Infanterie; das Fußvolk**
oficial *m/f*	**Offizier(in)**
soldado *m/f* **(raso)**	**(einfache[r]) Soldat(in)**
ascender (e>ie)	**befördern**
Fue ascendido.	Er wurde befördert.
general *m* – **el Estado Mayor**	**General – der Generalstab**
mando *m*	**Kommando**
comandante *m/f*	**Befehlshaber; Kommandant(in)**

Unidades** f **militares **(= Militärische Organisationseinheiten)**
pelotón m (= Zug) • *compañía* f (= Kompanie) • *regimiento* m (= Regiment) • *unidad* f (= Einheit) • *batallón* m (= Bataillon) • *brigada* f (= Brigade) • *división* f (= Division) • *cuerpo* m (= Korps) • *ejército* m (= Armee)

servicio *m* **secreto**	**Geheimdienst; Nachrichtendienst**
espionaje *m* – **contraespionaje** *m*	**Spionage – Gegenspionage**
espía *m/f*	**Spion(in)**
guerra *f*	**Krieg**
la I/II Guerra Mundial	der erste/zweite Weltkrieg
declarar la guerra a un país	einem Land den Krieg erklären
agresor *m* – **agresión** *f*	**Aggressor – Aggression**
invadir – **invasión** *f*	**überfallen – Invasion**
invadir un país vecino	in ein Nachbarland einfallen
atacar (c>que) – **ataque** *m*	**angreifen – Angriff**
avance *m* – **retirada** *f*	**Vormarsch – Rückzug**

ocupar un país – **ocupación** *f*	**ein Land besetzen** – **Besetzung**
las fuerzas de ocupación	die Besatzungstruppen
batalla *f* – **combate** *m*	**Schlacht** – **Kampf; Gefecht**
campo de batalla	Schlachtfeld
Murió / cayó en combate en 1944.	Er fiel 1944.
ofensiva *f* – **contraofensiva** *f*	**Offensive** – **Gegenoffensive**
resistencia *f*	**Widerstand**
encontrarse con una fuerte resistencia	auf starken Widerstand stoßen
enemigo /-a	**feindlich; Feind(in)**
tropas enemigas	feindliche Truppen
avituallamiento *m*	**Nachschub**
munición *f* – **artillería** *f*	**Munition** – **Artillerie**
tanque *m* – **misil** *m*	**Panzer** – **Rakete**
armas *f** **(nucleares)**	**(Kern)waffen**
armas *f* **de exterminación masiva**	**Massenvernichtungswaffen**
submarino *m* **(nuclear)**	**(Atom-)U-Boot**
bombardear – **bomba** *f* – **bombardeo** *m*	**bombardieren** – **Bombe** – **Bombardierung**
bomba atómica	Atombombe
bomba lapa	Haftbombe
base *f* **aérea**	**Luftwaffenstützpunkt**
ataque *m* **aéreo**	**Luftangriff**
refugio *m* **antiaéreo**	**Luftschutzbunker / -keller / -raum**
destruir (-y-) – **destrucción** *f*	**zerstören** – **Zerstörung**
tribunal *m* **militar**	**Kriegs- / Militärgericht**
capturar	**einnehmen; erobern; gefangen nehmen**
Los soldados fueron capturados.	Die Soldaten wurden gefangengenommen.
retirarse / replegarse (e>ie, g>gue)	**sich zurückziehen;** (Truppen) **abziehen**
guerrilla *f* – **guerrillero /-a**	**Guerilla** – **Guerillakämpfer(in)**
ataque *m* **suicida**	**Selbstmordanschlag**
las **bajas**	die **Verluste** (= Tote)
bajas en la población civil	Verluste in der Zivilbevölkerung
los **heridos y** los **muertos**	die **Verwundeten** und die **Toten**
prisionero /-a (de guerra)	**(Kriegs-)Gefangene(r)**
victoria *f* – **derrota** *f*	**Sieg** – **Niederlage**
rendirse (– rindo – rendí, rindió – rendido) – **rendición** *f*	**kapitulieren** – **Kapitulation**
crimen *m* **de guerra** – **criminal** *m / f* **de guerra**	**Kriegsverbrechen** – **Kriegsverbrecher(in)**

Kapitel 7

7.1 Escasez de viviendas
Wohnungsmangel

vivienda(s) *f*	**Wohnung(en); Wohnraum; Wohnungs-**
una vivienda asequible	eine erschwingliche Wohnung
construir viviendas económicas	preiswerten Wohnraum schaffen
el mercado de la vivienda	der Wohnungsmarkt
anuncios de viviendas / pisos	Wohnungsanzeigen
el **aumento** / la **subida de los alquileres**	**das Ansteigen der Mieten**
la reciente subida del alquiler	die neueste Mieterhöhung
alquilar / **arrendar** (e>ie) una casa a alguien	ein Haus an jmd. **vermieten** / von jmd. **mieten**
intervencionismo *m* **estatal de la vivienda**	**Wohnraumbewirtschaftung**
agente *m / f* **de la propiedad (inmobiliaria)**	**Immobilien- / Wohnungsmakler(in)**
sociedad *f* **inmobiliaria**	**Wohnungs(bau)gesellschaft**
compartir una vivienda / un piso	**in einer Wohngemeinschaft leben**
Estoy buscando un piso compartido.	Ich suche eine Wohngemeinschaft.
una vivienda	**eine Bleibe**
dar (– doy – di – dado) **un aviso / una notificación de desalojo**	**einem Mieter kündigen**
desahuciar / desalojar a un inquilino	**einen Mieter zur Räumung zwingen**
ocupar (ilegalmente) una casa	ein Haus **besetzt halten**
okupa / ocupa(nte ilegal) *m / f*	**Squatter; illegaler Hausbesetzer**
sin hogar – **sin techo** *m / f; sg / pl*	**obdachlos** – **obdachlos / Obdachlose(r)**
personas sin hogar / techo que viven entre cartones	Obdachlose, die in Pappkartons wohnen
domicilio *m*	**Wohnsitz**
sin domicilio fijo	ohne festen Wohnsitz
dormir (– duermo – dormí, durmió – dormido) **a la intemperie**	**im Freien übernachten**
dormir / vivir en la calle	auf der Straße schlafen / leben
buscar (c>que) **refugio / abrigo**	**Zuflucht suchen**
albergue *m* / **residencia** *f*	**Wohnheim**

7.2 Desempleo
Arbeitslosigkeit

desempleado/-a / parado/-a	**arbeitslos; erwerbslos; Arbeitslose(r)**
los parados de larga duración	die Langzeitarbeitslosen
reducir el número de parados	die Arbeitslosenziffer senken
desempleo *m* / **paro** *m*	**Arbeitslosigkeit; Erwerbslosigkeit**
La tasa de paro está creciendo.	Die Arbeitslosigkeit nimmt zu.
subsidio *m* **de desempleo / paro**	**Arbeitslosengeld; Arbeitslosenhilfe**
sin empleo / trabajo	**ohne Arbeit; arbeitslos**
quedarse sin trabajo	seinen Arbeitsplatz verlieren
reducción *f* **de(l) personal / de (la) plantilla**	**Stellen- / Personalabbau; Verschlanken**
trabajar a **jornada** *f* **reducida**	**Kurzarbeit** machen

Das Entlassenwerden (= *ser despedido* / LAm *cesado*) wird auf unterschiedliche Weise ausgedrückt:
Le han dado la patada. / Se lo han cargado. / Lo han puesto de patitas en la calle. / Lo han echado (del trabajo). (= Man hat ihn gefeuert / vor die Tür gesetzt / rausgeschmissen.)
Lo han despedido. / Ha sido despedido. (= Ihm ist gekündigt worden. / Er wurde entlassen.)
Lo han cesado / destituido. / Ha sido cesado / destituido. (= Er wurde abgesetzt / des Amtes enthoben.)

i Das *INEM / Instituto Nacional de Empleo* entspricht in etwa der deutschen Bundesagentur für Arbeit.

emplear – **empleo** *m*	**beschäftigen – Beschäftigung**
el mercado laboral	**der Arbeitsmarkt**
reconvertir (– reconvierto – reconvertí, reconvirtió – reconvertido)	**umschulen**
reconversión *f*	**Umschulung**
trabajo *m* **de media jornada**	**Halbtagsarbeit**
medidas *f* **para la creación de empleo**	**Arbeitsbeschaffungsmaßnahmen**
programas *m* **de creación de empleo**	**Arbeitsbeschaffungsprogramme**
buscar (c>que) **empleo** – **búsqueda** *f* **de empleo**	**Arbeit suchen – Arbeitssuche**
(re)emplear trabajadores	**Arbeitskräfte (wieder)einstellen**

7.3 Drogas, alcohol y tabaco
Drogen, Alkohol und Rauch

droga *f* / **estupefaciente** *m*	**Droge; Rauschmittel; Rauschgift**
drogas duras / blandas	harte / weiche Drogen
legalización de las drogas	Legalisierung von Drogen
adicción *f* **a las drogas** / **drogadicción** *f* / **toxicomanía** *f*	**Drogensucht; Rauschgiftsucht**
un(a) **drogadicto /-a** / **toxicómano /-a**	ein(e) **Drogensüchtige(r)**
drogarse (g>gue)	**sich dopen**

Dass jemand rauschgiftsüchtig ist, drückt man u. a. folgendermaßen aus: *Es un(a) adicto /-a a las drogas.* • *Toma / consume drogas.*

barbitúricos *mpl* – **metadona** *f*	**Barbiturate – Methadon**
pincharse – **pinchazo** *m*	**fixen;** (das) **Fixen**
arg **chutarse** / *arg* **picarse** (c>que)	**„schießen"; „drücken"** (= sich Drogen injizieren)
chute *m* / **pico** *m*	**„Schuss"** (= Drogeninjektion)
heroína *f* – **cocaína** *f* – **éxtasis** *m*	**Heroin – Kokain – Ecstasy**
esnifar / fumar cocaína	Kokain schnupfen / rauchen
hachís *m* / *arg* **chocolate** *m*	**Haschisch; Hasch**
LSD *m* / *arg* **ácido** *m* / *arg* **tripi** *m*	**LSD**
dosis *fsg / fpl* – **sobredosis** *fsg / fpl*	**Dosis – Überdosis**
curar – **cura** *f* (de desintoxicación)	**heilen / entwöhnen – Entzug**
desintoxicación *f*	**Entgiftung; Entwöhnung; Entzug**
síndrome *m* **de abstinencia** / *arg* **mono** *m*	**Entzug(serscheinungen)**
alcohol *m* – **alcohólico /-a**	**Alkohol – Alkoholiker(in)**
Alcohólicos Anónimos	(die) Anonymen Alkoholiker
alcoholismo *m*	**Alkoholismus; Alkoholkrankheit**
un(a) **bebedor(a)**	ein(e) **Trinker(in)**
un(a) **borracho /-a** / *LAm* **tomado /-a**	**Säufer(in); Betrunkene(r)**
emborracharse – **borrachera** *f*	**sich betrinken – (Alkohol-)Rausch**
estar bebido / borracho / *LAm* **tomado**	**betrunken sein**
tener (– tengo, tiene – tuve – tenido) **resaca** *f*	**einen Kater haben**
fumar – **fumador(a)**	**rauchen – Raucher(in)**
fumar pasivamente	passives Rauchen

7.4 Pobreza
Armut

pobreza *f* – **pobre** – **los pobres**	**Armut** – **arm** – **die Armen**
las causas de la pobreza	die Ursachen der Armut
pobreza extrema / relativa	absolute / relative Armut
empobrecer(se) (c>zc)	**in Armut geraten / verarmen**
empobrecido	verarmt
necesidad *f*	**Bedürfnis; Not; Bedürftigkeit**
las necesidades básicas	die Grundbedürfnisse
necesitado /-a	**bedürftig; notleidend; mittellos; Bedürftige(r)**
familias necesitadas	benachteiligte Familien
ayudar al necesitado	den Bedürftigen helfen
privación *f*	**Entbehrung; Mangel**
desaventajado /-a	**benachteiligt; Benachteiligte(r)**
los económicamente débiles / desaventajados	die sozial Schwachen
un **nivel de vida extremamente bajo**	ein **äußerst niedriger Lebensstandard**
mínimo *m* **de subsistencia**	**Existenzminimum**
el **hambre** *f**	der **Hunger**
pasar hambre	hungern
hambriento /-a	**hungrig; Hungernde(r)**
inanición *f*	**(Ver-)Hungern**
morir de hambre / inanición	verhungern
alimentación *f* **pobre / insuficiente**	**Mangelernährung**
ayuda *f* / **prestación** *f* **social**	**Sozialhilfe**
dependiente de la ayuda social	auf Sozialhilfe **angewiesen**
cocina *f* **de caridad / comedor** *m* **de beneficencia**	**Armenküche**
recortes *mpl* **en servicios sociales**	**Sozialabbau**
baja esperanza *f* **de vida**	**niedrige Lebenserwartung**
un **índice alto de mortalidad infantil**	eine **hohe Kindersterblichkeit**
analfabetismo *m* **entre los pobres**	**Analphabetentum unter den Armen**
niños *m* **de la calle / callejeros**	**Straßenkinder**
explotación *f* **de menores**	**Kinderarbeit**
prostitución *f* **infantil**	**Kinderprostitution**
miseria *f* (espantosa)	(entsetzliches) **Elend**
sufrir – **sufrimiento** *m*	**leiden** – **Leiden**
desesperación *f* – **desesperanza** *f*	**Verzweiflung** – **Hoffnungslosigkeit**

7.5 Crimen y violencia
Verbrechen und Gewalt

crimen *m* / **delito** *m*	**Verbrechen; Straftat**
cometer un crimen	eine Straftat / ein Verbrechen begehen
crimen violento	Gewaltverbrechen
víctima de un crimen	Opfer eines Verbrechens
profesional del crimen	Berufsverbrecher
criminalidad *f*	**Kriminalität; Strafbarkeit**
el aumento del índice de criminalidad	die Zunahme der Kriminalität
criminal *m/f*	**kriminell; Verbrecher(in); Straftäter(in)**
delincuente *m/f*	**Verbrecher(in); Straftäter(in)**
delincuente común	Gemeinverbrecher

Häufig begangene Straftaten (= *Crímenes cometidos habitualmente*)
asesinato m (= Mord) • *homicidio* m (= allgemein: Tötungsdelikt) • *daño* m / *lesión* f *corporal* (= Körperverletzung) • *violación* f (= Vergewaltigung) • *terrorismo* m (= Terrorismus) • *secuestro* m / *rapto* m / Mex *plagio* m (= Entführung) • *secuestro aéreo* (= Flugzeugentführung) • *toma* f *de rehenes* (= Geiselnahme) • *robo* m (= Raub) • *chantaje* m / *extorsión* f (= Erpressung) • *incendio* m *provocado* / *premeditado* (= Brandstiftung) • *perjurio* m / *juramento* m *en falso* (= Meineid) • *falsificación* f (= Fälschung) • *soborno* m / CAm, Mex *mordida* f / Andes, CSur *coima* f (= Bestechung) • *desfalco* m / *malversación* f *(de fondos)* / *estafa* f (= Unterschlagung / Veruntreuung) • *fraude* m (= Betrug) • *contrabando* m (= Schmuggel) • *vandalismo* m (= mutwillige Beschädigung / Zerstörung fremden Eigentums) • *allanamiento* m de *morada* (= Hausfriedensbruch)

i *El terrorismo* ist eines der größten Probleme in Spanien. Die Ursachen sind, außer in den historischen Auseinandersetzungen zwischen Nationalbewegungen und Zentralismus, in der von der Francodiktatur jahrelang ausgeübten gewalttätigen Unterdrückung des baskischen, katalanischen und galicischen Identitätsbewusstseins zu finden. Die bedeutendste terroristische Bewegung ist die *ETA* (auf Baskisch: *Euskadi Ta Askatasuna* = Baskenland und Freiheit). Sie wurde 1959 von linksgerichteten Studenten und radikalen Jugendlichen der Nationalpartei *PNV* gegründet und fordert die

Unabhängigkeit des Baskenlandes. Die Sympathien der spanischen Demokraten, die die *ETA* während der 60er Jahre genoss, stagnierten mit der Fortsetzung ihrer gewalttätigen Aktionen nach der Wende zur Demokratie. Die Spaltungen und Divergenzen innerhalb der *ETA* und die Erfolge der Polizei, vor allem dadurch, dass Frankreich den Terroristen seit 1985 keinen Schutz mehr bietet, führten mehrmals zu einem vorübergehenden Abflauen ihrer Aktivitäten. Ein gewalttätiger Wiederausbruch wurde 1994 mit der Bestätigung der Verbindungen zwischen den staatlichen Sicherheitskräften, dem Innenministerium und den terroristischen Aktionen der *GAL* (*Grupos Antiterroristas de Liberación* = Antiterroristische Befreiungsgruppen) ausgelöst, die von 1983 bis 1987 durch Anschläge gegen die *ETA* in ihrem Sicherheitsgebiet in Südfrankreich 28 Tode verursachten. Als Reaktion gegen die zunehmenden Erfolge der antiterroristischen Bekämpfung und die immer sinnloseren und dreisteren Terroraktionen hat sich die soziale Spannung in den letzten Jahren auf die Straße übertragen. Die Entführung und anschließende Ermordung eines Stadtrats der *Partido Popular* (= konservative Partei) 1997 in Ermua markierte einen Wendepunkt in dieser Entwicklung. Die gesellschaftliche Reaktion, die diesem Ereignis sowohl im Baskenland als auch in ganz Spanien folgte, hat sich in Organisationen wie dem *Foro de Ermua* oder *Basta ya* niedergeschlagen und institutionalisiert, zusammen mit anderen, die bereits vorher existierten (*Manos blancas, Elkarri, Gesto por la paz* usw.). Diese Organisationen repräsentieren zusammen mit den Vereinigungen der Opfer des Terrorismus (*AVT* und *COVITE*) und einigen Stiftungen die Reaktion der Zivilgesellschaft auf den baskischen Terrorismus.

violencia *f* **callejera**	**Randale** (von ETA-Sympathisanten auf offener Strasse)
impuesto *m* **revolucionario**	**Revolutionssteuer**, die die ETA von wohlhabenden Basken unter Mordandrohung verlangt
atentado *m* **con bomba**	**Bombenanschlag**
coche-bomba *m*	**Autobombe**
malos tratos *mpl*	**Misshandlungen**
torturar – **tortura** *f*	**foltern** – **Folter**

Bezeichnungen für Straftäter *(= Delincuentes)*
asesino/-a / homicida m/f (= Mörder/-in) • *violador* m (= Vergewaltiger) • *agresor(a)/asaltante* m/f (= Angreifer/-in) • *loco/-a homicida* (= Amokschütze) • *terrorista* m/f (= Terrorist/-in) •

secuestrador(a) / Mex *plagiador(a)* (= Entführer/-in) • *secuestrador(a)* / *pirata* m/f *aéreo* (= Flugzeugentführer/-in) • *chantajista* m/f (= Erpresser/-in) • *gángster* m/f / *pistolero/-a* (= Gangster) • *ladrón(a)* (= Räuber/-in) • *matón(a)* / *maleante* m/f (= brutaler Rowdy) • *bandido/-a* (= Bandit) • *(hincha) ultra* m/f / *gamberro/-a* (= Fußballrowdy) • *vándalo/-a* (= mutwillige/-r Zerstörer/-in) • *malhechor(a)* (= Ganove) • *pirómano(a)* (= Brandstifter/-in) • *estafador(a)* / *timador(a)* (= Betrüger/-in; Hochstapler/-in) • *contrabandista* m/f (= Schmuggler/-in)

secuestrar un avión/autobús	ein Flugzeug/einen Bus **entführen**
robo *m* / **atraco** *m* **a un banco**	**Bankraub; Banküberfall**
dos **atracadores** armados y enmascarados	zwei bewaffnete und maskierte **Räuber**

***Robos y ladrones* (= Stehlen und Diebe)**
robo m (= Stehlen) • *hurto* m / *latrocinio* m (= juristisch: Diebstahl) • *escamoteo* m (= Taschendiebstahl) • *tirón* m (= Handtaschenraub) • *ratería* f / *hurto (de tienda)* (= Ladendiebstahl) • *desvalijamiento* m / *expolio* m (= Plünderung) • *ladrón(a)* (= Dieb/-in) • *carterista* m/f (= Taschendieb/-in) • *tironero*/-a (= Handtaschendieb/-in) • *desvalijador(a)* / *expoliador(a)* (= Plünderer)

Ein Einbruch kann auf Spanisch *un robo (en una casa / local / oficina ...)* sein. Ein Einbrecher ist *un(a) salteador(a) / desvalijador(a) de pisos*. „In unser Haus wurde eingebrochen" heißt: *Nos han desvalijado la casa.*

el **arma** *f** **de fuego**	**Schusswaffe; Feuerwaffe**
pistola *f* – **revólver** *m*	**Pistole – Revolver**
matar a tiros	**erschießen**
violencia *f* – **violento**	**Gewalt(tätigkeit) – gewalttätig**
pelea *f*	**Kampf; Prügelei; Schlägerei**
pelear(se) (por)	**kämpfen (um); sich prügeln/schlagen (um); streiten (um)**
pegar (g>gue)	**schlagen; hauen**
apalear a alguien	**auf jemand einschlagen**
azotar	**peitschen**
apuñalar	**auf jemand einstechen**
La mataron a **puñaladas**.	Sie wurde **erstochen.**
estrangular a alguien	**jemand erwürgen/erdrosseln**
maltratar – **maltrato** *m*	**misshandeln – Misshandlung**
mujer/niño maltratada/-o	misshandelte(s) Ehefrau/Kind

8.1 Historia
Geschichte

(pre)historia *f*	**(Vor)Geschichte; Geschichtswissenschaft**
pasar a la historia	in die Geschichte eingehen
historia antigua / medieval	alte / mittelalterliche Geschichte
historia moderna / contemporánea	neuere / neueste Geschichte; (die) Zeitgeschichte
historia nacional	Heimatgeschichte
(pre)histórico	**(prä)historisch; (vor)geschichtlich**
testimonios / documentos históricos	historische Zeugnisse / Belege
historiador(a)	**Historiker(in); Geschichtsforscher(in)**
archivos *m*	**Archive**
crónica *f* – **cronista** *m / f*	**Chronik – Chronist(in)**
período *m* **(histórico)**	**(Geschichts-)Epoche**
época *f* / **edad** *f*	**Epoche; Zeitalter**
la antigüedad – **antiguo**	**die Antike – alt / antik**
en la edad antigua / en la antigüedad	im Altertum; in der Antike
los hombres de la antigüedad	die Menschen der Antike
la antigüedad / el mundo clásico	die Antike
a. / d. de (J.) C. (= antes / después de [Jesu] Cristo)	**v. / n. Chr.** (= vor / nach Christus)
la Edad Media – **medieval**	das **Mittelalter** – **mittelalterlich**
la **Reconquista**	die **Wiedereroberung**
orden *f* **militar**	**Ritterorden** (Mittelalter)
la Reforma – **el Siglo de las Luces**	**die Reformation – die Aufklärung**
la época del absolutismo	**das Zeitalter des Absolutismus**
la Revolución Francesa	**die Französische Revolution**
la Revolución Mexicana / Mejicana	die mexikanische Revolution (1917–1920)
la **Guerra Civil**	**spanischer Bürgerkrieg** (1936-1939)
la **I / II Guerra Mundial**	der **1. / 2. Weltkrieg**
el Franquismo	die Zeit der Francodiktatur (1939–1975)
la Transición	die Wende / der Übergang zur Demokratie in Spanien (ab 1975)

8.2 Psicología
Psychologie

psicología *f* – **psicológico**	**Psychologie – psychologisch**
atención psicológica	psychologische Betreuung
psicólogo /-a	**Psychologe / Psychologin**
psiquiatría *f* – **psiquiatra** *m / f*	**Psychiatrie – Psychiater(in)**
psicoanálisis *msg / mpl*	**Psychoanalyse**
psicoanalista *m / f*	**Psychoanalytiker(in)**
psicópata *m / f* – **psicopático**	**Psychopath(in) – psychopathisch**
psicoterapia *f*	**Psychotherapie**
psicoterapeuta *m / f*	**Psychotherapeut(in)**
comportamiento *m* / **conducta** *f*	**Verhalten**
comportamiento / conducta anormal	abnormes / a(b)normales Verhalten
personalidad *f*	**Persönlichkeit**
la **mente humana**	der **menschliche Verstand / Geist**
la mente consciente – el inconsciente	das Bewusste – das Unbewusste
percepción *f* – **memoria** *f*	**Wahrnehmung – Gedächtnis**
pensamiento *m* – **inteligencia** *f*	(das) **Denken – Intelligenz**
pensamiento lógico	logisches Denken
coeficiente de inteligencia	Intelligenzquotient / IQ
motivación *f*	**Motivation; Verhaltensantrieb**
emoción *f*	**Gefühl**
emociones como alegría e ira	Gefühle wie Freude und Zorn
subconsciente *m*	**unterbewusst; (das) Unterbewusste**
sueño *m* – **(el) soñar**	**Traum – (das) Träumen**
pesadilla *f*	**Alptraum**
ansiedad *f*	**(Seelen)Angst; Beklemmung**
atormentado /-a por la ansiedad	von Angstgefühlen geplagt
trastornos *m* **mentales**	**geistige Störungen**
trastornos psicosomáticos	psychosomatische Störungen
psicosis *fsg / fpl* – **neurosis** *fsg / fpl*	**Psychose – Neurose**
comportamiento **neurótico** / conducta neurótica	**neurotisches / krankhaftes** Verhalten
Es un(a) neurótico /-a.	Er / Sie ist ein(e) Neurotiker(in).
terapia *f* – **terapeuta** *m / f*	**Therapie – Therapeut(in)**
orientación *f* **matrimonial**	**Eheberatung**
test *m* **psicológico**	**psychologischer Test**
test de aptitud / de rendimiento	Eignungs- / Leistungstest

8.3 Religiones y confesiones religiosas
Religionen und Konfessionen

religión *f*	**Religion**
religioso /-a	**religiös; Religion-; fromm; Ordensgeistliche(r)**
creencias religiosas	religiöse Überzeugungen
libertad religiosa	Religionsfreiheit
profesar	**ausüben**
profesar una religión	eine Religion praktizieren
cristianismo *m*	**Christentum**
cristiandad *f*	**Christentum; Christenheit**
La cruz es el símbolo de la cristiandad / del cristianismo.	Das Kreuz ist das Symbol des Christentums.
cristiano /-a	**christlich; Christ(in)**
los primeros cristianos	die Urchristen
(el) mahometismo / (el) islam	**(der) Islam**
Los seguidores del islam se llaman musulmanes.	Die Anhänger des Islam heißen Muslime.
islámico	**islamisch**
fundamentalismo islámico	islamischer Fundamentalismus
integristas islámicos	islamische Fundamentalisten
(el) hinduismo	**(der) Hinduismus**
En el hinduismo la vaca es sagrada.	Die Kuh ist im Hinduismus heilig.
hindú *m/f (pl -s/-es)*	**hinduistisch; Hindu(-)**
(el) budismo	**(der) Buddhismus**
El budismo se ha extendido en el mundo occidental.	Der Buddhismus hat sich im Westen ausgebreitet.
budista *m/f*	**buddhistisch; Buddhist(in)**
(el) judaísmo	**(das) Judentum; (der) Judaismus**
El judaísmo es la religión de los judíos.	Der Judaismus ist die Religion der Juden.
judío /-a	**jüdisch; Jude / Jüdin**
centros de la cultura judía	Zentren jüdischer Kultur
Ella es judía.	Sie ist Jüdin.
convertir(se) (– convierto – convertí, convirtió – convertido)	**konvertieren; bekehren**
Se convirtió al catolicismo.	Er / Sie konvertierte zum Katholizismus.
Fueron convertidos al cristianismo.	Sie wurden zum Christentum bekehrt.

confesión *f* **religiosa**	**Konfession; Glaubensgemeinschaft**
¿Qué confesión religiosa tiene usted?	Welche Konfession haben Sie?
escuela *f* **confesional**	**Konfessions- / Bekenntnisschule**
(el) catolicismo	**(der) Katholizismus**
La religión predominante en España es el catolicismo.	In Spanien ist der Katholizismus die vorherrschende Religion.
católico /-a	**(römisch-)katholisch; Katholik(in)**
Fue acogido en la iglesia católica.	Er wurde in die katholische Kirche aufgenommen.
Se convirtió al catolicismo. / Se hizo católico /-a.	Er / Sie wurde katholisch.
(el) protestantismo	**(der) Protestantismus**
El luteranismo es una de las ramas más importante del protestantismo.	Das Luthertum ist einer der Hauptzweige des Protestantismus.
protestante *m / f*	**protestantisch; evangelisch; Protestant(in)**
las iglesias protestantes	protestantische / evangelische Kirchen
Él / Ella es protestante.	Er / Sie ist evangelisch.
(el) calvinismo	**(der) Kalvinismus**
la iglesia reformada	**die reformierte Kirche**
luterano /-a	**lutherisch; Lutheraner(in)**
las iglesias luteranas	lutherische Kirchen
baptista *m / f*	**baptistisch; Baptist(in)**
metodista *m / f*	**methodistisch; Methodist(in)**
Ella es metodista / baptista.	Sie ist Methodistin / Baptistin.
(el) anglicanismo	**(der) Anglikanismus**
anglicano /-a	**anglikanisch; Anglikaner(in)**
la iglesia anglicana	die anglikanische Kirche
ortodoxo /-a	**orthodox; Orthodoxe(r)**
la iglesia ortodoxa	die orthodoxe Kirche
judíos ortodoxos	orthodoxe Juden
(el) presbiterianismo	**(die) Presbyterialverfassung**
presbiteriano /-a	**presbyterianisch; Presbyterianer(in)**
Ella es presbiteriana.	Sie ist Presbyterianerin.
testigos *m / f* **de Jehová**	**Zeugen Jehovas**
puritano /-a	**puritanisch; Puritaner(in)**
Muchos puritanos emigraron al Nuevo Mundo.	Viele Puritaner wanderten in die Neue Welt aus.

8.4 Doctrinas y prácticas religiosas
Religiöse Lehren und Bräuche

doctrina *f*	**Lehre; Lehrmeinung; Grundsatz**
dogma *m* – **dogmático**	**Dogma** (= kirchlicher Glaubenssatz) – **dogmatisch**
la **fe**	der **Glaube**
la Biblia	**die Bibel**
el Antiguo / Nuevo Testamento	**das Alte / Neue Testament**
Dios *m* / **dios** *m*	**Gott**
Jesús / Cristo / Jesucristo	**Jesus / Christus / Jesus Christus**
divinidad *f* – **divino**	**Göttlichkeit – göttlich**
las **parábolas** de Jesús	die **Gleichnisse** Jesu
evangelio *m* – **salmo** *m*	**Evangelium – Psalm**
exégesis *fsg / fpl*	**Exegese;** (Bibel-)**Auslegung**
(el) cielo – **(el) infierno**	**(der) Himmel – (die) Hölle**
ascender a los cielos	in den / zum Himmel auffahren
(el) purgatorio	**(das) Fegefeuer**
(el) limbo	**Limbus**
ángel *m* – **santo /-a**	**Engel – heilig; Heilige(r)**
San Jorge	der heilige Georg / Sankt Georg

Vor einem männlichen Namen wird *santo* zu *san* verkürzt: *San José, San Martín, San Sebastián.* Es gibt allerdings einige Ausnahmen, z. B.: *Santo Tomás, Santo Domingo.*
Die weibliche Form und die Mehrzahlformen werden nicht verkürzt: *Santa Teresa, los santos Padres de la Iglesia.* Ebensowenig die Formen, die nach einem Hauptwort stehen: *un hombre santo.*

(el) demonio / diablo	**(der) Teufel**
la resurrección	**die Auferstehung (Christi)**
la reencarnación	**die Reinkarnation**
(el) pecado (original)	**(die) (Erb-)Sünde**
un pecado mortal / venial	eine Tod- / lässliche Sünde
los diez mandamientos	die zehn Gebote
iglesia *f* – **eclesiástico /-a**	**Kirche – kirchlich / geistlich / Geistliche(r)**
salirse de la iglesia	aus der Kirche austreten
capilla *f*	**Kapelle**
catedral *f* – **catedralicio**	**Dom / Kathedrale – Dom-**
culto *m*	**Kult(us); Gottesdienst; Religionsausübung**

misa *f*	**Gottesdienst; Messe**
misa del gallo	Christmette
misa de difuntos	Seelenmesse
predicar (c>que) – **predicador(a)**	**predigen – Prediger(in)**
sermón *m*	**Predigt**
homilía *f*	**Homilie** (= Erklärung); **Predigt**
decir la homilía	predigen
altar *m*	**Altar**
darse (– doy – di – dado) **la paz**	**sich den Friedensgruß geben**
dar (– doy – di – dado) **la bendición**	**den Segen sprechen; segnen**
sacramento *m*	**Sakrament**

Los siete sacramentos **(= Die sieben Sakramente)**
el bautismo (= die Taufe) • *la penitencia* (= die Buße) • *la eucaristía* (= die Eucharistie) • *la confirmación* (= die Firmung / Konfirmation) • *el orden sacerdotal* (= die Priesterweihe) • *el matrimonio* (= die Trauung) • *la extremaunción* (= die letzte Ölung)

bautizar (z>ce) – **bautizo** *m*	**taufen – Taufe**
El bautizo fue la semana pasada.	Die Taufe war letzte Woche.
confesar(se) (e>ie) – **confesión** *f*	**beichten – Beichte**
absolver (– absuelvo – absolví – absuelto) – **absolución** *f*	(Sünden) **vergeben – Absolution; Lossprechung** (von der Sünde)
comulgar (g>gue) – **comunión** *f*	**die Kommunion empfangen – Kommunion**
dar / recibir la comunión	die Kommunion geben / bekommen
hacer la primera comunión	zur Erstkommunion gehen
la Última / Sagrada Cena	**das (heilige) Abendmahl**
confirmar(se)	**firmen; konfirmieren;** (gefirmt werden)
escatología *f*	**Eschatologie** (= Lehre von den letzten Dingen)
rezar (z>ce) – **rezo** *m*	**beten – (Tages-)Gebet / Beten**
santiguarse (gu>güe)	**sich bekreuzigen** (von der Stirn zur Brust und von der linken Schulter zur rechten Schulter)
persignarse	**sich bekreuzigen** (an der Stirn, am Mund und an der Brust)
arrodillarse	**niederknien**
oración *f* – **el Padrenuestro**	**Gebet – das Vaterunser**
el Credo	**das Glaubensbekenntnis**
el rosario	**der Rosenkranz**
rezar el rosario	den Rosenkranz beten

amén *m*	amen; **Amen**
misal *m* – **catecismo** *m*	**Messbuch** – **Katechismus**
fieles *mpl*	**Gemeinde** (beim Gottesdienst)
parroquia *f*	(Kirchen-)**Gemeinde**
sacristía *f* – **sacristán** *m*	**Sakristei** – **Messner**
monaguillo *m*	**Ministrant**
diácono *m*	**Diakon**
el **clero**	die **Geistlichkeit;** der **Klerus**
El clero / La Iglesia está en contra de esa ley.	Der Klerus / Die Kirche ist gegen dieses Gesetz.
cura *m* / **sacerdote** *m*	**Priester**
párroco *m*	**Pfarrer**
pastor(a)	**Pastor(in)**
(arz)obispo *m*	**(Erz-)Bischof**
cardenal *m*	**Kardinal**
Papa *m*	**Papst**
monje /-a	**Mönch / Nonne**
monja de clausura	Nonne, die in Klausur lebt
religioso /-a	**Ordensgeistliche(r)**
seglar *m / f*	**Laie**
convento *m*	**Kloster**
convento de clausura	von der Außenwelt abgeschlossenes Kloster; Klausurkloster
monasterio *m*	**(Mönchs-)Kloster**
Israel	**Israel**
el Dios de Israel	der Gott Israels
la Torá	**die Tora** (jüdisch = die 5 Bücher Mose)
el Talmud	**der Talmud** (= Sammelwerk der jüdischen Lehre und Überlieferung)
templo *m*	**Tempel**
sinagoga *f*	**Synagoge**
rabino *m*	**Rabbi(ner)**
kasher	**koscher**
sábado *m* **judío**	**Sabbat**
Kaddish *m*	**Kaddisch** (= jüdisches Totengebet)
el Corán	**der Koran**
Alá	**Allah**
mezquita *f*	**Moschee**
creyente *m / f*	**Glaubende(r)**
infiel *m / f*	**Ungläubige(r)**

9.1 Establecimientos educativos Bildungseinrichtungen

i Bis zum *Bachillerato* (= Oberstufe des Gymnasiums) durchläuft man drei Stufen im spanischen Bildungssystem:
educación f *infantil* (= Vorschule 3.–5. Lebensjahr)
educación f *primaria* (= Grundschule 6.–11. Lebensjahr)
ESO / *Educación Secundaria Obligatoria* (= Gesamtschule 12.–16. Lebensjahr, die alle Schulzweige umfasst)

i Die *ESO* wird mit einem Abschluss beendet, dessen Bestehen den Zugang zur Oberstufe des Gymnasiums (= *Bachillerato*) oder zur Fach(ober)schule (= *Formación Profesional Específica de Grado Medio*) ermöglicht. *El Bachillerato* dauert zwei Jahre und entspricht der Oberstufe des deutschen Gymnasiums.

ir a la **escuela**	in die **Schule** gehen
acudir a una escuela	eine Schule besuchen
formación *f* profesional	**Berufs(aus)bildung**
educación *f* especial	**Sonderschule**
educación *f* / enseñanza *f* superior / universitaria	**Hochschul(aus)bildung**
centros *m* de enseñanza	**Bildungseinrichtungen**
guardería *f* / jardín *m* de infancia	**Kindergarten**
escuela *f* primaria	**Grundschule**
escuela *f* secundaria	**höhere / weiterführende Schule**
instituto *m* de enseñanza media / *LAm* liceo *m*	**Gymnasium**

i Ein *instituto de enseñanza secundaria* / *enseñanza media* / *segunda enseñanza* ist eine Einrichtung, in der man die Gesamtschule und das *Bachillerato* absolvieren kann.

colegio *m* privado	**private Schule**
escuela *f* estatal / pública	**öffentliche Schule**
internado *m*	**Internat(sschule)**
escuela *f* (de educación) especial	**Sonderschule**
escuela *f* de formación profesional	**Berufsschule / berufsbildende Schule**
escuela *f* (superior) de comercio	**(höhere) Handelsschule**

escuela *f* universitaria	**Fachhochschule**
escuela *f* universitaria técnica	**Technische Hochschule**

i Die *escuelas* f *universitarias* entsprechen den deutschen Fachhochschulen und bieten ein 3-jähriges Studium mit dem Abschluss *diplomado/-a*.
Die *escuelas universitarias técnicas* bilden Architekten und Ingenieure aus, die den Abschluss *arquitecto/-a* bzw. *ingeniero/-a técnico/-a* erhalten. Die *escuelas técnicas superiores* haben Hochschulcharakter, entsprechen aber nicht einer deutschen technischen Universität.

universidad *f*	**Universität**
ir a / estudiar en la universidad	an der Universität studieren
obtener una plaza en la universidad	einen Studienplatz bekommen
universidad privada / estatal	private / staatliche Universität

i Das Studium an der Universität gliedert sich in drei *ciclos* (= Zyklen, Stufen): *primer ciclo* (= Grundstudium), *segundo ciclo* oder *especialidad* (= Hauptstudium) und *tercer ciclo* oder *doctorado* (= Promotion). Das *Ley de Reforma Universitaria* (= Hochschulreformgesetz) hat ein neues *sistema de créditos* (= Punktesystem) eingeführt, das das Grundstudium von drei auf zwei Jahre verkürzt. Ein *crédito* (= Punkt) entspricht 10 Unterrichtsstunden. Für einen Universitätsabschluss sind 300 bis 320 *créditos* erforderlich, mit Ausnahme vom Medizinstudium (500 *créditos*).

campus *m*	**Universitätsgelände**
en el campus	auf dem Universitätsgelände
facultad *f* de Medicina	**medizinische Fakultät**
departamento *m*	**Fachbereich; Institut**
el Departamento de Filología Hispánica	der Fachbereich Hispanistik
matrícula *f* – matricularse	**Anmeldung / Einschreibung – sich anmelden / einschreiben**
UNED / Universidad Nacional de Educación a Distancia	**Landesuniversität für Fernausbildung**
curso *m* por correspondencia	**Fernkurs**
Academia *f* de Bellas Artes	**Kunstakademie**
instituto *m* de investigación	**Forschungsinstitut**
escuela *f* nocturna	**Abendschule**
educación *f* continua	**Weiterbildung / Fortbildung**

9.2 Materias y destrezas
Fächer und Fertigkeiten

materia *f* / **asignatura** *f*	**(Unterrichts-)Fach**
asignatura obligatoria	Pflichtfach
asignatura optativa / facultativa	Wahlfach
Mi asignatura favorita es historia.	Mein Lieblingsfach ist Geschichte.
curso *m*	**Kurs(us); Lehrgang**
asistir a un curso / hacer un curso	einen Kurs besuchen / machen

i *Aritmética* (= Rechnen), *lectura y escritura* gelten traditionell als die Grundlagen der Schulbildung.
Die *educación secundaria obligatoria* besteht aus neun *áreas de conocimiento obligatorias / asignaturas obligatorias* (= Kernfächern), die für 13–16-Jährige an *institutos de enseñanza media* (= Gymnasien) oder *centros / escuelas de enseñanza media* (= Gesamtschulen) *obligatorias* (= obligatorisch) sind:
ciencias f *de la naturaleza* (= Naturwissenschaften) • *ciencias* f *sociales, geografía* f *e historia* f (= Sozialwissenschaften, Erdkunde und Geschichte) • *educación* f *física* (= Sport) • *educación* f *plástica y visual* (= Kunsterziehung und Werken) • *lengua* f *castellana, lengua* f *oficial de la Comunidad Autónoma y literatura* f (= Spanische Sprache und Literatur / Sprache und Literatur der jeweiligen autonomen Region) • *lengua* f *extranjera* (= [eine] Fremdsprache) • *matemáticas* fpl (= Mathematik) • *música* f (= Musik) • *tecnología* f (= Technologie)

currículo *m* – **currículum** *m*	**Fächerkanon; Lehrplan; Curriculum – Lebenslauf**
currículo abierto	offener Lehrplan
programa *m* / **plan** *m* **general de estudios**	**Lehrplan; Stoffplan; Rahmenplan**
ceñirse al programa de estudios	sich an den Lehrplan halten
dictado *m*	**Diktat**
redacción *f* / **composición** *f*	**(Schul-)Aufsatz**
escribir una redacción sobre la carencia de vivienda	einen Aufsatz über Obdachlosigkeit schreiben

Die vier Fertigkeiten (= *las cuatro destrezas*) lauten:
comprensión f *auditiva* (= Hörverstehen / -verständnis) • *comprensión de lectura / lectora* (= Leseverstehen / -verständnis) • *expresión* f *escrita* (= Schreiben) • *expresión oral* (= Sprechen)

9.3 Exámenes y títulos
Prüfungen und Qualifikationen

Prüfungen sind *exámenes* / LAm *pruebas*: *examen* m *oral/escrito* (= mündliche/schriftliche Prüfung), *examen* m *final* (= Abschlussprüfung). *En junio hago los finales.* (= Im Juni mache ich die Abschlussprüfung.) *Los estudiantes se preparan para* (= bereiten sich vor auf) *un examen, empollan para* (= büffeln/pauken für) *un examen, hacen/pasan un examen* (= machen eine Prüfung / unterziehen sich einer Prüfung), *aprueban/suspenden un examen* (= bestehen eine Prüfung / bestehen eine Prüfung nicht).

sacar (c>que) **un aprobado / un suspenso**	**bestehen / nicht bestehen**
sacar **matrícula** *f* **de honor**	**mit Prädikat bestehen**
copiar de un compañero / una chuleta	**von einem Nachbarn / einem Spickzettel abschreiben**

i ***El sistema español de notas* (= Das spanische Benotungssystem)**
In Spanien werden Noten von 1 bis 10 vergeben:
8,5 bis 10 entspricht *sobresaliente* (= sehr gut) • 7 bis 8,4 entspricht *notable* (= gut) • 6 bis 6,9 entspricht *bien* (= befriedigend) • 5 bis 5,9 entspricht *aprobado/suficiente* (= ausreichend) • unter 5 entspricht *suspenso* (= nicht bestanden) • 4 bis 4,9 entspricht *insuficiente* (= nicht bestanden) • 2 bis 3 entspricht *deficiente* (= mangelhaft) • 0 bis 1 entspricht *muy deficiente* (= ungenügend). *Con matrícula de honor / mención honorífica* heißt „mit Auszeichnung").

Aprobado und *suspendido/suspenso* bezeichnen als Adjektive bzw. Partizipien „bestanden / nicht bestanden". *Tengo tres asignaturas aprobadas y una suspendida/suspensa.* (= Ich habe drei Fächer bestanden und ein viertes Fach nicht bestanden.) *Aprobado* kann als Substantiv auch einer konkreten Note entsprechen: *En Historia Antigua sólo he sacado un aprobado.* (= In Alte Geschichte habe ich nur ausreichend bekommen.) *Aprobado general* bedeutet, dass alle Studenten den Kurs – meist ohne Prüfung – bestanden haben.

Tests: *test* m *de aptitud* (= Eignungstest) • *test de nivelación/clasificación* (= Einstufungstest) • *test de rendimento* (= Leistungstest) • *test de elección/respuesta múltiple* (= Multiple-Choice-Test) • *test para rellenar (huecos)* (= Lückentest)

i Die *ESO* wird mit dem Abschluss *graduado/-a en educación secundaria*, das *Bachillerato* mit dem *título* m *de bachiller* (= Abschluss des Gymnasiums) beendet.

bachiller *m/f*	**Abiturient(in)**
boletín *m* **escolar / de notas**	**Jahreszeugnis**

i Es gibt in Spanien im Gegensatz zu Deutschland nur einen Universitätsabschluss: *Licenciatura* f (= in etwa dem deutschen ersten Staatsexamen bzw. der Magisterprüfung entsprechend), den man durch das Ablegen von den Fächern und deren entsprechenden *créditos* (= Punkte) erwirbt.
Wer ein Lehramt an staatlichen Sekundarschulen anstrebt, muss zusätzlich einen mindestens einjährigen *Curso de Aptitud Pedagógica / CAP* (= eine Art Referendariat) absolvieren, um das *Certificado* m *de Aptitud Pedagógica* (= Pädagogisches Eignungszeugnis) zu erwerben, das die Teilnahme an *las oposiciones* (= zweites Staatsexamen) möglich macht. Andere Studienabgänger, die sich beim öffentlichen Dienst bewerben, legen auch *oposiciones / concurso* m ab.
Diejenigen, die promovieren, müssen eine bestimmte Anzahl von *créditos* bei zusätzlichen Seminaren und Forschungsarbeiten erreichen und eine *tesis* f *doctoral* anfertigen, um *el título de doctor(a)* (= die Doktorwürde) zu erhalten.

certificado *m*	(Prüfungs- / Abschluss-)**Zeugnis**
diploma *m* / **título** *m*	**Diplom**
licenciarse / graduarse / *LAm* **recibirse**	**ein Hochschulstudium abschließen**
licenciatura *f*	**Hochschulabschluss**
máster *m*	**Erweiterungsstudium**
licenciado/-a / *LAm* **egresado/-a**	**(Hochschul-)Absolvent(in); Akademiker(in)**
licenciado/-a en Filosofía y Letras	Akademiker(in) der Geisteswissenschaften
licenciado/-a en Ciencias Naturales	diplomierte(r) Naturwissenschaftler(in)
licenciado superior en Humanidades / magister artium	Magister Artium
licenciado superior en Ciencias Naturales	Magister der Naturwissenschaften

9.4 Enseñanza y aprendizaje
Lehren und Lernen

enseñanza *f*	**Lehre; Unterricht**
enseñanza / aprendizaje autodidacta	Selbststudium
enseñanza de idiomas	Sprachunterricht
docencia *f* – **docente** *m / f*	**Lehre; Lehramt – lehrend; Dozent(in)**
Quiero dedicarme a la docencia.	Ich möchte Lehrer(in) werden.
enseñar / **dar** (– doy – di – dado) **clases**	**unterrichten; lehren**
¿Quién te ha enseñado eso?	Wer hat dir das beigebracht?
clases de lengua extranjera	Fremdsprachenunterricht
formar – **formarse** – **formación** *f*	**ausbilden – eine Ausbildung machen – Ausbildung**
curso / programa de formación	Ausbildungskurs / -programm
pedagogía *f* – **pedagogo /-a**	**Pädagogik – Pädagoge / Pädagogin**
(anti)**pedagógico**	(un)**pädagogisch**
aprender	**lernen**
aprender un poema de memoria	ein Gedicht auswendig lernen
aprendizaje *m* – **aprendiz(a)**	**Lehre; Ausbildung – Lehrling; Auszubildende(r)**
aprendiente *m / f* (*didáctica de lenguas*)	**Lernende(r)** (*Sprachdidaktik*)
estudiar	**studieren; lernen**
Estoy estudiando para ingeniero.	Ich mache ein Ingenieurstudium.
Estudio para el examen de mañana.	Ich lerne für die morgige Prüfung.
estudiante *m / f* / **alumno /-a**	**Student(in); Lernende(r); (Hoch-) Schüler(in)**
maestro /-a	**Grundschullehrer(in)**
profesor(a)	**Lehrer(in); Ausbilder(in)**
clase *f*	(Schul-)**Klasse; Lehrsaal;** (Unterrichts-)**Stunde**
motivar – **motivación** *f*	**motivieren – Motivation; Anreiz**
motivar a los alumnos a estudiar	die Schüler zum Lernen motivieren
falta de motivación	Mangel an Motivation
leer (– leo – leí, leyó – leído)	**lesen**
libro *m* **de texto**	**Lehrbuch**
deberes *mpl* / **tareas** *f*	**Hausaufgaben; Hausarbeiten**
dar / poner deberes	Hausarbeiten aufgeben

9.5 En clase
Im Klassenzimmer

¿Quién **falta** hoy?	**Wer fehlt heute?**
Empezamos.	**Wir wollen anfangen.**
Silencio, por favor.	Bitte (etwas) **Ruhe**.
repartir los libros / textos	die Bücher / Texte **austeilen**
Abrid los libros en / por la página 57.	**Schlagt** eure Bücher auf Seite 57 **auf**.
Cerrad los libros, por favor.	**Macht** die Bücher bitte **zu**.
representar un diálogo	einen Dialog **spielen**
¿**Haces** tú **el papel** de (la) bruja?	**Übernimmst** du **die Rolle** der Hexe?
Mirad el tercer **párrafo**.	Schaut euch den dritten **Absatz** an.
Seguimos.	**Wir machen weiter.**
Sigue leyendo.	Lies weiter.
Tomad mejor **apuntes**.	**Macht euch** besser ein paar **Notizen**.
resumir el argumento	die Handlung **zusammenfassen**
Quiero que lo **copiéis**.	Ich möchte, dass ihr das **abschreibt**.
¿A quién **le toca**?	Wer **ist als Nächster dran**?
El siguiente, por favor.	**Der Nächste**, bitte.
Hagámoslo en **parejas**.	Das machen wir in **Partnerarbeit**.
trabajar en **grupos** de cuatro	in Vierer**gruppen** arbeiten
Habla más alto, por favor.	**Sprich** bitte **lauter**.
¿Podrías hablar un poco **más bajo**?	Könntest du **etwas leiser** sprechen?
Intenta hablar **de una manera más clara**.	Versuche **deutlicher** zu sprechen.
Repite lo que yo digo ...	**Sprich** mir bitte **nach ...**
No (os) **sopléis**, por favor.	Bitte nicht **vorsagen**.
Sal a la **pizarra**, por favor.	Geh bitte zur **Tafel**.
borrar algo	etwas (von der Tafel) **abwischen**
borrar la pizarra	die Tafel **abwischen**
retroproyector *m*	**Tageslicht- / Overheadprojektor**
¿Está **conectado** el proyector?	Ist der Projektor **angeschlossen**?
¿Habéis **terminado**?	Seid ihr **fertig**?
Lo **terminaremos** la próxima vez.	Wir **machen** es nächstes Mal **zu Ende**.
Como **deberes**, haced por favor, ...	Als **Hausaufgabe** macht bitte ...

10.1 Pintura y escultura
Malerei und Bildhauerei

pintura *f*	**Malerei; Gemälde; Bild; Malfarbe**
La pintura muestra un paisaje.	Das Bild zeigt eine Landschaft.
La pintura / Pintar es una afición maravillosa.	Malen ist ein herrliches Hobby.
pintura paisajística	Landschaftsmalerei
pintar	**malen**
pintar un retrato	ein Porträt malen
pintor(a)	**Maler(in); Kunstmaler(in)**
artista *m/f* – **artístico**	**Künstler(in); Kunstmaler(in) – künstlerisch; Kunst-**
cuadro *m*	**Gemälde; Bild**
dibujo *m* – **dibujante** *m/f*	**Zeichnung – Zeichner(in)**
hacer un dibujo de algo	eine Zeichnung von etwas anfertigen
Picasso como dibujante	Picasso als Zeichner
acuarela *f*	**Aquarell**
estudio *m*	**Atelier**
al aire libre, no en el estudio	im Freien, nicht im Atelier
lienzo *m*	**Leinwand**
pincel *m* – **pincelada** *f*	**Pinsel – Pinselstrich**
con pocas pinceladas	mit wenigen Pinselstrichen
óleo *m*	**Öl**
Habitualmente pintaba al óleo.	Meistens malte er/sie in Öl.
una pintura al óleo grande	ein großes Ölgemälde
tema *m*	**Gegenstand** (eines Bildes)
el tema de una pintura	der Gegenstand eines Bildes
modelo *m/f* – **paisaje** *m*	**Modell – Landschaft**
retrato *m* – **autorretrato** *m*	**Porträt / Bildnis – Selbstporträt / Selbstbildnis**
bodegón *m* / **naturaleza** *f* **muerta**	**Stillleben**
desnudo *m*	**Akt**
desnudo sentado / de pie / tumbado	sitzender / stehender / liegender Akt
distribución *f* / **colocación** *f*	**Anordnung**
la distribución de las personas	die Anordnung der Personen
perspectiva *f* – **composición** *f*	**Perspektive – Komposition**
una **obra de arte**	ein **Kunstwerk**
obras de arte antiguas	antike Kunstwerke

exhibir	**ausstelle; vorführen**
exponer (– expongo – expuse – expuesto) – **exposición** *f*	**ausstellen – Ausstellung**
los cuadros aquí exhibidos / expuestos	die hier ausgestellten Bilder
galería *f* **de arte** – **galerista** *m/f*	**(Kunst-)Galerie – Galerist(in)**
museo *m*	**Museum**
el Museo del Prado	das Prado Museum
reproducción *f*	**Reproduktion**
reproducciones de pinturas famosas	Reproduktionen berühmter Bilder

Movimientos y estilos artísticos **(= Kunstrichtungen und -stile)**
románico m (= romanische Kunst) • *gótico* m (= gotische Kunst) • *renacimiento* m (= Renaissance) • *barroco* m (= Barock) • *rococó* m (= Rokoko) • *estilo* m *churrigueresco* (= spanischer Rokoko) • *neoclasicismo* m (= Klassizismus) • *romanticismo* m (= Romantik) • *realismo* m (= Realismus) • *naturalismo* m (= Naturalismus) • *impresionismo* m (= Impressionismus) • *simbolismo* m (= Symbolismus) • *cubismo* m (= Kubismus) • *futurismo* m (= Futurismus) • *dadaísmo* m (= Dadaismus) • *expresionismo* m (= Expressionismus) • *surrealismo* m (= Surrealismus) • *arte* m *abstracto* (= abstrakte Kunst) • *pop art* m • *modernismo* m (= Jugendstil) • *arte* m *figurativo* (= gegenständliche Kunst) • *posmodernismo* m (= Postmoderne)

instalación *f* (artística)	**(Kunst-)Installation**
escultura *f*	**Skulptur; Plastik; Bildwerk; Bildhauerkunst; Bildhauerei**
una escultura de mármol	eine Marmorskulptur / -plastik
esculpir	**hauen; meißeln; schnitzen**
escultórico	**plastisch; bildhauerisch**
las obras escultóricas de Picasso.	Picassos plastisches Werk
escultor(a)	**Bildhauer(in)**
tallar – **cincelar**	*(Holz)* **schnitzen** – *(Stein)* **meißeln**
talla *f* / **xilografía** *f* / **escultura** *f* **en madera**	**Holzschnitzerei**
una **estatua** / **estatuilla** de mármol	eine Marmor**statue** / **-statuette**
una **figura** de escayola	eine Gips**figur**
una figura **modelada** en arcilla	eine in Ton **modellierte** Figur
una estatua **moldeada** / **vaciada** en bronce	eine in Bronze **gegossene** Statue
un **busto** de bronce	eine Bronze**büste**
relieve *m*	**Relief**

10.2 Fotografía
Fotografie

fotografía *f*	**Fotografie** *(Kunst / Verfahren)*
la **foto(grafía)**	**das Foto; die Fotografie** *(Bild)*; **die Aufnahme**
Las fotos han salido bien.	Die Fotos sind gut geworden.
fotografiar algo / a alguien	etwas / jemand **fotografieren**
fotógrafo / -a	**Fotograf(in)**
fotográfico – fotogénico	**Foto- / fotografisch – fotogen**
Eres muy fotogénica.	Du bist sehr fotogen.
sacar (c>que) / **hacer fotos** (– hago – hice, hizo – hecho)	**Fotos / Aufnahmen machen**
instantánea *f* – **flash** *m*	**Schnappschuss – Blitz(licht)**
sacar / tomar unas instantáneas	ein paar Schnappschüsse machen
cámara *f* / **máquina** *f* (fotográfica) / **aparato** *m* **fotográfico**	**Kamera; (Foto-)Apparat**
cámara *f* **digital**	**Digitalkamera**
sensor *m* – **(mega)píxel** *m*	**Sensor – (Mega)Pixel**
comprimir una imagen	**ein Bild komprimieren**
compresión *f*	**Komprimierung; Verdichtung**
almacenar una imagen / una foto	ein Bild **speichern**
tarjeta *f* **de memoria**	**Speicherkarte**
objetivo *m* – **filtro** *m*	**Objektiv – Filter**
carrete *m* – **película** *f*	**Film(spule) – Negativfilm**
colocar / poner el carrrete	den Film einlegen
un carrete de 36 fotos	ein Film für 36 Aufnahmen
sensibilidad *f* / **luminosidad** *f*	**Empfindlichkeit; Lichtstärke**
una película **sensible**	ein **hochempfindlicher** Film
un objetivo sensible	ein lichtstarkes Objektiv
motivo *m*	**(Aufnahme-)Objekt / Motiv**
enfoque *m* – **autofoco** *m*	**Scharfeinstellung – Autofokus**
enfocar (c > que)	**die Entfernung einstellen**
¡Sonría, por favor!	**Bitte lächeln!**
revelar un carrete	einen Film **entwickeln** (lassen)
copias *f* (en color / en blanco y negro)	(Farb- / Schwarzweiß-)**Abzüge**
copias (en color) mate / brillante	Matt- / Hochglanzabzug
negativo *m*	**Negativ**
ampliar – ampliación *f*	**vergrößern – Vergrößerung**
¿Brillante o mate?	**Glänzend oder matt?**
diapositiva *f* (de color)	(Farb-)**Dia**

10.3 Música y danza
Musik und Tanz

música *f*	**Musik; Noten**
música clásica / ligera	klassische / Unterhaltungsmusik
instrumento de música	Musikinstrument
una pieza de música / musical	ein Musikstück
musical *m*	**musikalisch; Musik-; Musical**
acompañamiento musical / de música	Musikbegleitung
un musical / una película musical	Musikfilm
músico /-a	**Musiker(in)**
cantar – **cantante** *m / f*	**singen – Sänger(in)**
canto *m* – **canción** *f*	**Singen / Gesang(skunst) / Lied – Lied / Song / Chanson**
Toma lecciones de canto.	Er / Sie nimmt Gesangsstunden.
El canto es tan exigente como cualquier instrumento.	Die Gesangskunst ist so anspruchsvoll wie jedes Musikinstrument.

Text: *la letra / el texto de una canción* (= der Text eines Liedes), *el libreto de una ópera* (= das Opernlibretto / Textbuch / der Text einer Oper).

estrofa *f* – **estribillo** *m*	**Strophe – Refrain**
coro *m*	**Chor**
soprano *m / f* – **contralto** *m / f*	**Sopran – Alt**
tenor *m* – **barítono** *m* – **bajo** *m*	**Tenor – Bariton – Bass**
melodía *f*	**Melodie**
afinar – **desafinar**	**stimmen / tonrein spielen – verstimmt sein / falsch spielen / singen**
El tenor desafina / canta desafinado.	Der Tenor singt falsch.
tocar (c>que) (el piano / el violín)	(Klavier / Geige) **spielen**
Él me lo tocó al piano.	Er spielte es mir auf dem Klavier vor.
acompañar	(instrumental) **begleiten**
Él la acompañaba / acompañó al piano.	Er begleitete sie auf dem Klavier.
compositor(a)	**Komponist(in)**
composición *f*	**Komposition; (das) Komponieren**

arreglo *m*	**Arrangement; Bearbeitung**
orquesta *f*	**Orchester**
orquesta / música de cámara	Kammerorchester / -musik
banda *f* (de música)	**Kapelle; Band**
banda de instrumentos de viento	Blaskapelle
director(a) – **pianista** *m / f*	**Dirigent(in)** – **Pianist(in)**
concierto *m*	**Konzert**
Estuvimos / Hemos estado en un concierto.	Wir waren in einem Konzert.
un concierto para violín de Bach	ein Violinkonzert von Bach
sonata *f* – **obertura** *f*	**Sonate** – **Ouvertüre**
cuarteto *m* **de cuerda**	**Streichquartett**

***Notas* (= Noten):** *semibreve / redonda* (= ganze Note) • *mínima / blanca* (= halbe Note) • *negra* (= Viertelnote) • *corchea* (= Achtelnote) • *semicorchea* (= Sechzehntelnote) • *fusa* (= Zweiunddreißigstelnote) • *semifusa* (= Vierundsechzigstelnote)

tono *m* / **clave** *f*	**Ton(art); Tonlage; Stimmlage**
un tono completo – medio tono	ein ganzer Ton – (ein) halber Ton
en clave de do / fa	in (der Tonart) C-Dur / F-Dur
tonalidad *f* **mayor / menor**	**Dur- / Molltonart**

***Tonalidades* (= Tonarten):** *do mayor* (= C-Dur) • *do menor* (= c-Moll) • *do sostenido menor* (= cis-Moll) • *mi bemol mayor* (= Es-Dur) • *fa sostenido menor* (= fis-Moll). Dis / dis wäre entsprechend *re sostenido;* Des / des dagegen *re bemol.* Beachten Sie besonders: *si bemol mayor* (= B-Dur) und *si menor* (= h-Moll).

timbre *m*	**Klangfarbe**
acorde *m* – **armonía** *f*	**Akkord** – **Harmonie**
contrapunto *m* – **compás** *m*	**Kontrapunkt** – **Takt; Taktart**
Tocó solamente los primeros compases.	Er / Sie spielte nur die ersten Takte.
compás de tres por cuatro	Dreivierteltakt
marcar / mantener / perder el compás	den Takt schlagen / im Takt bleiben / aus dem Takt kommen
tiempo *m* – **ritmo** *m*	**Tempo** – **Rhythmus**
escala *f*	**Tonleiter**
la escala de do mayor	die C-Dur-Tonleiter
bailar – **baile** *m* – **danza** *f*	**tanzen** – **Tanz(-)** – **Tanzkunst**
bailarín(a) – **ballet** *m*	**Tänzer(in)** – **Ballett**
claqué *m*	**Stepptanz**

10.4 Teatro y cine
Theater und Film

teatro *m*	**Theater**
Vayamos al teatro.	Gehen wir doch ins Theater!
teatro experimental / vanguardista	experimentelles / avantgardistisches Theater
cine *m*	**Kino**
aficionado /-a al cine	Kinogänger(in)
la industria del cine	die Filmindustrie
Fuimos / Hemos ido al cine.	Wir sind ins Kino gegangen.
estrella *f* (del cine)	(Film-)**Star**
película *f*	**(Kino-)Film**
En el "Capitol" todavía ponen / echan la película.	Im „Capitol" läuft der Film noch.
película de suspense / policíaca	Thriller / Krimi *(Film)*
poner / echar / exhibir una película	einen Film zeigen / vorführen
largometraje *m* – **corto(metraje)** *m*	**Spielfilm** – **Kurzfilm**
tráiler *m*	**Filmvorschau**
la pantalla	**die Leinwand; das Kino; das Fernsehen**
escribir / escrito para la pantalla grande / pequeña pantalla	für den Film / das Fernsehen schreiben / geschrieben
adaptar una novela para la pantalla grande	einen Roman für den Film bearbeiten
guión *m* – **guionista** *m / f*	*(Film)* **Drehbuch** – **Drehbuchautor(in)**
doblar una película	einen Film **synchronisieren**
función *f* / **sesión** *f*	**Aufführung; Vorstellung**
Vamos mañana a la función nocturna.	Morgen gehen wir in die Abendvorstellung.
entreacto *m* – **descanso** *m*	**(Theater- / Kino-)Pause**
matiné *f* / *LAm* **vermú** / **vermut** *m*	**Matinee; Frühvorstellung**
Tenemos entradas / *LAm* boletos para la matiné.	Wir haben Karten für die Matinee.
ensayo *m* – **representación** *f*	**Probe** – *(nur)* **Theateraufführung; Vorstellung**
estreno *m*	**Premiere; Ur- / Erstaufführung**
actuación *f*	**Gastspiel**
taquilla *f* / *LAm* **boletería** *f*	**(Theater- / Kino-)Kasse**
butaca *f* – **fila** *f* de butacas	**(Sitz-)Platz** – **Sitzreihe**
localidad *f*	**Eintrittskarte; Sitzplatz**

dos localidades de platea / *LAm* luneta	zwei Plätze vorne im Parkett
programa *m*	**Programm**
escenificar (c>que) – **escenificación** *f*	**inszenieren** – **Inszenierung**
una obra bien escenificada	ein gut inszeniertes Stück
director(a) – **dirección** *f*	**(Film- / Theater-)Regisseur(in)** – **Regie**
dirigir (g>jo, ja) una película / una obra de teatro	**Regie führen** in einem Film / Theaterstück
el **escenario** – la **escena**	die **Bühne** – die **Bühne** / die **Szene** / das **Theater**
salir a escena	seinen / ihren Auftritt haben
el **decorado**	die **Bühnendekoration;** das **Bühnenbild**
El decorado se limitaba a unos cuantos accesorios.	Das Bühnenbild beschränkte sich auf ein paar Requisiten.
bastidor *m*	**Kulisse**
entre bastidores	hinter den Kulissen
traje *m* – **vestuario** *msg*	**Kostüm** – **Kostüme**
obra *f* / **pieza** *f* **de teatro**	**(Theater-)Stück; Drama**
La obra tiene lugar en el Madrid de la postguerra.	Das Stück spielt im Madrid der Nachkriegszeit.
¿De qué trata la obra?	Wovon handelt das Stück?
dramaturgo / -a	**Stückeschreiber(in); Dramatiker(in)**
comedia *f* – **tragedia** *f*	**Komödie** – **Tragödie**
Acto 1 *m* , **Escena** 3 *f*	1. **Akt**, 3. **Szene / Auftritt**
argumento *m* / **trama** *f*	**Handlung**
acción *f*	**Handlung; Aktion**
La acción transcurre en ...	Das Stück spielt in ...
No hay mucha acción en la obra.	In dem Stück passiert nicht viel.
tema *m*	**Thema**
personaje *m*	(handelnde) **Person**; **Figur**
papel *m*	**Rolle**
papel de carácter	Charakterrolle
(papel) protagonista / secundario	Haupt- / Nebenrolle
hacer / interpretar / representar el papel de malo	die Rolle des Schurken spielen
héroe / heroína – **malo / -a**	**Held(in)** – **Schurke; der / die Böse**
El héroe de la obra es ...	Der Held des Stücks ist ...
diálogo *m*	**Dialog**
monólogo *m* / **soliloquio** *m*	**Monolog**
el famoso soliloquio de Hamlet	Hamlets berühmter Monolog

actuar / interpretar	**spielen**
¿Quiénes actúan?	Welche Schauspieler spielen mit?
interpretar un papel	eine Rolle spielen; schauspielern
interpretación *f*	**Spiel; Darstellung**
actor / actriz	**Schauspieler / Schauspielerin**
actriz especializada en determinados personajes	Charakterdarstellerin
primer(a) actor / actriz	Hauptdarsteller(in)
actor / actriz de reparto	Nebendarsteller(in)
el **reparto**	die **Besetzung / Mitwirkenden**
el **público** – los **espectadores**	das **Publikum** – die **Zuschauer**
El público estaba entusiasmado.	Das Publikum war begeistert.
aplauso *m*	**Applaus; Beifall; Klatschen**
crítico /-a	(Theater- / Film-)**Kritiker(in)**
una **crítica / reseña**	eine **Kritik / Besprechung**
éxito *m* – **fracaso** *m*	**Erfolg** – **Reinfall / Flop**
un exitazo – un fracaso total	ein Riesenerfolg – ein totaler Reinfall
un **Oscar** (*pl* oscars) – un **Goya**	ein **Oscar** *(Filmpreis)* – ein **Goya** *(spanischer Filmpreis)*
Ganó / Recibió un Oscar / Goya por ...	Er bekam / erhielt einen Oscar / Goya für ...

Diferentes géneros cinematográficos / tipos de películas
(= Verschiedene Filmgenres)
película de acción (= Actionfilm) • *película de amor / romántica* (Liebesfilm) • *película bélica / de guerra* (= Kriegsfilm) • *película de terror / miedo* (= Horrorfilm) • *película histórica* (= historischer Film) • *película de ciencia ficción* (= Science-Fictionfilm) • *película de suspense* (= Thriller) • *película policiaca* (Krimi) • *película del oeste / vaqueros* (Western / Wildwestfilm) • *película de capa y espada / de espadachines* (= Mantel- und Degenfilm) • *película de piratas* (= Piratenfilm) • *(película) musical* m (= Musical[film]) • *superproducción* f (= Monumentalfilm) • *documental* m (= Dokumentar- / Kulturfilm) • *(película de) dibujos* mpl *animados* (= Zeichentrickfilm)

i *El festival de teatro clásico de Mérida*, das im Juli stattfindet, ist eines der prestigeträchtigsten spanischen Festivals. Die wichtigsten Ereignisse der spanischen Filmindustrie sind *el festival de cine de San Sebastián* im September und *los premios Goya* zwischen Januar und Februar.

10.5 Arquitectura
Architektur

arquitecto/-a – arquitectura *f*	Architekt(in) – Architektur
arquitectónico	architektonisch; baulich

Estilos *m* ***arquitectónicos*** **(= Baustile)**
románico (= romanisch) • *gótico* (= gotisch) • *mudéjar* (= ein in Spanien vom 13. bis zum 16. Jahrhundert vorherrschender Baustil, der Elemente der christlichen Kunst mit arabischer Ornamentierung vereinte) • *renacentista* (= Renaissance) • *barroco* (= Barock) • *neoclásico* (= klassizistisch) • *modernista* (= Jugendstil)

diseñar – diseño *m* / **proyecto** *m*	**entwerfen – Entwurf; Gestaltung**
los diseños para el edificio	die Entwürfe für das Gebäude
proyecto *m* – **proyectista** *m/f*	**Planung – Planer(in)**
oficina de proyectos	Planungsbüro
plano *m* – **planta** *f*	**Plan / Entwurf – Grundriss**
obra *f*	**Baustelle; Baumaßnahme**
permiso *m* **de obra(s) / construcción**	**Baugenehmigung**
construir (– construyo – construí, construyó –construido)	**bauen**
Están construyendo un bloque de apartamentos nuevo.	Sie bauen einen neuen Wohnblock.
construcción *f*	**Bau; Bau(-); (das) Bauen**
industria de la construcción	Bauindustrie
la construcción de un puente	der Bau / das Bauen einer Brücke
materiales de construcción	Baumaterialien / -stoffe
edificar (c>que) – **edificio** *m*	**bauen – Gebäude**
edificación *f* – **edificable**	**Erbauung / Bau / Gebäude – bebaubar**
contratista *m/f* **(de obras)**	**Bauunternehmer(in)**
(empresa *f***) constructora** *f*	**Bauunternehmen**
casa *f* – **fachada** *f*	**Haus – Fassade**
pared *f* – **ventana** *f*	**Wand; Mauer – Fenster**
ladrillo *m*	**Ziegelstein; Backstein**
piedra *f* – **estuco** *m* – **cristal** *m*	**Stein – Stuck – Glas**
mortero *m* / **argamasa** *f*	**Mörtel**
cemento *m* – **hormigón** *m* **(armado)** / *LAm* **concreto** *m*	**Zement – (Stahl-)Beton**
prefabricado	**in Fertigbauweise errichtet**

10.6 Literatura
Literatur

la literatura – literario	**die Literatur – literarisch**
crítica literaria – crítico literario	Literaturkritik / Literaturkritikerin – Literaturkritiker
historia de la literatura	Literaturgeschichte
género literario	Literaturgattung
narrativa *f* **– narrativo**	**Narrativik / Erzählkunst / Erzählliteratur – erzählend / Erzähl-**
narración *f*	**Erzählung**
narrador(a) en primera persona	**Ich-Erzähler(in)**
literatura *f* **novelesca / de ficción**	**Erzähl- / Romanliteratur**

> ***Tipos de narrativa*** **(= Arten von Erzählliteratur)**
> *novela* f (= Roman) • *novela picaresca* (= Schelmenroman) • *novela histórica* (= historischer Roman) • *novela gótica* (= Schauerroman) • *novela policiaca* (= Kriminalroman) • *novela / obra* f *de suspense* (= Thriller) • *novela romántica* (= sentimentaler Liebesroman / Schnulze) • *novela corta* (= Novelle) • *cuento* m (= Märchen / Kurzgeschichte) • *relato* m *breve* (= Kurzgeschichte) • *literatura* f *trivial* (= Trivialliteratur) • *ciencia-ficción* f (= Sciencefiction)

cuento *m* **(popular)**	**(Volks-)Märchen**
un cuento de los hermanos Grimm	ein Märchen der Gebrüder Grimm
leyenda *f* **– saga** *f*	**Legende – Sage; Saga**
biografía *f*	**Biografie; Lebensbeschreibung**
autobiografía *f* **– diario** *m*	**Autobiografie – Tagebuch**
biógrafo /-a – (auto)biográfico	**Biograf(in) – (auto)biografisch**
un **ensayo** *m* sobre ...	ein **Essay** über ...
drama *m* **– comedia** *f* **– tragedia** *f*	**Drama – Komödie – Tragödie**
tragicomedia *f*	**Tragikomödie**
cómico – trágico	**komisch – tragisch**
acotación *f* **escénica**	**Bühnenanweisung**
sátira *f* **– satírico**	**Satire – satirisch**
parodia *f* **– paródico**	**Parodie – parodistisch**
prosa *f*	**Prosa; Prosa-**
poesía *f* **/ lírica** *f*	**Lyrik; (Vers-)Dichtung**
una antología de poesía moderna	eine Anthologie moderner Lyrik
poeta *m / f* **lírico /-a – poetisa lírica**	**Lyriker(in) – Lyrikerin**
épica *f* **– épico**	**Epik / epische Dichtkunst – episch**

poesía épica	Epik
epopeya *f* – **cantar** *m* **de gesta**	**Epos – Heldenepos / -gedicht**

> ***Tipos de poesía* (= Arten von Lyrik)**
> *poema* m / *poesía* f (= Gedicht) • *romance* m (= die typischste Art von Lyrik in Spanien, die aus achtsilbigen Versen besteht, deren ungeraden Verse sich nicht reimen, während die geraden Verse durchweg dieselbe Assonanz aufweisen) • *balada* f (= Ballade) • *soneto* m (= Sonett)

verso *m* – **metro** *m*	**Vers – Metrum; Versmaß**
en verso	in Versform
estrofa *f* – **estribillo** *m*	**Strophe – Refrain**
rimar – **rima** *f*	**(sich) reimen – Reim**
"Alegría" rima con "día".	„Alegría" reimt sich auf „día".
estructura *f* **(de la rima)**	**Reimschema**
poeta *m* / *f* – **poético**	**Dichter(in) – dichterisch / poetisch**
escritor(a)	**Schriftsteller(n)**
autor(a)	**Autor(in); Verfasser(in)**
novelista *m* / *f*	**Romanautor(in)**
interpretación *f*	**Interpretation; Auslegung**
interpretar un texto	einen Text interpretieren
contenido *m* **y** **forma** *f*	**Inhalt und Form**
estructura *f* **(profunda)**	**(Tiefen-)Struktur**
argumento *m* / **trama** *f*	**Handlung – Nebenhandlung**
escenario *m*	**Schauplatz; Zeit und Ort der Handlung**
ambiente *m*	**Atmosphäre**
punto *m* **de vista**	**Erzählperspektive**
estilo *m* **indirecto libre**	**erlebte Rede**
monólogo *m* **interior**	**innerer Monolog**
(escena *f***) retrospectiva** *f*	**Rückblende**
suspense *m*	**Spannung**
clímax *m* / **punto** *m* **culminante**	**Höhepunkt**
lenguaje *m* **figurado / metafórico / simbólico**	**Bilder(sprache); Metaphorik**
metáfora *f* – **alegoría** *f* – **ironía** *f*	**Metapher – Allegorie – Ironie**

> ***"Ismos"* *mpl* *literarios* (= literarische „Ismen")**
> *romanticismo* (= Romantik) • *realismo* (= Realismus) • *naturalismo* (= Naturalismus) • *expresionismo* (= Expressionismus) • *posmodernismo* (= Postmoderne)

11.1 Días de fiesta y vacaciones
Feiertage und Urlaub

vacaciones *fpl*	**Urlaub; Ferien**
El señor Castro está de vacaciones.	Herr Castro ist auf/in Urlaub.
veranear – **veraneo** *m*	**den Sommer(urlaub) verbringen – Sommeraufenthalt**
descansar – **descanso** *m*	**eine Pause machen / sich ausruhen – Pause / Unterbrechung**
recreo *m*	**Pause in der Schule**
Los niños están todavía en el recreo.	Die Kinder sind noch in der Pause.
tener (– tengo, tiene – tuve – tenido) / **tomarse el día libre**	**frei haben / nehmen**
Nos dieron un día libre en el colegio.	Wir bekamen einen Tag schulfrei.
librar	**frei haben**
El viernes libro.	Ich habe Freitag frei.
fin *m* **de semana**	**Wochenende**
Nos solemos ver los fines de semana.	Meist sehen wir uns am Wochenende.
día *m* **festivo / de fiesta**	(gesetzlicher) Feiertag
El Viernes Santo es día festivo.	Karfreitag ist ein (gesetzlicher) Feiertag.
festividad *f* religiosa	kirchlicher **Feiertag**
hacer (– hago – hice, hizo – hecho) **puente** *m*	einen zwischen zwei Feiertage fallenden Werktag als Feiertag gelten lassen
Como el jueves era fiesta, hicimos puente.	Da Donnerstag Feiertag war, mussten wir am Freitag nicht arbeiten gehen.
carnaval *m*	**Fasching; Karneval**
Cádiz celebra ahora su carnaval.	Cádiz feiert jetzt Karneval.
desfile *m*	**Parade; Umzug**
el desfile de la victoria	die Siegesparade
procesión *f* (religiosa)	**Prozession**
las procesiones de Semana Santa	die Prozessionen an Ostern
Navidades *f*	**Weihnachten; (das) Weihnachtsfest**
¡Feliz Navidad!	Frohe/Fröhliche Weihnachten!
el árbol de Navidad	Weihnachtsbaum

¿Vas a poner el **belén** / **nacimiento** / *LAm* **pesebre** estas Navidades? — Wirst du an diesem Weihnachten die **Krippe** aufbauen?

Año *m* **Nuevo** — **Neujahr**

Os deseamos unas felices Navidades y un próspero Año Nuevo. — Wir wünschen euch frohe Weihnachten und ein gutes neues Jahr.

cabalgata *f* — **Umzug mit geschmückten Wagen**

la cabalgata de los Reyes Magos — *(spanischer)* Dreikönigsumzug

i ***Días de fiesta más importantes*** **(= Die wichtigsten Feiertage)**

Navidades f (= Weihnachten) • *Nochebuena* f (= Heiligabend) • *Navidad* (= 1. Weihnachtstag) • *Noche* f *Vieja* (= Silvester) • *Año* m *Nuevo* (= Neujahr) • *el Día de Reyes* (= Dreikönigstag)

El Día de Reyes (= Dreikönigstag) wird in Spanien größer gefeiert als in Deutschland. Bereits am Vorabend findet in allen Städten eine *cabalgata* (= Dreikönigsumzug) statt, der für die Kinder ein besonderes Ereignis ist. Sie können *Melchor, Gaspar* und *Baltasar* sehen und bekommen viele Bonbons. In der Nacht bringen *los Reyes Magos* (= die Heiligen Dreikönige) den Kindern die Weihnachtsgeschenke nach Hause.

Semana f *Santa* (= Osterwoche) • *Domingo* m *de Ramos* (= Palmsonntag) • *Jueves* m *Santo* (= Gründonnerstag) • *Viernes* m *Santo* (= Karfreitag) • *Domingo de Resurrección / de Pascua* (= Ostersonntag) • *Lunes* m *de Pascua* = Ostermontag)

Pascua *f* (= Ostern / Osterfest / Weihnachten / Pfingsten) • *pascual* (= österlich / Oster- / Weihnachts-)
Unter *Pascua* versteht man vor allem Ostern. Es wird aber auch verallgemeinernd für die anderen Kirchenfeste verwendet.

el Día del Trabajo / el 1 de Mayo (= Maifeiertag / 1. Mai) • *el Día del Corpus* (= Fronleichnam)

Pentecostés m (= Pfingsten) • *Domingo de Pentecostés* (= Pfingstsonntag) • *Lunes de Pentecostés* (= Pfingstmontag)

el Día de la Asunción / el 15 de agosto (= Maria Himmelfahrt) • *el Día de Santiago* (= Fest von Santiago, Patron von Spanien, am 25. Juli) • *el Día del Pilar* (= Fest der Muttergottes auf dem Pfeiler, Patronin von Spanien, am 12. Oktober) • *el Día de Todos los Santos* (= Allerheiligen) • *el Día de la Constitución* (= Tag der Verfassung am 6. Dezember) • *el Día de la Inmaculada* (= Fest der Unbefleckten Empfängnis am 8. Dezember)

11.2 Espectáculos y diversiones
Vergnügungen

celebración *f*	**Feier; Begehung; Abhaltung**
la celebración del matrimonio	Eheschließung
celebrar	**feiern; begehen**
celebrar un cumpleaños / un aniversario	einen Geburtstag / ein Jubiläum feiern
celebrar una fiesta	feiern
ceremonia *f*	**Zeremonie; Feier**
la ceremonia de apertura	die Eröffnungsfeier
la ceremonia nupcial	Trauzeremonie
festejar – **festejos** *m*	**feiern – öffentliche Feste**
fiesta *f*	**Fest; Feier; Party**
fiesta popular	Volksfest
organizar una fiesta	ein Fest veranstalten
festividad *f* – **festivo**	**Festlichkeit / Festtag – festlich / Fest-**
ambiente festivo	feierliche Atmosphäre
invitar – **invitación** *f*	**einladen / zahlen – Einladung**
Hoy invito yo.	Heute zahle ich.
una invitación de boda	eine Hochzeitseinladung
anular una invitación	eine Einladung absagen
invitado /-a	**Gast**
Tenemos con frecuencia invitados a cenar.	Wir haben oft Gäste zum Abendessen.
brindar – **brindis** *m*	**jemandem zutrinken – Toast / Trinkspruch**
cantar – **cantante** *m / f*	**singen – Sänger(in)**
orquesta *f*	**Kapelle; Band; Orchester**
Contrataron una orquesta famosa.	Die hatten eine berühmte Kapelle.
grupo *m* **de música**	**Band; Musikgruppe**
un grupo de música rock	eine Rockband
banda *f*	**Kapelle; Orchester**
una banda municipal	eine städtische Kapelle
una banda de rock	eine Rockband
bailar – **baile** *m*	**tanzen – Tanz**
Hoy vamos a bailar.	Heute gehen wir tanzen.
casino *m*	**(Spiel-)Kasino; Spielbank**
concurso *m*	**(Wett-)Kampf; Wettbewerb; Quiz**
concurso de belleza	Schönheitswettbewerb
feria *f*	**Volksfest; (Jahr-)Markt; Messe**

feria de muestras	Musterschau; Messe
fiesta *f* **mayor / del pueblo**	**Jahrmarkt; Volksfest**
parque *m* **de atracciones**	**Vergnügungspark; Freizeitpark**
parque *m* **temático**	**thematisch gestalteter Freizeitpark**
El parque temático de Isla Mágica está en Sevilla.	Der thematisch gestaltete Freizeitpark Isla Mágica ist in Sevilla.
circo *m*	**Zirkus**
Todos los circos tienen un payaso.	Jeder Zirkus hat einen Clown.

Atracciones** f **de feria **(= Jahrmarktsattraktionen)**
el tiovivo (= Karussell) • *la noria* (= Riesenrad) • *la montaña rusa* (= Achterbahn) • *la barraca de feria* (= Nebenattraktion / Schaubude) • *la barraca de tiro al blanco* (= Schießstand / Schießbude) • *la tómbola* (= Spielbude) • *los coches / autos de tope / de choque* (= Autoskooter) • *el tren fantasma / de la bruja* (= Geisterbahn)

espectáculo *m*	**Schau; Schauspiel; Vorstellung; Veranstaltung**
espectáculo infantil	Schau für Kinder
espectáculos callejeros	Straßenperformances
teatro *m*	**Theater**
teatro de marionetas	Puppenspiel; Marionettenspiel
teatro de guiñol	Kasperletheater
cine *m*	**Kino**
ir al cine	ins Kino gehen
ópera *f*	**Oper**
zarzuela *f*	**spanisches volkstümliches Singspiel; spanische Operette**
concierto *m*	**Konzert**
cabaret *m* / **nightclub** *m*	**Nachtlokal; Nachtklub**
Vieron el espectáculo de un cabaret.	Sie sahen sich die Show in einem Nachtklub an.
discoteca *f*	**Diskothek**
pista *f* **de baile**	**Tanzfläche**
tabla(d)o *m* **flamenco**	**Flamencolokal; Flamencobühne**
Los turistas van con frecuencia a un tablao flamenco.	Die Touristen gehen oft in ein Flamencolokal.
desfile *m* / **pase** *m* **de modas**	**Mode(n)schau**
exposición *f*	**Ausstellung**
exposición universal	Weltausstellung
hipódromo *m*	**Hippodrom; Rennbahn**
canódromo *m*	**Hunderennbahn**
corrida *f* **(de toros)**	**Stierkampf**

11.3 Viajes y turismo
Reisen und Tourismus

viajar – **viaje** *m* / *LAm* **pasaje** *m*	**reisen – Reise / Fahrt**
viajar por el país	im Land herumreisen
prospectos de viajes	Reiseprospekte
el viaje de ida y vuelta	die Reise / Fahrt hin und zurück
viajero /-a	**Reisende(r); Fahrgast; Passagier**
agencia *f* **de viajes**	**Reisebüro**
turismo *m* – **turista** *m* / *f* – **turístico**	**Tourismus – Tourist(in) – touristisch**
oficina de turismo	Verkehrsamt
reservar – **reserva** *f*	**buchen / reservieren – Buchung / Reservierung**
reservar una habitación / un vuelo	ein Zimmer / einen Flug reservieren
anular – **anulación** *f*	**abbestellen / stornieren – Abbestellung / Stornierung**
cancelar – **cancelación** *f*	**streichen / ausfallen – Streichung**
El vuelo fue cancelado.	Der Flug wurde gestrichen.
excursión *f*	**Ausflug; Schulreise; kurze Reise**
excursión a pie	Wanderung
excursionista *m* / *f*	**Wanderer / Wanderin**
acampar – **cámping** *m* / **acampada** *f*	**zelten – Camping(platz)**
caminar – **caminata** *f*	**wandern – Wanderung**
dar una caminata	eine Wanderung machen
senderismo *m*	(*Sport*) **Wanderung**
hacer senderismo	wandern
visitar – **visita** *f*	**besuchen / besichtigen – Besuch / Führung / Besichtigung**
una visita guiada / con guía	eine Führung
horas de visita	Öffnungszeiten
guía *f*	**(Fremden- / Reise-)Führer(in)**
guía *m* / *f*	**Reiseleiter(in)**
propina *f*	**Trinkgeld**
¿Qué propina le has dado?	Wie viel Trinkgeld hast du ihm / ihr gegeben?
estancia *f* / *LAm* **estadía** *f*	**Aufenthalt**
itinerario *m* / **ruta** *f*	**Reiseplan / -ablauf / -route**
programar un itinerario	einen Reiseplan aufstellen
¿Qué ruta sigue este autobús?	Welche Reiseroute hat dieser Bus?

destino *m*	**Reiseziel; Zielbahnhof / -flughafen**
lugar *m* **de veraneo**	**Sommerurlaubsort**
llegada *f* – **salida** *f*	**Ankunft – Abreise / Abfahrt / Abflug**
el panel de llegadas / salidas	die Ankunfts- / Abfahrtstafel
retraso *m*	**Verspätung; Verzögerung**
aduana *f* – **aduanero /-a**	**Zoll; Zoll- / Zollbeamte(r)**
trámites de aduana	Zollabfertigung
derechos de aduana	Zoll(abgabe)
tienda *f* **libre de impuestos**	**Dutyfreeshop**
consulado *m* – **cónsul** *m / f*	**Konsulat – Konsul**
Se puede renovar el pasaporte en el consulado.	Man kann seinen Pass auf dem Konsulat verlängern lassen.
embajada *f* – **embajador(a)**	**Botschaft – Botschafter(in)**
visado *m* / *LAm* **visa** *f*	**Visum**
solicitar un visado	ein Visum beantragen
pasaporte *m*	**(Reise-)Pass**
Mi pasaporte está caducado.	Mein (Reise-)Pass ist abgelaufen.
pasar por el control de pasaportes	durch die Passkontrolle gehen
válido	**gültig**
carné *m* **de identidad**	**Personalausweis**
vacuna *f*	**(Schutz-)Impfung**
certificado *m* **de vacunación**	**Impfzeugnis**
seguro *m*	**Versicherung**
seguro de pérdidas	Versicherung gegen den Verlust
un seguro de equipaje	(eine) Gepäckversicherung
un seguro de cancelación	(eine) Reiserücktritt(s)versicherung
cambiar – **cambio** *m*	**wechseln / umtauschen** – *(Geld)* **Umtausch**
cambiar euros en dólares	Euro in Dollars umtauschen
tipo de cambio	Wechselkurs
Me gustaría hacer efectivo un **cheque de viaje**.	Ich möchte einen **Reisescheck** einlösen.
equipaje *m*	**Gepäck**
¿Quiere **facturar** su equipaje?	Möchten Sie Ihr Gepäck **einchecken**?
carrito *m* **para el equipaje**	**Kofferkuli**
bulto *m* – **bolsa** *f* **(de viaje)** – **mochila** *f*	**Gepäckstück – (Reise)Tasche – Rucksack**
consigna *f*	**Gepäckschließfach / -aufbewahrung**
maleta *f* / *LAm* **valija** *f*	**Koffer**
reclamar	**reklamieren; sich beschweren**
reclamar la pérdida de una maleta	einen Kofferverlust melden
oficina *f* **de reclamaciones**	**Reklamationstelle**

11.4 Alojamiento
Unterkunft

alojarse / hospedarse – alojamiento *m*	**absteigen / übernachten – Unterkunft / Übernachtung / (Nacht-)Quartier**
hotel *m* – **hotelero**	**Hotel – Hotel-**
alojarse en un hotel	in einem Hotel wohnen
cadena hotelera	Hotelkette *(Meliá, Hilton)*
hostal *m*	**günstiges Hotel;** *(bessere Kategorie)* **Pension**
un hostal de dos estrellas	eine Zwei-Sterne-Pension
pensión *f*	*(niedrige Kategorie)* **Pension**
fonda *f*	**Gasthof / -haus**
motel *m*	**Motel**
casa *f* **de huéspedes**	**Gasthaus**
albergue *m* **juvenil**	**Jugendherberge**
acampar – cámping *m*	**zelten – Campingplatz**
parador *m* **nacional**	**staatliches Hotel**

i *Los paradores nacionales de turismo* sind eine Kette staatlicher Hotels, die in der Ausstattung der oberen Hotelklasse entsprechen und fast immer in historisch bedeutsamen Gebäuden (Burgen, Schlössern, Palästen) untergebracht sind.

habitación *f*	**Zimmer**
habitación libre	freies Zimmer
habitación individual / doble	Einzel- / Doppelzimmer
una habitación con baño / ducha	ein Zimmer mit Bad / Dusche
¿Quiere usted una habitación con cama de matrimonio o con dos camas individuales?	Möchten Sie ein Zimmer mit Doppelbett oder ein Zweibettzimmer?
reservar – reserva *f*	**buchen / reservieren – (Zimmer-)Reservierung**
reservas de habitaciones	(Zimmer-)Reservierungen
completo – libre	**ausgebucht / belegt – frei**
Lo siento, el hotel está completo.	Leider sind wir vollkommen ausgebucht.
anular	**abbestellen; stornieren**
Hemos anulado la reserva de nuestra habitación.	Wir haben unsere Zimmerbestellung rückgängig gemacht.
suplemento *m*	**Aufschlag; Aufpreis**

Hay que pagar suplemento por una habitación con vistas al mar.	Für ein Zimmer mit Seeblick wird ein Aufpreis erhoben.
adelanto *m* / **dinero** *m* **por adelantado**	**Anzahlung**
Algunos hoteles exigen dinero por adelantado al reservar una habitación.	Manche Hotels verlangen bei Zimmerbestellung eine der Anzahlung.
pensión *f* **completa**	**Vollpension**
media pensión *f*	**Halbpension**
inscribirse	**sich (am Empfang) anmelden**
llegar (g>gue) – **llegada** *f*	**ankommen** – **Ankunft**
¿Cuándo llegará usted?	Wann werden Sie ankommen?
marcharse / **irse** (– voy – iba – fui – ido)	**abreisen**
¿Cuándo quiere usted marcharse?	Wann wollen Sie abreisen?
dejar la habitación libre	**das Zimmer frei lassen / räumen**
A las 12 hay que dejar la habitación libre.	Das Zimmer muss bis 12 Uhr geräumt sein.
recepción *f*	**Empfang**
Diga en la recepción si ...	Sagen Sie am Empfang Bescheid, wenn ...
En la recepción había un mensaje para mí.	Am (Hotel-)Empfang war eine Nachricht für mich.
recepcionista *m/f*	**Empfangschef/-dame**
conserje *m/f*	**(Hotel-)Portier**
vestíbulo *m* / **hall** *m*	**(Hotel-)Halle**
desayuno *m*	**Frühstück**
sala de desayunos	Frühstücksraum
habitación con desayuno	Übernachtung mit Frühstück
¿Me puede subir el desayuno a la habitación?	Können Sie mir das Frühstück aufs Zimmer bringen?
comida *f* / *LAm, Andal* **almuerzo** *m*	**Mittagessen**
cena *f*	**Abendessen**
¿A qué hora se sirve la cena?	Um wie viel Uhr ist Abendessen?
servicio *m* **de habitaciones**	**Zimmerservice**
Llamé al servicio de habitaciones y pedí un bocadillo.	Ich rief den Zimmerservice an und bestellte ein belegtes Brötchen.
despertar (e>ie)	**wecken**
Por favor, ¿nos puede despertar a las seis?	Könnten Sie uns bitte um sechs wecken?
molestar	**stören**
Por favor, no molesten.	Bitte nicht stören.

11.5 De compras
Einkaufen

Frases útiles	**(= Nützliche Redensarten)**
Estoy buscando ...	Ich suche ...
¿Tienen ustedes ...?	Haben / Führen Sie ...?
¿Dónde puedo encontrar ...?	Wo finde ich ...?
¿Cuánto cuesta ...?	Was kostet ...?
comprar – **compra** *f*	**kaufen / einkaufen – Einkauf**
comprar al contado	auf einmal bezahlen
comprar a plazos	auf Raten / Kredit kaufen
ir a la compra / ir a hacer la compra	auf den Markt / in ein Lebensmittelgeschäft gehen
ir de compras	einen Einkaufsbummel machen
bolsa de la compra – canasto de la compra	Einkaufstasche – Einkaufskorb
carro de la compra	Einkaufswagen
vender – **venta** *f*	**verkaufen – Verkauf**
vender a plazos	auf Raten / Kredit verkaufen
venta por correspondencia	Versandhandel / -geschäft
casa de ventas por correspondencia	Versandhaus
catálogo de venta	Versandhauskatalog
tienda *f* – **tendero /-a**	**Geschäft / Laden – Krämer(in)**
ir a la tienda	in ein Lebensmittelgeschäft gehen
ir de tiendas	einen Einkaufsbummel machen
comercio *m*	**Geschäft; Laden; Handel**
centro *m* **comercial**	**Einkaufszentrum**
grandes almacenes *mpl*	**Kaufhäuser; Warenhäuser**
hipermercado *m*	**großer Supermarkt**
mercado *m*	**Markt; Markthalle**
ir al mercado	auf den Markt gehen
mercadillo *m*	**Flohmarkt; Jahrmarkt**
rastro *m* – **puesto** *m*	**Flohmarkt – Kiosk; Stand**
cliente *m / f* **/-a**	**Kunde / Kundin**
mostrador *m*	**Ladentisch**
Pregunte usted en el mostrador.	Fragen Sie am Ladentisch.
dependiente /-a	**Verkäufer(in)** *(in Laden usw.)*
artículo *m* – **marca** *f*	**Ware; Artikel – Marke**
probador *m*	**Umkleidekabine**
escaparate *m* / *LAm* **vitrina** *f* / *CSur* **vidriera** *f*	**Schaufenster**
servicio *m* **al cliente**	**Kundendienst**

caja *f* – **tique** *m*	**Kasse – Kassenzettel**
Pague usted, por favor, en la caja.	Zahlen Sie bitte an der Kasse.
Para descambiar un artículo hace falta el tique de compra.	Um eine Ware umtauschen zu können, braucht man den Kassenzettel.
recibo *m*	**Quittung**
pagar (g>gue) – **pago** *m*	**zahlen – Zahlung**
pagar en efectivo	bar zahlen
pago en efectivo	Barzahlung
pagar con tarjeta	mit der Karte zahlen
pagar con un cheque	mit einem Scheck zahlen
depósito *m* / **señal** *f*	**Anzahlung**
hacer un depósito	eine Anzahlung leisten
dar una señal	eine Anzahlung leisten
ahorrar – **ahorro** *m*	**sparen – Ersparnis / Sparen**
Puede ahorrar hasta un 40 por ciento.	Sie können bis zu 40 Prozent sparen.
ofrecer (c >zc) – **oferta** *f*	**anbieten – Angebot**
oferta especial	Sonderangebot
Estos artículos están de oferta.	Diese Waren sind heruntergesetzt / im Angebot.
descontar (o>ue) – **descuento** *m*	**abrechnen / abziehen / ermäßigen – Rabatt / Skonto / Preisermäßigung**
el 5 por ciento de descuento para los clientes fijos	5 Prozent Rabatt für die Stammkunden
rebajar – **rebaja** *f*	**herabsetzen / ermäßigen – Preisnachlass / Rabatt / Ermäßigung**
hacer una rebaja	Rabatt gewähren
las rebajas de verano / invierno	Sommer- / Winterschlussverkauf
un artículo rebajado	eine heruntergesetzte Ware
Lo he comprado en las rebajas.	Ich habe es im Schlussverkauf bekommen.
ganga *f*	**Sonderangebot**
Es una ganga.	Es ist spottbillig.
A / Por ese precio fue una ganga.	Zu / Bei diesem Preis war es ein „Schnäppchen“.
liquidar – **liquidación** *f*	**ausverkaufen – Ausverkauf**
liquidación total	Räumungsverkauf

Tipos de tiendas ***f*** **(= Arten von Geschäften)**
tienda de confecciones (= Konfektionshaus) • *tienda de modas* (= Modegeschäft) • *tienda de antigüedades* (= Antiquitätengeschäft) •

tienda de regalos (= Geschenkeladen) • *tienda de artesanía* (= Kunstgewerbeladen) • *tienda de música* (= Musikalienhandlung / Musikladen) • *tienda de deportes* (= Sportgeschäft) • *tienda de electrodomésticos* (= Elektrogeschäft) • *tienda de comestibles* / *tienda de ultramarinos* / LAm *el colmado* / LAm *la fiambrería* / LAm *la pulpería* (= Lebensmittelgeschäft)

galería *f* **de arte**	**Kunstgalerie**
casa *f* **de fotos**	**Fotogeschäft**
juguetería *f*	**Spielwarengeschäft**
zapatería *f*	**Schuhgeschäft**
boutique *f*	**Boutique; Modegeschäft**
joyería *f*	**Juwelier**
librería *f* – **librero /-a**	**Buchhandlung – Buchhändler(in)**
librería de segunda mano / de viejo	Antiquariat
papelería *f*	**Schreibwarenhandlung / -geschäft**
quiosco *m* / **puesto** *m* **de periódicos**	**Zeitungskiosk**
vendedor(a) de periódicos	**Zeitungshändler(in)**
floristería *f*	**Blumengeschäft**
Hay una floristería en la calle principal.	In der Hauptstraße ist ein Blumengeschäft.
peluquería *f*	**Friseur(salon)**
estanco *m*	**Tabak- und Briefmarkenladen**
En los estancos también se puede echar la bonoloto.	In den Tabakgeschäften kann man auch den Lottoschein abgeben.
supermercado *m*	**Supermarkt**
panadería *f*	**Bäckerei**
confitería *f* / **pastelería** *f*	**Konditorei**
carnicería *f* / *LAm* **chanchería** *f* / *Col, CR, Ven* **pesa** *f* / *Ec* **tercena** *f*	**Metzgerei**
charcutería *f*	**Wurstwaren(geschäft)**
frutería *f*	**Obstgeschäft**
pescadería *f*	**Fischgeschäft**
perfumería *f*	**Parfümerie**
farmacia *f* – **farmacéutico /-a**	**Apotheke – Apotheker(in)**
droguería *f*	**Drogerie**

i In den spanischen *droguerías* verkauft man weder Süßigkeiten noch Babynahrung. Letztere wird in Apotheken und Supermärkten angeboten.

11.6 Deportes
Sportarten

deporte *m* – **deportivo**	**Sport / Sportart – sportlich / Sport-**
¿Qué deportes practica usted?	In welchen Sportarten sind Sie aktiv?
deportista *m / f* – **deportividad** *f*	**Sportler(in) – Sportlichkeit**
juego *m*	**Spiel**
los Juegos Olímpicos	die olympischen Spiele
jugador(a) – **jugada** *f*	**Spieler(in) – Zug**
partida *f*	**Partie**
partido *m*	**(Wett-)Spiel; (Wett-)Kampf**
competición *f* – **torneo** *m*	**Wettbewerb – Turnier**
mitin *m* **de atletismo**	**(Leichtathletik-)Sportfest**
desafiar – **desafío** *m*	**herausfordern – Herausforderung**
aspirante *m / f*	**Herausforderer / Herausforderin**
contrincante *m / f*	**Gegenspieler(in)**
ganar – **perder** (e>ie)	**gewinnen – verlieren**

Lugares donde se celebran los acontecimientos deportivos
(= Orte sportlichen Geschehens)
instalaciones f *deportivas* (= Sportstätten) • *campo* m *de deporte* (= Sportplatz) • *lugar* m *del encuentro* (= Austragungsort) • *estadio* m (= Stadion) • *terreno* m *de juego* (Fußball = Spielfeld) • *campo* m *de fútbol* (= Fußballplatz) • *campo* m / *cancha* f *de baloncesto* (= Basketballplatz) • *campo* m *de balonmano* (= Handballplatz) • *campo* m *de balonvolea* / *de voleibol* (= Volleyballplatz) • *campo* m / *pista* f *de tenis* (= Tennisplatz) • *frontón* m (= Frontonfeld) • *campo* m *de golf* (= Golfplatz) • *velódromo* m (= Radrennbahn / Hallenbahn) • *gimnasio* m (= Turnhalle) • *ring* m / *cuadrilátero* m (= Boxring)

campeonato *m*	**Meisterschaft; Wettkampf**
el Campeonato del Mundo de Fútbol	die Fußballweltmeisterschaft
campeón(a) (mundial)	**(Welt-)Meister(in)**
marcar / batir / ostentar un **récord**	einen **Rekord** aufstellen / schlagen / halten
favorito /-a	**Favorit(in)**
aficionado /-a – **profesional** *m / f*	**Amateur(-) – Profi(-)**
carrera *f*	**Rennen; (Wett-)Lauf; Rennsport**
carrera de relevos	Staffellauf
pista *f*	**(Renn-)Bahn; Piste; Rennstrecke**

atletismo *m*	**Leichtathletik**
patinar – **patinaje** *m*	**Schlittschuh / Rollschuh laufen** – **Schlittschuh- / Rollschuhlauf(en)**
En invierno vamos con frecuencia a **esquiar**.	Im Winter gehen wir oft **Skifahren**.
navegar (g>gue)	**Segeln**
natación *f*	**Schwimmen**
buceo *m* – **submarinismo** *m*	**Tauchen** – **Unterwassersport**
boxeo *m* – **lucha** *f*	**Boxen** – **Ringen**
rugby *m*	**Rugby**
Algunos términos futbolísticos	(= Einige Fußballausdrücke)
equipo *m* **de fútbol**	**Fußballmannschaft**
delantero /-a – **líbero** *m*	**Stürmer(in)** – **Libero**
centrocampista *m / f*	**Mittelfeldspieler(in)**
defensa *m / f* – **defensa** *f*	**Verteidiger(in)** – **Verteidigung**
portero /-a	**Torwart / Torfrau**
entrenador(a)	**Trainer(in)**
árbitro *m* – **juez de línea** / **linier** *m*	**Schiedsrichter** – **Linienrichter**
partido *m* / **encuentro** *m* **de fútbol**	**Fußballspiel**
un partido amistoso	ein Freundschaftsspiel
un partido en casa	ein Heimspiel
un partido fuera	ein Auswärtsspiel
victoria *f* – **derrota** *f*	**Sieg** – **Niederlage**
en el **primer / segundo tiempo**	in der **ersten / zweiten Halbzeit**
centrar – **centro** *m*	**flanken** – **Flanke**
Su **cabezazo** *m* dio en el **larguero**.	Sein / Ihr **Kopfball** ging an die (Quer-)**Latte**.
Raúl metió el **gol** del empate.	Raúl erzielte den Ausgleichs**treffer**.
un **empate** sin goles	ein torloses **Unentschieden**
gol **en propia portería** *f* / **meta** *f*	ein **Eigen**tor
el **área** *f** **de penalty** / **de castigo**	**Strafraum**
lanzamiento *m* **de penalty**	**Strafstoß**
lanzamiento directo	**Freistoß**
Estaba en **fuera de juego**.	Er / Sie war (im) **Abseits**.
expulsar	**verweisen; vom Platz stellen**
Le mostraron la **tarjeta roja** / **amarilla**.	Er sah die **rote / gelbe Karte**.
la **prórroga**	die **Verlängerung**
la primera / segunda / tercera **división**	die erste / zweite / dritte **Liga**
el **campeón de liga / copa**	der **Fußball- / Pokalmeister**

11.7 Aficiones
Hobbys

afición *f*	**Hobby; Zuneigung**
Tengo afición por el teatro.	Mich interessiert Theater.
pasatiempo *m*	**Zeitvertreib; Hobby**
mi pasatiempo favorito	meine Lieblingsbeschäftigung
interesar(se) – **interés** *m*	**(sich) interessieren – Interesse**
¿Por qué cosas siente usted interés?	Was für Interessen haben Sie?
Me interesan principalmente la música y el tenis.	Meine Hauptinteressen sind Musik und Tennis.
actividad *f*	**Betätigung; Tätigkeit; Beschäftigung**
¿Cuál es tu actividad favorita?	Was ist deine Lieblingsbeschäftigung?
actividades artísticas	künstlerische Betätigungen

Trabajos manuales y artísticos **(= Handarbeit und Kunsthandwerk)**
labores f (= Nadel-/Handarbeiten) • *costura* f (= Nähen) • *punto* m (= Stricken) • *ganchillo* m / *croché* m (= Häkeln) • *tejer* (= Weben) • *hilado* m (= Spinnen) • *bordado* m (= Sticken) • *corte* m *y confección* f (= Schneidern) • *floristería* f (= Blumenstecken) • *alfarería* f (= Töpfern) • *trabajo* m *con el mimbre* (= Korbflechten) • *carpintería* f (= Holzarbeiten) • *trabajo* m *con el metal* (= Metallarbeiten) • *bricolaje* m (= Heimwerken)

esparcimiento *m*	**Entspannung; Freizeitbeschäftigung**
El cine le sirve de esparcimiento.	Zur Entspannung geht er/sie ins Kino.
relajarse	**sich entspannen**
Se relaja pintando.	Beim Malen entspannt er/sie sich.
entretenerse (– entretengo, entretiene – entretuve – entretenido)	**sich unterhalten / die Zeit vertreiben**
Se entretiene haciendo crucigramas.	Er/Sie verbringt die Zeit mit Kreuzworträtseln.
entretenimiento *m*	**Unterhaltung; Zeitvertreib; Beschäftigung**
distraerse (– distraigo – distraje – distraído)	**sich unterhalten / die Zeit vertreiben**
distracción *f*	**Unterhaltung; Zeitvertreib**

ocio *m* – **tiempo** *m* **libre / de ocio**	**Freizeit; Muße – Freizeit**
¿Qué haces en tu tiempo libre?	Was machst du in deiner Freizeit?
dedicarse (c>que) **a**	**sich widmen; sich befassen mit**
dedicarse a coleccionar algo	sich mit dem Sammeln von etwas befassen
Se dedica a todo tipo de actividades benéficas.	Er / Sie widmet sich allen möglichen wohltätigen Aufgaben.
ser (– soy – era – fui – sido) **aficionado a algo**	**etwas betreiben**
Es muy aficionado a la música.	Er / Sie hört viel Musik.
practicar (c>que) **un deporte**	**einen Sport treiben**
Practico todas las semanas el tenis.	Ich spiele jede Woche Tennis.

***Lo que la gente colecciona* (= Was die Leute so sammeln)**
sellos m (= Briefmarken) • *postales* f (= Postkarten) • *tarjetas* f *de teléfono / telefónicas* (= Telefonkarten) • *monedas* f (= Münzen) • *autógrafos* m (= Autogramme) • *antigüedades* f (= Antiquitäten) • *cajas* f *de cerillas* (= Streichholzschachteln) • *chapas* f *de cerveza* (= Kronkorken) • *posavasos* msg / mpl (= Bierdeckel) • *pins* m / *insignias* f (= Anstecknadeln) • *mariposas* f (= Schmetterlinge)

gustar	**etwas gern tun**
Me gusta oír música.	Ich höre gern Musik.
Le gusta hacer crucigramas.	Er / Sie löst gern Kreuzworträtsel.
Le gusta mucho leer.	Er / Sie liest sehr gern.
pasar el tiempo	**die Zeit verbringen**
Pasamos mucho tiempo jugando a las cartas.	Wir verbringen viel Zeit mit Kartenspielen.
pescar (c>que) – **pesca** *f*	**angeln / fischen – Angeln / Fischen**
Va a pescar para relajarse.	Zur Entspannung geht er angeln.

***Actividades al aire libre* (= Aktivitäten im Freien)**
jardinería f (= Gartenarbeit) • *apicultura* f (= Imkerei) • *footing* m (= Joggen) • *senderismo* m (= Wandern) • *alpinismo* m (= Bergsteigen) • *escalada* f (= Klettern) • *ciclismo* m (= Radfahren) • *montar a caballo* (= Reiten) • *caza* f (= Jagd) • *esquí* m (= Skilaufen) • *patinaje* m *sobre ruedas* (= Rollschuhlaufen) • *patinaje* m *sobre hielo* (= Schlittschuhlaufen) • *navegación* f (= Segeln) • *surfing* m / *surf* m (= Windsurfen) • *esquí* m *acuático* (= Wasserskilaufen) • *paracaidismo* m (= Fallschirmspringen) • *vuelo* m *sin motor* (= Segelfliegen) • *vuelo* m *con ala delta* (= Drachenfliegen) • *parapente* m (= Gleitschirm)

12.1 Divisiones geográficas
Geographische Einteilungen

zona *f* **horaria**	**Zeitzone**
los **trópicos**	die **Tropen**
el trópico de Cáncer	der Wendekreis des Krebses
el **Viejo / Nuevo / Tercer Mundo**	die **Alte / Neue / Dritte Welt**
el **ártico** – el **Antártico**	die **Arktis** – die **Antarktis**
(en el) **Ecuador**	(am) **Äquator**
continente *m* – **continental**	**Kontinent / Erdteil – kontinental**
en el continente	auf dem Kontinent
subcontinente	Subkontinent
Europa *f* – **europeo /-a**	**Europa – europäisch / Europäer(in)**
Europa Occidental / Central / Oriental; del Este	West- / Mittel- / Osteuropa
de (la) Europa Occidental / del Este	west- / osteuropäisch
centroeuropeo / de (la) Europa Central	mitteleuropäisch; Mitteleuropäer
América *f* – **americano /-a**	**Amerika – amerikanisch / Amerikaner(in)**
las Américas	Nord-, Süd- und Mittelamerika
Norteamérica / América del Norte	Nordamerika
Suramérica / América del Sur	Südamerika
Centroamérica / América Central	Mittelamerika
Latinoamérica / América Latina	Lateinamerika

Los puntos cardinales (= die Himmelsrichtungen) werden großgeschrieben: *el Norte, el Sur, el Este y el Oeste* (= der Norden, der Süden, der Osten und der Westen), auch wenn sie Teil eines Eigennamens sind: *América / Corea del Sur* (= Südamerika / -korea). In den übrigen Fällen, z.B. als Teil eines Gebietes, als Richtung oder als Adjektiv, werden sie kleingeschrieben: *el sur de Argentina* (= Südargentinien) / *Voy hacia el norte.* (= Ich fahre / gehe nach Norden.) / *Madrid norte.*

Australia *f* – **australiano /-a**	**Australien – australisch / Australier(in)**
el **África** *f** – **africano /-a**	**Afrika – afrikanisch / Afrikaner(in)**
el África musulmana	das moslemische Afrika
el **Asia** *f** – **asiático /-a**	**Asien – asiatisch / Asiate / Asiatin**

oeste *m* – **occidental**	**Westen / West- – westlich / West-**
el mundo occidental	die westliche Welt
poniente *m*	**Westen**
este *m* – **Oriente** *m*	**Osten; Ost-**
Europa del Este – europeo del este	Osteuropa – osteuropäisch / Osteuropäer
el Oriente Próximo – el Oriente Medio	der Nahe Osten – der Mittlere Osten
el Extremo / Lejano Oriente	der Ferne Osten
los estados del Lejano Oriente	die fernöstlichen Staaten
la costa este de España	die Ostküste Spaniens
oriental	**östlich; orientalisch; Ost-**
Europa Oriental	Osteuropa
el Mediterráneo oriental	das östliche Mittelmeer
los países orientales	die orientalischen Länder
levante *m* – **Levante** *m* – **levantino**	**Osten – Morgenland – aus der spanischen Ostküste**
la costa levantina	die spanische Ostküste
norte *m* / **septentrión** *m*	**Norden; Nord-**
el desnivel entre Norte y Sur	das Nord-Süd-Gefälle
el Polo Norte / Sur	der Nord- / Südpol
Se han mudado / trasladado al norte.	Sie sind nach Norden gezogen.
septentrional / **del norte** – **nórdico**	**nördlich; Nord- – nordisch**
los Países Nórdicos / Escandinavos	die skandinavischen Länder
sur *m* / **mediodía** *m*	**Süden; Süd-**
Cádiz está al sur de Sevilla.	Cádiz liegt südlich von Sevilla.
Nuestro dormitorio da al sur.	Unser Schlafzimmer liegt nach Süden.
El viento sopla / viene del sureste.	Der Wind weht / kommt von Südwesten.
meridional / **del sur**	**südlich; Süd-**
los países meridionales / del sur	die südlichen Länder
el **área** *f**	**Gebiet; Gegend**
un área / una zona montañosa	eine bergige / gebirgige Gegend
superficie *f* – **territorio** *m*	**Fläche – Gebiet / Territorium**
España tiene una superficie total de 504 782 km^2.	Spanien hat eine Gesamtfläche von 504 782 km^2.
los territorios ocupados	die besetzten Gebiete
en territorio alemán	auf deutschem Hoheitsgebiet
fuera de las aguas **territoriales**	außerhalb der **Hoheitsgewässer**
terreno *m*	**Gelände; Terrain**
terreno accidentado / montañoso	unebenes / bergiges Gelände

12.2 Mares, lagos, ríos
Meere, Seen, Flüsse

mar *m/f* – **marino** *m*	**die See / das Meer – See- / Meer- / Seemann**

Mar ist im Allgemeinen ein männliches Substantiv. Für Seeleute ist es aber immer weiblich und für Lyriker meistens auch.

el Mar Mediterráneo	das Mittelmeer
el Mar Báltico	die Ostsee
mar interior	Binnenmeer
bajamar *f* – **pleamar** *f* – la **marea**	**Ebbe** – **Flut** – die **Gezeiten**
marea alta / baja	Ebbe – Flut
océano *m* – **estrecho** *m*	**Ozean; Meer – Meerenge**
el Estrecho de Gibraltar	die Straße von Gibraltar
golfo *m*	**Golf; Meerbusen**
el Golfo Pérsico	der Persische Golf
bahía *f* – **ensenada** – **cabo** *m*	**Bucht – kleine Bucht – Kap**
a dos kilómetros de la **costa**	zwei Kilometer von der **Küste** entfernt
(en la) **playa**	(am) **Strand**
(el) lago – **laguna** *f*	**(der) See – Lagune / kleiner See / Salzwasserteich**
embalse *m* / **pantano** *m* – **(re)presa** *f*	**Stausee – Wehr**
río *m* – **arroyo** *m* / **riachuelo** *m*	**Fluss – Bach**
el Rin / Danubio / Ebro	der Rhein / die Donau / der Ebro
fluvial	**Fluss-**
ría *f*	**fjordähnliche Mündung eines Flusses**
margen *f*	**Fluss- / Seeufer**
orilla *f* / **ribera** *f* (del mar / de un lago / río)	**Meeres- / See- / Flussufer**
delta *m*	**Delta**
el Delta del Ebro	das Ebrodelta
cauce *m* – **lecho** *m*	**Fahrrinne – (Fluss-)Bett**
canal *m*	*(künstlicher)* **Kanal**
el Canal de Panamá / Suez	der Panama- / Suezkanal
la **corriente**	die **Strömung**
isla *f* – **isleño /-a**	**Insel – Inselbewohner(in)**
la **Península** Ibérica	die iberische **Halbinsel**

12.3 El campo
Die Landschaft

campo *m* – **campiña** *f*	**Land(schaft) / Feld / Acker / Weide – Landschaft / Ländereien / Kulturlandschaft**
vivir en el campo	auf dem Land leben
paseos por el campo	Wanderungen
pueblo *m* – **aldea** *f*	**Dorf – kleines Dorf**
paisaje *m* – **paisajístico**	**Landschaft /** *(malerisch)* **Landschaftsstück – landschaftlich**
colinas *f* **y valles** *m*	**Berge und Täler**
montaña *f* – **sierra** *f*	*(hoher)* **Berg – Gebirge; Gebirgszug**
en la(s) montaña(s)	im Gebirge
cadena *f* **montañosa / cordillera** *f*	**Gebirgskette**
monte *m*	**Berg; Hochwald**
El Teide es el monte más alto de España.	Der Teide ist der höchste Berg Spaniens.
pico *m* / **cumbre** *f* / **cima** *f*	**(Berg-)Gipfel**
llanura *f* / **llano** *m* / *Arg* **pampa** *f*	**Ebene; Flachland**
prado *m* / **pastizal** *m*	**Wiese**
pradera *f* / **pastizal(es)** *m*	**Grasland; Weideland**
desierto *m* – **desértico**	**Wüste – wüstenartig**
páramo *m* / **brezal** *m*	**Heide; Bergheide; (Hoch-)Moor**
arbustos *m* / **matas** *f*	**Sträucher; Gebüsch**
regiones / zonas boscosas / cubiertas de bosques	große Waldgebiete
selva *f* (virgen) – **jungla** *f*	**(Ur-)Wald – Dschungel; Urwald**
la selva tropical	der Regenwald
tierra(s) *fpl* **de cultivo / labranza**	**Ackerland**
zonas *f* **rurales**	**ländliche Gegenden**
huerto *m*	**Obstgarten**
huerta *f*	*(großer)* **Gemüsegarten; bewässertes Obst- und Gemüseland**
la huerta valenciana	das fruchtbare Obstland um Valencia
viñedo *m* – **viña** *f*	**Weinberg – Weinberg / Weinstock**
seto *m*	**Hecke**
parque *m*	**Park**
parque nacional	(*geschützter*) Nationalpark
reserva *f* **natural**	**Naturschutzgebiet**

12.4 La agricultura
Die Welt der Landwirtschaft

agricultura *f* – **agrícola**	**Landwirtschaft – landwirtschaftlich / Landwirtschafts-**
agricultor(a) / labrador(a) / granjero /-a	**Landwirt(in); Bauer / Bäuerin**
campesino /-a – **rural**	**Bauer / Bäuerin; bäuerlich – ländlich; bäuerlich**
granja *f* / *LAm* **quinta** *f* / *Mex* **hacienda** *f* / **rancho** *m*	**landwirtschaftlicher Betrieb**
rancho *m* / *LAm* **hacienda** *f* / *CSur* **estancia** *f*	auf Viehzucht spezialisierter landwirtschaftlicher Großbetrieb
la **tierra** – el **suelo**	die **Erde** – der **Boden**
tierra / suelo fértil / pobre	fruchtbare / karge Böden
tierra cultivable / de cultivo / de labor	Ackerland
tierras de regadío	Bewässerungsland
huerta *f*	**Bewässerungsland**
campo *m*	**Feld; Acker; Weide; Wiese**
pasto(s) *m* / **pastizal(es)** *m*	**Weide(land)**
regar (e>ie) – **riego** *m* / **irrigación** *f*	**bewässern – Bewässerung**
estiércol *m*	**Mist; Dung; (natürlicher) Dünger**
abono *m* – **fertilizante** *m*	**Dünger; Düngung – Dünger**
abonar / fertilizar (z>ce)	**düngen**
pesticida *m* – **insecticida** *m*	**Pestizid – Insektizid**
mala hierba *f* / *LAm* **yuyo** *m*	**Unkraut**
herbicida *m* / *LAm* **matayuyos** *m*	**Unkrautbekämpfungsmittel**
cultivar	**kultivieren; bebauen; bestellen; anbauen**
cultivo *m*	**(An-)Bau; Bodenbewirtschaftung; Feldfrucht** (= das, was angebaut wird)
un cultivo de cereales / hortalizas	ein Getreide- / Gemüseanbau
cultivo ecológico	ökologische(r) Anbau / Landwirtschaft
plantar – **plantación** *f* – **planta** *f*	**(an- / be)pflanzen – Pflanzung / Plantage – Pflanze**
plantar trigo / cebada / centeno en un campo	auf einem Feld Weizen / Gerste / Roggen anbauen
una plantación de café / azúcar / tabaco	eine Kaffee- / Zucker- / Tabakplantage

sembrar (e>ie) / **sementar** – **siembra** *f*	**säen** – **Saat**
semilla *f* / **simiente** *f* – **grano** *m*	**Samen; Saatgut** – **Korn; Getreide**
cosechar – **cosecha** *f*	**ernten** – **Ernte**
criar gallinas / cerdos	Hühner / Schweine **züchten** / aufziehen
ganado *m*	**Vieh;** *LAm* **Rindvieh; Viehbestand; Viehbestände**
cría de ganado	Viehzucht
ganado vacuno / porcino / ovino	Rindvieh; Rinder / Schweine / Schafe
buey *m* – **toro** *m* – **vaca** *f*	**Ochse** – **Stier / Bulle** – **Kuh**
ordeñar una vaca	eine Kuh melken
la enfermedad de las vacas locas	Rinderwahnsinn
un **rebaño** de vacas / ovejas	eine Rinder**herde** / Schaf**herde**
pastor(a)	**Schafhirte / -hirtin; Schäfer(in)**
cerdo /-a / *LAm* **chancho /-a**	**Schwein; Sau**
piara *f* – **pocilga** *f*	**Schweineherde** – **Schweinestall**
caballo *m* – **yegua** *f*	**Pferd** – **Stute**
asno *m* / **burro /-a**	**Esel(in)**
gallina *f* – **gallo** *m* – **gallinero** *m*	**Henne / Huhn** *(Art)* – **Hahn** – **Hühnerstall**
corral *m*	**Hühner- / Geflügelhof**
gallinas de corral	frei laufende Hühner
huevos de corral	Eier von frei laufenden Hühnern
conejo *m* – **pato** *m*	**Kaninchen** – **Ente**
pienso *m* – **forraje** *m*	**Viehfutter** – **Vieh- / Pferdefutter** *(besonders Grünfutter)*
heno *m* – **almiar** *m* / *Arg* **parva** *f*	**Heu** – **Heuschober**
paja *f* – **pajar** *m*	**Stroh** – **Strohhalm / Scheune**
granero *m* / **troje** *m*	**Scheune**
establo *m* / **cuadra** *f*	**(Kuh-)Stall**
invernadero *m*	**Gewächshaus**
segar (e>ie; g>gue) – **segador(a)**	**mähen** – **Mäher(in)**
arar – **arado** *m*	**(be)ackern / pflügen** – **Pflug**
tractor *m*	**Traktor**
trillar – **trilla** *f* – **trillador(a)**	**dreschen** – **(das) Dreschen** – **Drescher(in)**
(máquina) **segadora** *f* / **trilladora** *f*	**Mäh- / Dreschermaschine**
cosechadora *f*	**Mähdrescher**
técnica *f* **genética**	**(die) Gentechnik**
(alimentos *mpl*) **transgénicos**	**„Transgenics"**
clonar una oveja	ein Schaf **klonen**

12.5 La ciudad
Die Stadt

población *f*	**Bevölkerung; Ort(schaft); Dorf; Stadt; Einwohnerschaft;** *Chi* **Elendsviertel**
ciudad *f* – **urbe** *f* – **urbanita** *m/f*	**(größere) Stadt – Großstadt; Weltstadt – Stadtmensch**
en la ciudad – a la ciudad	in der Stadt – in die Stadt
Ciudad de México	Mexiko-Stadt
la ciudad y sus habitantes	die Stadt und ihre Bewohner
ir/viajar a la ciudad	in die Stadt fahren
estar en/fuera de la ciudad	gerade in / aus der Stadt sein
una ciudad de provincia(s)	eine Provinzstadt; eine Stadt in der Provinz
una ciudad industrial	eine Industriestadt
mi ciudad natal	meine Geburtsstadt
el centro urbano / de la ciudad	das Stadtzentrum
dentro de los límites de la ciudad	innerhalb der Stadtgrenze
(el) plano de la ciudad	(der) Stadtplan
capital *f*	**Hauptstadt**
villa *f*	**(Klein-)Stadt; Städtchen**

Als Gegensatz zu *ciudad* bezeichnet *villa* in der Regel eine kleinere Stadt (*una pequeña villa* = eine Kleinstadt). Die Bezeichnungen stammen aus der Zeit der *Reconquista* f (= Wiedereroberung, 8. bis 15. Jahrhundert) und der entsprechenden Wiederbevölkerung von verwüsteten Gebieten. Frühere Städte sind heute Kleinstädte und im Gegensatz dazu sind manche *villas* Großstädte geworden. So ist *Madrid* zuerst *una villa* gewesen, die sich zum Hof (1561) entwickelte und heute als Weltstadt zählt.

metrópoli(s) *f* – **metropolitano**	**Metropole – haupt-/weltstädtisch**
Valencia es la tercera metrópoli más grande de España.	Valencia ist die drittgrößte Metropole Spaniens.
el área metropolitana de Caracas	der Großraum von Caracas
municipio *m*	**Gemeinde; Stadtrat; Gemeinderat**
municipio/municipalidad	Stadtgemeinde
urbano / **municipal**	**städtisch; Stadt-**

„Städtisch" im Sinn von „zu bestimmten Städten gehörend" = *municipal*; im Sinn von „mit Städten allgemein zusammenhängend" =

urbano: los parques / hospitales / teatros municipales (= die städtischen Parks / Krankenhäuser / Theater) • *el gobierno municipal* / LAm *la municipalidad* (= die Stadtregierung / -verwaltung) • *elecciones* fpl *municipales* (= Kommunalwahlen) • *vida* f *urbana* (= das Leben in der Stadt) • *población* f *urbana* (= die Stadtbevölkerung) • *ordenación* f *urbana* (= Stadtplanung) • *desarrollo* m *urbano* (= Stadtentwicklung) • *centro* m *urbano* (= Stadtzentrum) • *casco* m *urbano* (= Innenstadt)

ayuntamiento *m* / *LAm* **concejo** *m* **municipal** / *LAm* **municipalidad** *f*	**Rathaus; Stadtrat; Stadtverwaltung**
ciudadano /-a	**Städter(in); Bürger(in)**
centro *m* (de la ciudad) – **barrio** *m*	**Innenstadt** – **Stadtviertel**
los centros de las ciudades	die Innenstädte
un mapa del centro de Bogotá	eine Karte / ein Plan der Innenstadt Bogotas
en la zona centro	im Innenstadtbereich
barrios bajos	Slums
zona *f* / **barrio** *m* **residencial**	**gehobenes Wohnviertel**
un área urbana deprimida	eine heruntergekommene Gegend
distrito *m*	*(Verwaltung)* **Stadtteil;** *LAm* **Stadtgebiet / -bezirk**
los **suburbios**	die **armen Vororte**
en las **afueras** / los **alrededores** de Lima	am **Stadtrand** von Lima
establecerse en la **periferia**	sich an der **Peripherie** ansiedeln
cercanías *fpl*	**Vorstadt; Umgebung**
avenida *f* – **plaza** *f* – **paseo** *m*	**Allee** – **Platz** – **Promenade**

Unterschied zwischen *calle* und *carretera*
Calles sind in der Stadt zwischen Häusern. Sie haben Bürgersteige (= *aceras* f), Geschäfte usw.: *Vivimos en la calle Santiago.* Der deutschen Hauptstraße entspricht *calle mayor / principal: la tienda de discos de la calle Mayor. Carreteras* sind Landstraßen: *la carretera a / de Andalucía* (= die Straße nach Andalusien).

servicios *m*	**Einrichtungen**
servicios culturales / médicos	kulturelle / medizinische Einrichtungen
demoler (o>ue) edificios antiguos	alte Häuser / Altbauten **abreißen**
mejorar las **condiciones de vida** en las ciudades	die **Lebensbedingungen** in den Städten verbessern

12.6 El medio ambiente
Die Umwelt

medio *m* **ambiente** – **entorno** *m*	**Umwelt** – **Umwelt; Umgebung**
medioambiental	**Umwelt- / umweltfreundlich**
polución / protección medioambiental	Umweltverschmutzung / -schutz
ecología *f* – **ecológico**	**Ökologie** – **ökologisch**
conciencia ecológica	Umweltbewusstsein
ecologista *m / f*	**Umweltschützer(in);** *(Politik)* **Grüne(r)**
organizaciones ecologistas	Umweltorganisationen
capa *f* **agujero** *m* **de ozono**	**Ozonschicht** – **Ozonloch**
el **efecto invernadero**	der **Treibhauseffekt**
contaminación *f* / **polución** *f*	**Verschmutzung**
la contaminación del aire / agua / suelo	Luft- / Wasser- / Bodenverschmutzung
contaminación acústica	Lärmbelästigung; Lärmbelastung
contaminante – **no contaminante**	**umweltschädlich** – **umweltfreundlich**
sustancias / agentes contaminantes	Schadstoffe
basura *f* – **desperdicios** *mpl* / **residuos** *mpl*	**Müll** – **Abfälle**
evacuación / destrucción de la basura	Abfallbeseitigung / -entsorgung
vertedero *m* / **basurero** *m*	**Mülldeponie; Müllkippe**
verter (– vierto – vertí, virtió – vertido) – **vertido** *m*	**abladen / abkippen** – **(das) Abladen**
una **marea negra** – **lluvia** *f* **ácida**	eine **Ölpest** – **saurer Regen**
dióxido *m* / **bióxido** *m* **de carbono**	**Kohlendioxid**
cambios *m* **climáticos**	**Klimaveränderungen**
el **recalentamiento** de la Tierra	die **Erderwärmung**
desarrollo *m* **sostenido**	**nachhaltige Entwicklung**
recursos *m* **naturales**	**natürliche Ressourcen**
hidrocarburos *mpl* / **recursos** *m pl* **energéticos**	**fossile Brennstoffe / Energieträger**
reciclar – **reciclado** *m* / **reciclaje** *m*	**wieder verwerten; recyceln** – **Wiederverwertung / Recycling**
papel reciclado	Recyclingpapier
gasolina *f* **sin plomo**	**bleifreies Benzin**
envase *m*	**Verpackung; Behälter**
botella(s) *f* **retornable(s)**	**Mehrwegflasche(n)**

12.7 Tiempo y clima
Wetter und Klima

tiempo *m* **(meteorológico)**	**Wetter**
¿Cómo está el tiempo hoy?	Wie ist denn das Wetter heute?
Hace buen / mal tiempo.	Es ist schönes / schlechtes Wetter.

Zur Beschreibung des Wetters verwendet man *hace* und *hay*:
Hoy hace calor / mucho calor / bochorno / (mucho) frío / fresco / templado / bueno / malo / un tiempo agradable. (= Heute ist es warm / heiß / schwül / (sehr) kalt / frisch / mild / gut / schlecht / angenehm.)
Hace / Hay viento / sol / niebla. (= Es ist windig / sonnig / neb(e)lig.)

un tiempo horrible	ein furchtbares Wetter
en un **día** maravilloso / despejado	an einem wolkenlosen **Tag**
intervalos *m* **soleados**	**sonnige Abschnitte; Aufheiterungen**
cielo *m* **cubierto / despejado**	**bedeckter / wolkenloser Himmel**
rayo *m* **de sol**	**Sonnenschein**
cálido (*clima*) / **caluroso** (*día / tiempo*) / **caliente** (*aire / agua*)	**heiß**
un golpe de aire caliente y húmedo / frío y húmedo	ein feuchtwarmer / feuchtkalter Luftstrom
frío *m* – **calor** *m*	**Kälte; kalt** – **Hitze**
un **frente** frío / caliente	eine Kalt**luft-** / Warm**luftfront**
Hoy hace un frío que pela / corta.	Es ist heute eine schneidende Kälte.
una ola de calor	eine Hitzewelle
Parece que empieza a hacer más calor.	Es scheint wärmer zu werden.
templado	**mild; lauwarm**
humedad *f* – **sequía** *f*	**(Luft-)Feuchtigkeit** – **Trockenheit / Dürre**
seco – **húmedo**	**trocken** – **feucht / nass**
bochorno *m* – **bochornoso**	**Schwüle** – **schwül / drückend heiß; beschämend / peinlich**
Hoy hace más bien bochorno.	Es ist heute ziemlich drückend.
refrescar (c>que) – **fresco** *m*	**kühl werden / abkühlen** – **Kühle / kühl / frisch**
helar (e>ie)	**frieren**
Parece que va a helar.	Es gibt wahrscheinlich Frost.
Hace un frío que hiela.	Es ist eiskalt.

por debajo / encima del **punto** *m* **de congelación**	unter / über dem **Gefrierpunkt**
helada *f* – **escarcha** *f*	**Frost** – **Raureif**
Está cayendo una helada.	Es friert.
cubierto de escarcha	von Raureif bedeckt
un invierno **suave** / **duro**	ein **milder** / **strenger** Winter
el **pronóstico del tiempo** (para mañana)	**die Wettervorhersage** (für morgen)
la **predicción** para mañana	die **Vorhersage** für morgen
termómetro *m*	**Thermometer**
temperaturas *f* medias	Durchschnitts**temperaturen**
sobre / bajo **cero**	über / unter **null**
nublar(se) – **nube** *f*	**sich bewölken** – **Wolke**
un cielo sin nubes	ein wolkenloser Himmel
nubosidad *f*	**Bewölkung; Wolkenbildung**
nuboso / **nublado** / **cubierto**	**bewölkt** / **wolkig** / **bedeckt**
sereno	**heiter; wolkenlos**
gris y **lluvioso**	**trübe** und **regnerisch**
llover (o>ue) – **lluvia** *f*	**regnen** – **Regen**
Llovía fuertemente / con fuerza.	Es regnete stark.
tiempo **lluvioso**	**regnerisches** Wetter; **Regen**wetter
un día lluvioso	ein verregneter Tag; ein Regentag
un **chaparrón** / **aguacero** / *LAm* **chubasco**	ein **(Regen-)Guss;** ein **Wolkenbruch**
chubascos *m* aislados	(vereinzelte) **Regenschauer**
lloviznar	**nieseln**
llovizna *f* / *LAm* **garúa** *f*	**Nieselregen; Sprühregen**
nevar (e>ie) – **nieve** *f*	**schneien** – **Schnee**
precipitación *f*	**Niederschlag**
granizar (z>ce) – **granizo** *m*	**hageln** – **Hagel**
niebla *f* – **neblinoso**	**Nebel** – **neb(e)lig**
calina *f* / **bruma** *f* / **neblina** *f*	**Dunst**
calinoso / **brumoso**	**diesig**
una **brisa** suave / fresca	eine leichte / frische **Brise**
viento *m* – **ventoso**	**Wind** – **windig**
tormenta *f* / **tempestad** *f*	**Unwetter; Gewitter; Sturm**
temporal *m* – **borrasca** *f*	**(See-)Sturm** – **Gewitter**
un **rayo**	ein **(einschlagender) Blitz;** ein **Donnerschlag**
Cayó un rayo.	Der Blitz schlug ein.
trueno *m* – **relámpago** *m*	**Donner** – **Blitz** / **Wetterleuchten**
clima *m*	**Klima**

12.8 Catástrofes naturales
Naturkatastrophen

las víctimas de **catástrofes** *f* / **desastres** *m* **naturales**	die Opfer von **Naturkatastrophen**
zona **catastrófica**	**Katastrophen**gebiet
siniestro *m* **(natural)**	**(Natur)Katastrophe**
seísmo *m* – **sismología** *f*	**Erdbeben** – **Erdbebenkunde**
terremoto *m* / *LAm, Andal* **temblor** *m* (de tierra)	**Erdbeben**
LAm **remezón** *m*	**kleineres Erdbeben**
volcán *m* – **cráter** *m* (del volcán)	**Vulkan** – **Vulkankrater**
erupción de un volcán – **lava** *f*	**Ausbruch** eines Vulkans – **Lava**
alud *m* / **avalancha** *f*	**Lawine**
tornado *m*	**Tornado; Wirbelsturm**
huracán *m* – **tifón** *m*	**Hurrikan; Orkan** – **Taifun**
inundar – **inundación** *f*	**überfluten / überschwemmen** – **Flut / Überschwemmung**
Una zona extensa resultó / quedó inundada.	Ein großes Gebiet wurde überflutet / überschwemmt.
zonas amenazadas de inundación	hochwassergefährdete Gebiete
el diluvio (universal)	**die Sintflut**
maremoto *m*	**Flutwelle**
sequía *f* – **incendio** *m*	**Dürre(periode)** – **Feuer; Brand**
un incendio devastador	eine Brandkatastrophe
incendio provocado / intencionado	Brandstiftung
hambruna *f*	**Hungersnot; Hungerkatastrophe**
Hubo / Ha habido miles de **muertos de hambre**.	Tausende **verhungerten**.
devastar – **devastador**	**verwüsten** – **verheerend**
La ciudad quedó devastada por un terremoto.	Die Stadt wurde durch ein Erdbeben verwüstet.
víctimas *fpl* **mortales**	**Todesopfer**
número *m* **de muertos**	**Zahl der Todesopfer**
600 personas **perdieron la vida**.	600 Menschen **sind ums Leben gekommen**.
equipo *m* **de rescate**	**Rettungsmannschaft; Bergungskommando**
Sobrevivieron / Han sobrevivido ilesos / indemnes a la catástrofe.	Sie **überlebten** die Katastrophe **unversehrt**.
Los **daños materiales** se cifran en dos millones de euros.	Der **Sachschaden** wird auf zwei Millionen Euro geschätzt.

13.1 Animales
Tiere

animal *m*	**Tier**
animales mansos / salvajes	zahme / wilde Tiere
animales domésticos	Haustiere
protección de animales	Tierschutz
bestia *f*	**Tier; Bestie; Vieh**
mamífero *m*	**Säugetier**
piel *f*	**Fell; Leder**
cachorro /-a	**Welpe; Jungtier**
cría *f*	**Wurf; Jungtier**
perro /-a	**Hund / Hündin**
perro de caza – perro guardián	Jagdhund – Wachhund
perro de raza – perro de pelea	Rassehund – Kampfhund
perro callejero	Straßenköter
jauría *f*	**Meute**
chucho *m*	**Bastard; Promenadenmischung**
gato /-a	**Kater / Katze**
asno /-a / burro /-a – mulo /-a	**Esel(in) – Maulesel(in)**
caza *f* (mayor / menor)	(Groß- / Nieder-)**Wild; Jagd**
conejo /-a – liebre *f*	**Kaninchen – Hase**
ciervo /-a – venado *m*	**Hirsch / Hirschkuh – Reh**
jabalí *m*	**Wildschwein**
zorro /-a	**Fuchs / Füchsin**
lobo /-a	**Wolf / Wölfin**
león(a)	**Löwe / Löwin**
tigre / tigresa	**Tiger(in)**
pantera *f*	**Panther**
oso pardo / polar	Braun- / Eis**bär**
mono /-a – chimpancé *m*	**Affe / Äffin – Schimpanse**
orangután *m* **– gorila** *m*	**Orang-Utan – Gorilla**
elefante *m*	**Elefant**
cebra *f*	**Zebra**
hipopótamo *m*	**Nilpferd**
rinoceronte *m*	**Nashorn**
llama *f*	**Lama**
jirafa *f*	**Giraffe**
canguro *m*	**Känguruh**
camello *m*	**Kamel**

dromedario *m*	**Dromedar**
ratón *m* – **rata** *f*	**Maus – Ratte**
ardilla *f*	**Eichhörnchen**
marmota *f*	**Murmeltier**
topo *m*	**Maulwurf**
erizo *m*	**Igel**
el **ave** *f* (allgemein)*	**Vogel; Geflügel**
aves migratorias	Zugvögel
aves cantoras – aves rapaces	Singvögel – Raubvögel
pájaro *m*	**Vogel**
pájaro carpintero	Specht
pluma *f*	**Feder**
nido *m*	**Nest**
gorrión *m*	**Sperling; Spatz**
golondrina *f*	**Schwalbe**
canario *m*	**Kanarienvogel**
jilguero *m*	**Stieglitz**
ruiseñor *m*	**Nachtigall**
mirlo *m*	**Amsel**
cuervo *m*	**Rabe**
búho *m*	**Eule**
el **águila** *f*	**Adler**
paloma *f*	**Taube**
pato/-a	**Enterich/Ente**
ganso/-a	**Gänserich/Gans**
cisne *m*	**Schwan**
gaviota *f*	**Möwe**
cigüeña *f*	**Storch**
avestruz *m*	**Strauß**
papagayo *m* – **loro** *m*	**Papagei – grüner Papagei**
cacatúa *f*	**Kakadu**
pingüino *m*	**Pinguin**
pez *m*	**Fisch**
peces de colores	Goldfische
pez espada – pez martillo	Schwertfisch – Hammerhai
pulpo *m*	**Oktopus**
medusa *f*	**Qualle**
aleta *f*	**Flosse**
escama *f*	**Schuppe**
tiburón *m* – **ballena** *f*	**Hai(fisch) – Wal(fisch)**
delfín *m*	**Delfin**
foca *f*	**Seehund**
cangrejo *m*	**Krebs**

caracola *f*	Seeschnecke
almeja *f*	Muschel
reptil *m*	Reptil; Kriechtier
tortuga *f* **de tierra / marina**	Land- / Wasserschildkröte
cocodrilo *m*	Krokodil
lágrimas de cocodrilo	Krokodilstränen
lagarto *m*	Echse
lagartija *f*	Zauneidechse
camaleón *m*	Chamäleon
salamanquesa *f*	Gecko; Eidechse
serpiente *f*	Schlange
víbora *f*	Viper
caracol *m*	Schnecke
rana *f*	Frosch
sapo *m*	Kröte
gusano *m*	Wurm
lombriz *f*	Regenwurm
araña *f*	Spinne
telaraña *f*	Spinnwebe
escorpión *m*	Skorpion
insecto *m*	Insekt
hormiga *f*	Ameise
abejorro *m*	Hummel
abeja *f*	Biene
avispa *f*	Wespe
polilla *f*	Motte
mosca *f*	Fliege
mosquito *m*	Mücke
picadura de mosquito	Mückenstich
grillo *m*	Grille
mariposa *f*	Schmetterling
pulga *f*	Floh
piojo *m*	Laus
cucaracha *f*	(Küchen-)Schabe; Kakerlake
escarabajo *m*	Käfer
mariquita *f* / **bichito** *m* **de luz**	Marienkäfer
chinche *f*	Wanze
garrapata *f*	Zecke
parásito *m*	Schmarotzer; Parasit
sabandijas *f*	Ungeziefer
veterinario /-a	Tierarzt / Tierärztin
zoo *m* / **parque** *m* **zoológico**	Zoo; zoologischer Garten
jaula *f*	Käfig

13.2 Plantas
Pflanzen

plantar – **planta** *f*	**(an)pflanzen** – **Pflanze**
planta de jardín / cultivada / de maceta	Garten- / Kultur- / Topfpflanze
planta / flor silvestre	Wildpflanze / -blume
reino *m* **vegetal**	**das Pflanzenreich**
árbol *m*	**Baum**
árboles de hoja caduca	Laubhölzer
árboles de hoja perenne	Nadelhölzer
fresno *m*	**Esche**
el **haya** *f**	**Buche**
abedul *m*	**Birke**
castaño *m* – **castaña** *f*	**Kastanienbaum** – **Kastanie; Marone**
tilo *m*	**Linde**
olmo *m*	**Ulme**
álamo *m* – **alameda** *f*	**Pappel** – **(Baum-)Allee**
arce *m*	**Ahorn**
morera *f*	**Maulbeerbaum**
ciprés *m*	**Zypresse**
roble *m*	**Eiche**
encina *f* – **bellota** *f*	**Steineiche** – **Eichel**
palmera *f*	**Palme**
sauce *m* (llorón)	(Trauer-)**Weide**
tejo *m*	**Eibe**
coníferas *f*	**Nadelbäume**
pino *m* – **pinar** *m*	**Kiefer** – **Kiefernwald**
abeto *m*	**Tanne**
eucalipto *m*	**Eukalyptus**
piña *f*	**(Tannen-)Zapfen**
flor *f*	**Blume**
flores cortadas	Schnittblumen
ramo de flores	Strauß
aciano *m*	**Kornblume**
girasol *m*	**Sonnenblume**
narciso *m*	**Osterglocke; (gelbe) Narzisse**
margarita *f*	**Gänseblümchen; Margerite**
diente *m* **de león**	**Löwenzahn; Pusteblume**
lirio *m*	**Lilie**
lirio de los valles	Maiglöckchen

azucena *f*	**(weiße) Lilie**
cardo *m*	**Distel**
amapola *f*	**Mohn(blume)**
clavel *m*	**Nelke**
tulipán *m*	**Tulpe**
fucsia *f*	**Fuchsie**
rosa *f*	**Rose**
nenúfar *m*	**Seerose**
orquídea *f*	**Orchidee**
gladiolo *m*	**Gladiole**
geranio *m*	**Pelargonie; Geranie**
petunia *f*	**Petunie**
begonia *f*	**Begonie**
azalea *f*	**Azalee**
cactus *m*	**Kaktus**
hierba *f*	**Gras; Kraut**
mala hierba	Unkraut
gramíneas *f*	**Gräser**
musgo *m*	**Moos**
trébol *m*	**Klee**
helecho *m*	**Farn(kraut)**
sarmiento *m*	**Wein(rebe); Ranke**
seta *f* / **hongo** *m* – **champiñón** *m*	**Pilz / Schwamm – Champignon**
seta comestible / venenosa	(Speise- / essbarer) Pilz / Giftpilz
siempreviva *f*	**eine immergrüne Pflanze**
raíz *f* – **tallo** *m*	**Wurzel** – *(Blume)* **Stiel**
tronco *m* – **rama** *f*	**(Baum-)Stamm – Ast / Zweig**
corteza *f*	**Borke; Rinde**
hoja *f*	**Blatt; Laub**
Los árboles están perdiendo las hojas.	Die Bäume werfen ihr Laub ab.
pétalo *m*	**Blumen- / Blüten- / Kronblatt**
capullo *m*	**Knospe**
sembrar (e>ie) – **brotar**	**säen – ausschlagen**
estar (– estoy – estuve – estado) **en flor** *f*	**in Blüte stehen**
Los árboles están en flor.	Die Bäume stehen in Blüte.
florecer (c>zc)	**blühen**
Los naranjos florecen en primavera.	Die Orangenbäume blühen im Frühling.
flora *f*	**Flora**
botánica *f*	**Botanik; Pflanzenkunde**
jardín *m* **botánico**	**botanischer Garten**

14.1 Medicina
Medizin

ciencia *f*	**Wissenschaft**
instrumentos **científicos**	**wissenschaftliche** Instrumente
laboratorio *m*	**Labor(atorium)**
experimento *m*	**Experiment; Versuch**
(la) medicina interna	**(die) innere Medizin**
medicina laboral / legal	Arbeits- / Rechtsmedizin
médico /-a – **doctor(a)**	**ärztlich; Arzt / Ärztin – Arzt / Ärztin; Doktor** *(als Anrede)*
internista *m / f* / **(médico /-a) especialista** *m / f*	**Internist(in) / Facharzt / -ärztin**
practicante *m / f* **/-a**	**Arzthelfer(in)**
cardiología *f* – **dermatología** *f*	**Kardiologie – Dermatologie**
ginecología *f*	**Gynäkologie; Frauenheilkunde**
inmunología *f*	**Immunologie**
el sistema **inmunitario**	das **Immunsystem**
neurología *f* – **patología** *f*	**Neurologie – Pathologie**
oftalmología *f*	**Ophthalmologie; Augenheilkunde**
radiología *f*	**Radiologie; Strahlenkunde**
diagnóstico **radiológico**	**radiologische** Diagnostik
reumatología *f* – **urología** *f*	**Rheumatologie – Urologie**

Bei den Bezeichnungen auf *-ología* lauten die Namen der betreffenden Fachärzte (= *especialistas*) auf *-ólogo /-a: urólogo /-a* (= Urologe /-gin). Die Adjektive haben die Endung *-ológico /-a: urológico* (= urologisch).

obstetricia *f* / **tocología** *f*	**Geburtshilfe**
(servicio *m* / **sección** *f* **de) maternidad** *f*	**Entbindungsstation**
matrona *f* / **comadrona** *f* / **partera** *f*	**Hebamme**
pediatría *f* – **pediatra** *m / f*	**Pädiatrie; – Kinderarzt / -ärztin**
ortopedia *f* – **ortopédico**	**Orthopädie – orthopädisch**
asistencia *f* a / **cuidado** *m de* (los) enfermos	Kranken**pflege**
clínica *f* – **(poli-)clínico** *m*	**Klinik – Klinikum / klinisch**
los resultados de los análisis clínicos / las pruebas clínicas	die Ergebnisse der klinischen Erprobung

diagnosticar (c>que) una enfermedad	eine Krankheit **diagnostizieren**
diagnosis *fsg / fpl* – **diagnóstico** *m*	**Diagnose** – **diagnostisch / Diagnostik**
los últimos aparatos diagnósticos	die neuesten diagnostischen Geräte
análisis *msg / mpl* **de sangre** *f*	**Blutprobe; Blutuntersuchung**
banco de sangre	Blutbank
vaso / coágulo **sanguíneo**	**Blut**gefäß / -gerinnsel
una **tomografía**	eine **(Computer-)Tomographie**
resonancia *f* **magnética (nuclear)**	**Kernspintomographie**
gastritis *fsg / fpl* – **gástrico**	**Magenleiden – gastrisch / Magen-**
el **tubo digestivo**	der **Magen-Darm-Trakt / -Kanal**
páncreas *msg / mpl*	**Pankreas; Bauchspeicheldrüse**
el **intestino** grueso / delgado	der Dick- / Dünn**darm**
apéndice *m* – **apendicitis** *fsg / fpl*	**Blinddarm – Blinddarmentzündung**
recto *m* – **rectal**	**Rektum / Mastdarm – rektal**
las **vías urinarias**	die **Harnwege**
médula *f* ósea / espinal	Knochen- / Rücken**mark**
la **columna vertebral**	die **Wirbelsäule**
el **sistema nervioso central**	das **Zentralnervensystem**
humores *m* / **tejidos** *m* **corporales**	**(Körper-)Flüssigkeiten / Gewebe**
glándula *f* – **glandular**	**Drüse – Drüsen-**
ganglio *m* **linfático**	**Lymphknoten**
reuma *m* / **reúma** *m*	**Rheuma**
reumatismo *m* – **reumático / -a**	**Rheumatismus – rheumatisch; Rheumakranke(r)**
artritis *fsg / fpl* – **artrosis** *fsg / fpl*	**Arthritis / Gelenkentzündung – Arthrose**
el **asma** *f**	**Asthma**
asmático / -a	**asthmatisch; Asthmatiker(in)**
enfermedad **pulmonar**	**Lungen**krankheit
Murió de un **fallo** renal.	Er / Sie starb an Nieren**versagen.**
trasplantes *m* de hígado / riñón / órganos	Leber- / Nieren- / Organ**verpflanzungen / -transplantationen**
donante *m / f* / **receptor(a)** de un órgano	Organ**spender(in) / -empfänger(in)**
radioterapia *f*	**Strahlentherapie**
cirugía *f* general / plástica	allgemeine / plastische **Chirurgie**
gen *m* – **información** *f* **genética**	**Gen; Erbfaktor – Erbinformation**
el **código genético**	der **genetische Code**
célula *f* – **celular**	**Zelle – Zell- / Zellular**
átomo *m* – **atómico**	**Atom – Atom-**

14.2 Matemáticas
Mathematik

matemática(s) *f*	**Mathematik(wissenschaft)**
aritmética *f* – **aritmético**	**Arithmetik / Rechnen – arithmetisch**
geometría *f* – **geométrico**	**Geometrie – geometrisch**
el **álgebra** *f**	**Algebra**
contar (o>ue)	**zählen; ausrechnen; berechnen**
cuenta *f*	**Rechenaufgabe; Rechnung**
hacer / resolver **problemas** *m*	**Textaufgaben** bearbeiten / lösen
calcular	**(er- / aus)rechnen**
calcular / sacar la raíz cuadrada de un número	aus einer Zahl die (Quadrat-) Wurzel ziehen
cálculo *m*	**(Be-)Rechnung**
adición *f* / **suma** *f* – **sustracción** *f* / **resta** *f*	**Addition – Subtraktion**
hacer una suma / resta	Zahlen zusammenrechnen / abziehen
multiplicación *f* – **división** *f*	**Multiplikation – Division**

55 + 44 = 99: *55 más 44 es igual a / son 99.*
55 más 44 son (igual a) / suman 99.
Si sumamos / Sumando 55 y / más 44, (ob)tenemos 99.
99 – 44 = 55: *99 menos 44 es igual a / son 55.*
Si a 99 le restamos 44 , (ob)tenemos / (nos / te) quedan 55.
11 x 6 = 66: *11 (multiplicado) por 6 es igual a / son 66.*
11 veces 6 es igual a / son 66.
Si multiplicamos / Multiplicando 11 por 6, (ob)tenemos / nos sale / nos da 66.
66 ÷ 11 = 6: *66 dividido por / entre 11 es igual a / son 6.*
Si dividimos / Dividiendo 66 por / entre 11, (ob)tenemos / nos sale / nos da 6.

cuadrado *m*	**quadratisch; Quadrat-**
dos metros cuadrados	zwei Quadratmeter
fracción *f* / **quebrado** *m* decimal / común / ordinario /-a	Dezimal- / gemeiner **Bruch**
numerador *m* – **denominador** *m*	**Zähler – Nenner**
buscar el común denominador	einen gemeinsamen Nenner suchen
igual a – **ecuación** *f*	**gleich – Gleichung**

14.3 Números
Zahlen

números *m* **pares / impares** gerade / ungerade Zahlen

Números cardinales **(= Die Grundzahlen)**

cero (Im Spanischen ist jede Zahl männlich.)
4 – 4 = 0: *Cuatro menos cuatro es igual a cero.*
3,06 = tres, coma, cero seis
En el número mil hay tres ceros. (= Die Zahl Tausend hat drei Nullen.)
La temperatura era de diez grados bajo cero. (= 10° unter Null)
Mi teléfono / habitación es 7030. (= *siete, cero, tres, cero*)
crecimiento cero (= Nullwachstum)
Nuestras posibilidades son prácticamente nulas. (= Unsere Chancen sind gleich Null.) • *El Athletic de Bilbao ha ganado 3:0 (tres [a] cero).* (= Athletic Bilbao hat 3:0 gewonnen.)

(el) uno (= (die) Eins / einer) / *un* (= ein, vor männlichen Substantiven) / *una* (= eine, vor weiblichen Substantiven)
El uno es un buen número. (= Eins ist eine gute Zahl.) • *Quiero sólo uno / una.* (= Ich möchte nur einen / eine.) • *una mujer y un hombre* (= eine Frau und ein Mann)

dos (= zwei) • *tres* (= drei) • *cuatro* (= vier) • *cinco* (= fünf) • *seis* (= sechs) • *siete* (= sieben) • *ocho* (= acht) • *nueve* (= neun) • *diez* (= zehn) • *once* (= elf) • *doce* (= zwölf) • *trece* (= dreizehn) • *catorce* (= vierzehn) • *quince* (= fünfzehn)

dieciséis (= sechzehn) • *diecisiete* (= siebzehn) • *dieciocho* (= achtzehn) • *diecinueve* (= neunzehn) • *veinte* (= zwanzig) • *veintiuno / veintiún / veintiuna* (= einundzwanzig) • *veintidós* (= zweiundzwanzig) • *veintitrés* (= dreiundzwanzig) • *veinticuatro* (= vierundzwan-zig) • *veinticinco* (= fünfundzwanzig) • *veintiséis* (= sechsundzwanzig) • *veintisiete* (= siebenundzwanzig) • *veintiocho* (= achtundzwanzig) • *veintinueve* (= neunundzwanzig) • *treinta* (= dreißig)

treinta y uno / un / una – treinta y dos ... (= einunddreißig – zweiunddreißig ...) • *cuarenta* (= vierzig) • *cincuenta* (= fünfzig) • *sesenta* (= sechzig) • *setenta* (= siebzig) • *ochenta* (= achtzig) • *noventa – noventa y uno / un / una* (= neunzig – einundneunzig) • *cien* (= [ein]hundert) • *ciento uno / un / una* (= 101)

Cien verwendet man vor Substantiven, vor *mil* (= tausend) oder *millones* (= Millionen) sowie als alleinstehende Zahl:
cien latigazos (= hundert Peitschenhiebe) • *cien / cien mil / cien millones de euros* (= hundert / hunderttausend / hundert Millionen Euro) • *Tengo cien.* (= Ich habe hundert.)

Ciento verwendet man im Singular vor den Zahlen 101 (= *ciento uno / un / una*) bis 199 (= *ciento noventa y nueve*), sonst nur bei Prozentangaben und in feststehenden Wendungen:
ciento un dálmatas (= hunderteins Dalmatiner) • *el tanto por ciento* (= das Prozent) • *el 5% (por ciento)* (= 5 Prozent) • *ciento y la madre* (= eine Menge Leute) • *Tengo un ciento de ellos.* (= Ich habe um die hundert / viele davon.)

Ab der Zahl 200 (= *doscientos*) sind die Hunderter veränderlich und richten sich nach dem dazugehörigen Substantiv:
doscientos euros – doscientas monedas (= zweihundert Euro – zweihundert Münzen) • *trescientos/-as* (= dreihundert) • *cuatrocientos/-as* (= vierhundert) • *quinientos/-as* (= fünfhundert) • *seiscientos/-as* (= sechshundert) • *setecientos/-as* (= siebenhundert) • *ochocientos/-as* (= achthundert) • *novecientos/-as* (= neunhundert)

Mil (= [ein]tausend) bleibt bei genauen Zahlenangaben unverändert:
dos mil (= zweitausend), *quince mil* (= fünfzehntausend).
Die Pluralform wird nur bei ungefähren Mengenangaben verwendet:
unos miles de euros (= ein paar tausend Euro).
las mil y una noches (= tausendundeine Nacht) • *¡Allí había miles de personas!* (= Da waren Tausende [von Leuten]!)

Millón (= Million) wird vor einem Substantiv immer von der Präposition *de* begleitet: *un millón de pesos* (= eine Million Pesos).
En Madrid viven más de tres millones de personas. (= In Madrid leben mehr als drei Millionen Menschen.)
mil millones (= Milliarde) • *billón* (= Billion)

***Números ordinales* (= Die Ordnungszahlen)**
Ihr Geschlecht wird durch *-o* bzw. *-a* angegeben. Ausnahme:
Vor männlichen Substantiven im Singular erscheinen nicht *primero* und *tercero*, sondern *primer* und *tercer*. *Primero* und *tercero* stehen allein und bedeuten der Erste / Dritte bzw. erstens / drittens:
¿En qué piso vives – en el primero o en el tercero? (= In welchem Stock wohnst du – im ersten oder im dritten?)

primero – **segundo** – **tercero**	**erstens – zweitens – drittens**
un billete de **primera** / **segunda** (clase)	eine Fahrkarte der **ersten** / **zweiten** Klasse
el **primer** día en la escuela	der **erste** Tag in der Schule
la **segunda** oportunidad	die **zweite** Chance
el **tercer** puesto	der **dritte** Platz
la **cuarta** fila	die **vierte** Reihe
el **quinto** aniversario	der **fünfte** Jahrestag
la **sexta** vez	das **sechste** Mal
en el **séptimo** cielo	im **siebten** Himmel
Allien: el **octavo** pasajero.	Allien: der **achte** Mitfahrer. *(Filmtitel)*
la **novena** sinfonía de Beethoven	die **neunte** Symphonie von Beethoven
un **décimo** de lotería	ein **Zehntellos** *(Lotterie)*
undécimo /-a – duodécimo /-a	**elfte(r) / elftens – zwölfte(r) / zwölftens**
decimotercer(o) /-a – decimocuarto /-a	**dreizehnte(r) / dreizehntens – vierzehnte(r) / vierzehntens**

Ab 15 verwendet man eher die Grundzahlen: *la fila (número) quince* (= die fünfzehnte Reihe), wobei in den Medien und bei offiziellen Ankündigungen meist die Ordnungszahlen verwendet werden.
Auch beim Datum stehen in der Regel die Grundzahlen. Beim ersten eines Monats findet man auch *primero: el dos de mayo, el siete de julio* usw. Aber: *el primero / uno de octubre.*
Als Ziffern werden die Ordnungszahlen mit einem hochgestellten *o* bzw. *a* dargestellt (je nach Geschlecht): 5° *piso* (= 5. Stock), *la* 9^{a} *sinfonía de Beethoven* (= die 9. Symphonie von Beethoven).

***Quebrados** m* / ***Fracciones** f* **(= Brüche)**
$^{1}/_{2}$ = *un medio* • $^{3}/_{2}$ = *tres medios* • $1^{1}/_{2}$ = *uno y medio*
$^{1}/_{3}$ = *un tercio* • $^{2}/_{3}$ = *dos tercios* • $2^{1}/_{3}$ = *dos y un tercio*
$^{1}/_{4}$ = *un cuarto* • $^{3}/_{4}$ = *tres cuartos*
$^{4}/_{5}$ = *cuatro quintos* • $3^{3}/_{5}$ = *tres y tres quintos*

Decimales **(= Dezimalzahlen)**
2,684 = dos, coma, seiscientos ochenta y cuatro
0,259 = cero, coma, doscientos cincuenta y nueve

14.4 Medidas y pesos
Maße und Gewichte

micra *f*	**Mikrometer; Mikron**
Una micra sólo puede apreciarse con un microscopio.	Ein Mikron ist nur mit einem Mikroskop erkennbar.
milímetro *m* – **centímetro** *m* – **decímetro** *m*	**Millimeter – Zentimeter – Dezimeter**
metro *m* – **medir** (– mido – medí, midió – medido)	**Meter; Metermaß; U-Bahn** (Abk. für *metropolitano*) – **messen**
Avanzó unos metros y cayó al suelo.	Er / Sie / Es ist ein paar Meter gelaufen und dann zu Boden gefallen.
un metro para tomar medidas	ein Metermaß um die Maße zu nehmen.
El metro de Bilbao es obra de Norman Foster.	Die U-Bahn von Bilbao ist das Werk von Norman Foster.
kilómetro *m*	**Kilometer**
La velocidad límite en España es de 130 kilómetros por hora.	In Spanien gilt ein Tempolimit von 130 Stundenkilometern.
año *m* **luz**	**Lichtjahr**
Las estrellas se encuentran a años luz de nosotros.	Die Sterne sind Lichtjahre von uns entfernt.
miligramo *m* – **centigramo** *m* – **decigramo** *m*	**Milligramm – Zentigramm – Dezigramm**
gramo *m* – **kilo(gramo)** *m*	**Gramm – Kilo(gramm)**
medio kilo de tomates	ein Pfund Tomaten
Pesa 90 (= noventa) kilos.	Er / Sie / Es wiegt 90 Kilo.
tonelada *f*	**Tonne**
El camión puede transportar una carga máxima de 10 toneladas.	Der Lastwagen darf mit maximal 10 Tonnen beladen werden.
mililitro *m* – **centilitro** *m* – **decilitro** *m*	**Milliliter – Zentiliter – Deziliter**
litro *m*	**Liter**
medio litro de agua	ein halber Liter Wasser
un cuarto de litro de vino	ein Viertel Liter Wein
decalitro *m* – **hectolitro** *m*	**Dekaliter – Hektoliter**
metro *m* **cuadrado / cúbico**	**Quadrat- / Kubikmeter**
el **área** *f**	**Ar**
hectárea *f*	**Hektar**

15.1 Materiales, herramientas, máquinas
Werkstoffe, Werkzeuge, Maschinen

(la) tecnología *f* – **tecnológico**	**(die) Technik / Technologie – technisch / technologisch**
Estamos equipados con alta tecnología.	Wir haben eine High-Tech-Ausstattung.
técnica *f* – **técnico** *m*	**Technik; Technikerin – technisch; Techniker**
innovaciones técnicas	technische Neuerungen
ingeniería *f*	**(angewandte) Technik; Ingenieurwesen**
materia *f*	**Stoff; Substanz**
materia prima	Rohstoff
material *m*	**Material; Werkstoff**
las propiedades de los materiales	Materialeigenschaften
elaborar / fabricar un material	ein Material bearbeiten
metal *m* – **hierro** *m* – **plomo** *m*	**Metall(-) – Eisen – Blei**
estaño *m* – **acero** *m*	**Zinn – Stahl**
madera *f*	**Holz**
cristal *m* – **cerámica** *f*	**Glas(-) – Keramik**
plástico *m* – **goma** *f*	**Plastik(-); Kunststoff – Gummi**
herramienta *f*	**Werkzeug**
martillo *m* – **cincel** *m*	**Hammer – Meißel**
clavo *m* – **alcayata** *f*	**Nagel – Wandhaken**
tornillo *m* – **destornillador** *m*	**Schraube – Schraubenzieher**
taladrar – **taladradora** *f* / **taladro** *m*	**bohren – Bohrer / Bohrmaschine**
tijeras *fpl* – **tenazas** *fpl*	**Schere – Beißzange; Kneifzange**
serrar (e>ie) – **sierra** *f* – *el* **hacha** *f**	**sägen – Säge – Axt**
máquina *f* – **aparato** *m*	**Maschine – Apparat; Gerät**
máquina de coser	Nähmaschine
la **maquinaria** de una fábrica	die **Maschineneinrichtung** einer Fabrik
equipamiento *msg*	**Ausrüstung; Geräte; Maschinen**
motor *m* – **mecanismo** *m*	**Motor – Mechanismus**
frenar – **freno** *m*	**bremsen – Bremse**
embragar (g>gue) – **embrague** *m*	**kuppeln – Kupplung(spedal)**
marcha *f*	(Auto) **Gang**
cambiar de marcha	umschalten
meter la tercera (marcha)	in den dritten Gang schalten

15.2 Fabricación
Fabrikproduktion

fabricar (c>que) – **fabricación** *f*	**herstellen / fertigen – Herstellung / Fabrikation**
fabricar un sinnúmero de productos	eine Vielzahl von Produkten herstellen
modo de fabricación	Fabrikationsmethode / -weise
proceso de fabricación	Fertigungsablauf
fabricante *m / f*	**Hersteller(in)**
devolver al fabricante	es an die Herstellerfirma zurückschicken
manufacturar – **manufactura** *f*	**fabrizieren / fertigen – Manufaktur / Fertigwaren aller Art**
manufacturas / productos manufacturados	Fertigwaren
hacer (– hago – hice, hizo – hecho)	**machen; erzeugen; herstellen**
Hacemos / fabricamos juguetes.	Wir stellen Spielwaren her.
producir (– produzco – produje – producido)	**herstellen; produzieren; erzeugen**
artículo producido en grandes cantidades	ein Massenartikel
producción *f* – **producto** *m*	**Produktion / Herstellung / Fertigung – Produkt / Erzeugnis / Fabrikat**
producción en masa	Massenherstellung / -fertigung
producto acabado	Fertigerzeugnis
elaboración *f*	**Verarbeitung; Anfertigung**
elaboración de grasas y aceites	Fett- und Ölverarbeitung
transformación *f*	**Bearbeitung; Verarbeitung; Veredelung; Umarbeitung**
una industria de transformación	ein Verarbeitungsbetrieb
montar – **montaje** *m*	**montieren – Montage**
planta / nave de montaje	Montagewerk / -halle
cadena / cinta de montaje	Montageband; Fließband
montaje automático regulado por ordenador	computergesteuerte Montage
mantenimiento *m*	**Wartung; Instandhaltung**
industria *f* – **industrial**	**Industrie – industriell**
productos industriales	Industrieerzeugnisse
la industria del automóvil	die Automobilindustrie
industria de construcción de máquinas	Maschinenbauindustrie

fábrica *f*	**Fabrik**
obrero/-a de una fábrica	Fabrikarbeiter(in)
trabajador(a) de una fábrica	Fabrikarbeiter(in)
factoría *f* – **planta** *f*	**Fabrik; Werk – Anlage**
factoría de montaje	Montagefabrik
planta purificadora	Kläranlage
planta embotelladora	Flaschenfüllanlage
instalación *f*	**Anlage; Einrichtung; Ausstattung**
instalaciones de producción	Fertigungs-/Produktionsanlagen
taller *m*	**Werkstatt; Betrieb; Werk**
un taller de reparaciones	eine Reparaturwerkstatt
taller de pintura de carrocerías	Autolackierwerkstätte
funcionamiento *m*	**Betrieb**
en funcionamiento	in Betrieb
(capacidad de) **rendimiento** *m*	**Leistung**(sfähigkeit)
rendimiento de un trabajador por hora	Ausstoß pro Arbeitsstunde
rendimiento de una máquina	Maschinenwirkungsgrad
capacidad *f* **productiva / productora**	**Leistungsfähigkeit** *(in Fertigung)*; **Produktionsleistung**
productividad *f*	**Produktivität**
incrementar la productividad	die Produktivität erhöhen
cuota de productividad	Produktivitätsrate
mecanizar (z>ce) – **mecanización** *f*	**mechanisieren – Mechanisierung**
mecánico/-a	**mechanisch; maschinell; Mechaniker(in)**
automatizar (z>ce) – **automatización** *f*	**automatisieren – Automatisierung**
un proceso de producción automatizado	ein automatisierter Produktionsablauf
automático	**automatisch**
regulación/puesta a punto automática	automatische Regelung/Einstellung
proceso *m*	**Prozess**
control del proceso	Prozesssteuerung
gasto *m* / **coste** *m*	**Kosten**
reducir los costes salariales	die Lohnkosten senken
reducir el gasto por unidad	die Stückkosten senken
cinta *f* **transportadora**	**Förderband**
pieza *f* **(de recambio)**	**(Ersatz-)Teil**
montador/ajustador	**Monteur; (Maschinen-)Schlosser**
operario/-a	**(Maschinen-)Bediener(in)**
proveedor *m*	**Zulieferer; Lieferant**

15.3 Electricidad y electrónica
Elektrizität und Elektronik

electricidad *f*	**Elektrizität; (elektrischer) Strom**
compañía eléctrica / de la electricidad	Elektrizitätsgesellschaft
eléctrico	**elektrisch**
una descarga eléctrica	ein elektrischer Schlag / Stromschlag
central eléctrica	Kraftwerk; Elektrizitätswerk
un aparato eléctrico	Elektroapparat
electrotécnica *f* – **electrotécnico**	**Elektrotechnik** – **elektrotechnisch**
ingeniero /-a electrotécnico /-a	**Elektroingenieur(in)**
electricista *m / f*	**Elektriker(in)**
electrodomésticos *mpl*	**elektrische Haushaltgeräte**
contador *m*	**(Strom-)Zähler**
generar electricidad	Elektrizität / Strom **erzeugen**
generador *m*	**Generator; Lichtmaschine**
dinamo *f*	**Dynamo;** *(Zug)* **Lichtmaschine**
batería *f* (eléctrica)	(elektrische) **Batterie**
pila *f*	**Batterie** *(Radio)*
cargar (g>gue) – **carga** *f*	**aufladen** – **Aufladung**
una carga electroestática	eine elektrostatische Aufladung
(re)cargar una batería	eine Batterie (wieder)aufladen
corriente *f*	**Strom**
corriente continua / alterna	Gleich- / Wechselstrom
230 **voltios** *mpl*	230 **Volt**
voltaje *m* / **tensión** *f*	**(Volt- / Netz-)Spannung**
alto voltaje / alta tensión	Hochspannung
vatio *m*	**Watt**
una bombilla de 100 vatios	eine 100-Watt-Birne
transformador *m*	**Transformator**
red *f* **eléctrica**	**Stromnetz**
desconectar la corriente de la red eléctrica	den Strom am Hauptschalter abschalten
cable *m*	**(Anschluss-)Kabel; Schnur; Leitung**
cable de tierra	Massekabel
cable de alta tensión	Hochspannungskabel
cable de emisión	Sendekabel
alargador *m* / **alargadera** *f*	**Verlängerungsschnur / -kabel**
cargado / con corriente	**stromführend**
toma *f* **de tierra**	**Erde; Erdung; Masse**

circuito *m*	**Stromkreis; Schaltkreis**
cortocircuito *m* – **apagón** *m*	**Kurzschluss – Stromausfall**
fusible *m*	**Sicherung**
caja *f* **de distribución**	**Verteilerdose**
enchufe *m* (hembra) – **enchufe** *m* (macho)	**Steckdose – Stecker**
enchufar – desenchufar	**einstecken / anschließen – (den Stecker) herausziehen / ausstecken**
enchufar la televisión	den Fernseher einstecken
No está enchufado.	Es ist ja nicht angeschlossen / eingesteckt.
desenchufar la televisión	den Fernseher ausstecken
adaptador *m*	**Adapter; Zwischenstecker**
un adaptador de cuatro enchufes	eine Vierfachsteckdose
ladrón *m fam*	**Mehrfachsteckdosenkupplung**
botón *m*	**Druckschaltknopf**
interruptor *m*	**(Leitungs-)Schalter; Unterbrecher**
pulsar un interruptor	einen Schalter an- / ausknipsen
encender (e>ie) – **apagar** (g>gue)	**einschalten / anmachen – ausschalten / ausmachen / auslöschen**
encender / poner la televisión	den Fernseher einschalten
apagar / quitar la televisión	den Fernseher ausschalten
encender la luz / *fam* darle a la luz	das Licht anmachen
apagar la luz	das Licht ausmachen
cortar / **desconectar**	**abschalten**
cortar la luz	den Strom abschalten
lámpara *f* **incandescente**	**Glühlampe**
bombilla *f*	**Glühbirne**
lámpara *f* / **tubo** *m* **fluorescente**	**Leuchtstofflampe / -röhre; Neonröhre**
aislar – aislamiento *m*	**isolieren – Isolierung**
cinta *f* **aislante**	**Isolierband**
Murió **electrocutado**.	Er erhielt einen tödlichen **Stromschlag.**
electrónica *f* – **electrónico**	**Elektronik – elektronisch**
procesamiento electrónico de datos	elektronische Datenverarbeitung; EDV
(la) microelectrónica	**(die) Mikroelektronik**
(micro)chip *m*	**(Mikro-)Chip**
microprocesador *m*	**Mikroprozessor**
transistor *m*	**Transistor; Transistorradio**
amplificar (c>que) – **amplificador** *m*	**verstärken – Verstärker**

16.1 Fuentes de información
Nachschlagemöglichkeiten

libro *m* **de consulta**	**Nachschlagebuch / -werk**
diccionario *m*	**Wörterbuch; Lexikon**
mirarlo en el diccionario	es im Wörterbuch nachschlagen

> ***El DRAE*** (= *Diccionario de la Real Academia Española*) ist das amtliche Wörterbuch der Spanischen Akademie.

enciclopedia *f*	**Enzyklopädie; (Konversations-) Lexikon**
una entrada en una enciclopedia	ein Eintrag in einem Lexikon
suplemento *m* / **anexo** *m*	*(Lexikon)* **Nachtragsband**
registrar – **registro** *m*	**eintragen / anmelden / aufzeichnen** – **Register / Index**
índice *m*	**Inhaltsverzeichnis; Register; Index**
boletín *m*	**Bericht;** *Arg* **Extrablatt**
almanaque *m* – **anuario** *m*	**Almanach** – **Jahrbuch**
manual *m*	**Handbuch**
consultar el manual	im Handbuch nachsehen
catálogo *m*	**Katalog**
atlas *m*	**Atlas**
bibliografía *f*	**Bibliographie; Schriftenverzeichnis**
guía *f* **telefónica** – **directorio** *m*	**Telefonbuch** – **Adressbuch**
biblioteca *f* – **bibliotecario /-a**	**Bibliothek** – **Bibliothekar(in)**
sacar un libro de la biblioteca	ein Buch aus der Bibliothek entleihen
archivo *m* – **hemeroteca** *f*	**Archiv** – **Zeitungsarchiv**
ficha *f*	**Katalog- / Archivzettel; Karteikarte**
microfilm *m* – **microficha** *f*	**Mikrofilm** – **Mikrofiche**
información *f*	**Information; Mitteilung; Bericht**
dato *m* – **datos**	**Angabe** – **Angaben / Daten**
banco de datos	Datenbank
transmitir datos	Daten übertragen
realidad *f* **virtual**	**virtuelle Realität**
Internet *f*	**Internet**
navegar (g>gue) – **navegación** *f* **por la red** – **navegador** *m*	**surfen** – **Net-Surfing** – **Browser**
enlace *m* / **salto** *m* **hipertextual**	**Link**

16.2 Los libros y el mundo editorial
Bücher und Verlagswesen

libro *m*	**Buch**
puesto / stand de libros	Bücherstand
libros de segunda mano	Bücher aus zweiter Hand
libro de bolsillo	Taschenbuch
lanzar un libro al mercado	ein Buch auf den Markt bringen
librero /-a	**Buchhändler(in)**
tomo *m*	**Band**
encuadernar – **encuadernación** *f*	**(ein)binden** – **Einband**
tapa *f* / **pasta** *f*	**Bucheinband**
un libro con pastas duras	ein Buch mit festem Einband
lomo *m*	**Buchrücken**
la **(sobre)cubierta**	der **Schutzumschlag**
la **solapa** de la sobrecubierta	die Umschlag**klappe**
el texto de la solapa	der Klappentext
la **portada** / *LAm* la **carátula**	die **Titelseite**
prólogo *m* / **prefacio** *m*	**Vorwort**
introducción *f*	**Einleitung**
índice *m*	**Inhaltsverzeichnis**
página *f*	**(Buch-)Seite**
nota a pie de página	Fußnote
apéndice *m*	**Anhang**
glosario *m*	**Glossar; Wörterverzeichnis**
autor(a) – **lector(a)**	**Autor(in)** – **Leser(in)**
seudónimo *m*	**Schriftstellername; Pseudonym**
traducir (– traduzco – traduje – traducido)	**übersetzen; übertragen**
traducción *f* – **traductor(a)**	**Übersetzung** – **Übersetzer(in)**
una traducción al / del danés	eine Übersetzung ins Dänische / aus dem Dänischen
adaptar – **adaptación** *f*	**bearbeiten** – **Bearbeitung**
la adaptación de una novela para la televisión	die Fernsehbearbeitung eines Romans
abreviar / **compendiar** / **resumir**	**kürzen**
una versión abreviada	eine gekürzte Fassung
copyright *m* / **derecho** *m* **de la propiedad intelectual**	**Copyright; Urheberrecht**
derechos *mpl* **de autor**	**Autorenhonorar**
publicar (c>que)	**herausgeben; veröffentlichen; publizieren; verlegen**

El libro salió / fue publicado el pasado mes de mayo.	Das Buch ist im vergangenen Mai erschienen.
publicación *f*	**Veröffentlichung; Herausgabe**
manuscrito *m*	**Manuskript**
editar	**verlegen; herausgeben**
editorial *f*	**Verlag; Verlags-**
casa editorial / éxito editorial	Verlagshaus / Bucherfolg
editor *m*	**Verleger; Herausgeber**
edición *f*	**Ausgabe; Auflage**
una edición de bolsillo	eine Taschenbuchausgabe
una edición de 5 000 ejemplares	eine Auflage von 5 000 Exemplaren
edición príncipe	Erstauflage
una edición limitada	limitierte Auflage
segunda edición	zweite Auflage
dirigir una edición	eine Ausgabe lektorieren / redigieren
lector(a)	**Lektor(in); Redakteur(in)**
autoedición *f*	**Desktop-Publishing**
incunable *m*	**Inkunabel, Wiegendruck**
corregir (– corrijo – corregí, corrigió – corregido) – **corrección** *f*	**korrigieren – Korrektur**
corrección de pruebas	Korrektur
corrector(a) de pruebas	**Korrektor(in)**
paginación *f*	**Seitenangabe; Paginierung**
error *m* – **errata** *f*	**Fehler – Druckfehler**
error de composición / de molde	Satzfehler
error / errata de imprenta	Druckfehler
cambios *mpl* **del autor**	**Autorkorrektur**
imprimir – impresión *f*	**drucken – Druck / Abdruck**
una impresión grande y clara	großer und deutlicher Druck
imprenta *f*	**Druckerei**
El libro está en la imprenta.	Das Buch ist in Druck gegangen.
fecha *f* **de publicación**	**Erscheinungstermin**
ejemplar *m*	**Exemplar**
cinco ejemplares del libro	fünf Exemplare des Buches
ejemplar de prueba	Vorausexemplar; Probeexemplar
feria *f* **del libro**	**Buchmesse**
devoluciones *f* / **libros** *m* **devueltos**	**Remittenden**
agotado	**vergriffen**
El libro está agotado.	Das Buch ist vergriffen.
bestséller *m*	**Bestseller**
un autor bestséller	ein Bestseller(autor)

16.3 La prensa
Die Presse

los **medios de comunicación**	die **Massenmedien**
prensa *f*	**Presse**
libertad de prensa	Pressefreiheit
censura de prensa	Pressezensur
dar una rueda de prensa	eine Pressekonferenz geben
prensa amarilla / sensacionalista	Sensationspresse
portavoz *m / f*	**(Presse-)Sprecher(in)**
periodismo *m* – **periodista** *m / f*	**Journalismus – Journalist(in)**
periódico *m*	**Zeitung**
un periódico de cobertura nacional	eine überregionale Zeitung
un periódico local	eine Lokalzeitung
quiosco / puesto de periódicos	Zeitungskiosk / -stand
periodístico	**journalistisch; Journalisten-; Zeitungs-**
quiosquero / -a	**Kioskverkäufer(in) / -besitzer(in)**
diario *m*	**Tageszeitung**
diario de la mañana / matutino	Morgenzeitung
diario de la tarde / vespertino	Abendzeitung
semanario *m*	**Wochenzeitung / -zeitschrift**
revista *f*	**Magazin; Zeitschrift**
revista femenina	Frauenzeitschrift
revista de información	Nachrichtenmagazin
revista de moda	Modezeitschrift
revista ilustrada	Illustrierte
revista del corazón	„Regenbogenpresse"
revista especializada	Fachzeitschrift
publicación *f* **periódica**	**Zeitung; Zeitschrift; Revue**
una publicación mensual	Monatszeitschrift
noticia *f*	**Nachricht**
agencia de noticias	Nachrichtenagentur
según las noticias de la prensa	Pressenachrichten zufolge
dar una noticia	eine Meldung bringen
una noticia de última hora	eine letzte Meldung
informar – **información** *f*	**berichten / melden – Bericht / Meldung / Ereignis**
información gráfica	Bildbericht
cubrir una información	über ein Ereignis berichten
artículo *m* – **articulista** *m / f*	**Artikel – Artikelschreiber(in)**
un articulista famoso	ein berühmter Artikelschreiber

reportaje *m* – **reportero/-a**	*(längerer)* **Bericht / Reportage – Berichterstatter(in) / Reporter(in)**
un reportaje sobre fiestas populares	eine Reportage über Volksfeste
crónica *f* – **cronista** *m/f*	**Bericht – Berichterstatter(in)**
crónica local	Lokalnachrichten
columna *f* – **columnista** *m/f*	**Spalte / Kolumne – Kolumnist(in)**
anunciar – **anuncio** *m*	**bekannt geben / verlautbaren / anzeigen – Anzeige / Reklame**
anunciar algo en un periódico	eine Anzeige in die Zeitung setzen
anuncio publicitario	Werbeanzeige
sección de anuncios	Anzeigenteil
portada *f*	*(Magazin)* **Titelseite**
noticia de portada	Titelgeschichte
la **primera página**	*(Zeitung)* die **Titelseite**
titular *m*	**Schlagzeile; Überschrift**
con grandes titulares	mit fetten Schlagzeilen
editorial *m*	**Leitartikel**
sección *f*	**Teil**
sección de deportes / de economía	Sport- / Wirtschaftsteil
cartas *f* **al director**	**Leserbriefe**
esquela *f* **mortuoria**	**Todesanzeige**
oferta *f* / **bolsa** *f* **de empleo**	**Stellenangebot**
suplemento *m*	**Beilage**
edición *f* **internacional**	**internationale Ausgabe**
director(a)	**Direktor(in); Leiter(in); Herausgeber(in)**
redacción *f* – **redactor(a)** (jefe)	**Redaktion – (Chef-)Redakteur(in)**
destacar (c>que) una noticia	eine Story groß **herausstellen**
un(a) **colaborador(a)** de El Mundo	ein(e) „El Mundo"-**Mitarbeiter(in)**
corresponsal *m/f*	**Korrespondent(in)**
El **pie de foto** dice ...	Die **Bildunterschrift** lautet ...
recorte *m* **de periódico**	**Zeitungsausschnitt**
plazo *m* (de entrega)	*(Manuskriptabgabe)* (letzter) **Termin**
cierre *m* **de (la) edición**	**Redaktionsschluss**
rotativa *f*	**Rotationsmaschine**
ejemplar *m*	**Exemplar**
una **tirada** de 3 millones	eine **Auflage** von 3 Millionen
suscribirse (– suscribo – suscribí – suscrito)	**abonnieren**
suscribirse a un periódico	eine Zeitung im Abonnement beziehen
suscriptor(a) – **suscripción** *f*	**Abonnent(in) – Abonnement**

16.4 Radio y televisión
Rundfunk und Fernsehen

radio *f* / *LAm m*	**Rundfunk(-); Radio(-); Hörfunk**
escuchar / oír la radio	Radio hören
televisión *f* / *fam* **tele** *f*	**Fernsehen**
¿Qué ponen esta noche en la tele(visión)?	Was gibt's heute Abend im Fernsehen?
ver / mirar la tele(visión)	fernsehen
televisor *m* – **televisivo**	**Fernsehapparat – Fernseh-**
televidente *m* / *f* – **telespectador(a)**	**Fernsehzuschauer(in)**
televisar	**im Fernsehen bringen / übertragen**
(re)transmitir – **retransmisión** *f*	*(Rundfunk / Fernsehen)* **übertragen – Übertragung**
emitir – **emisora** *f* – **emisión** *f*	*(Rundfunk / Fernsehen)* **senden / ausstrahlen – Sender – Sendung**
canal *m*	**(Fernseh-)Kanal; Programm**
cambiar de canal	das Programm wechseln
zapear – **zapping** *m*	**zappen – Zappen**
un **programa** en directo / en diferido	eine Live-**Sendung** / aufgezeichnete Sendung
telediario *m* / **noticias** *fpl* / *LAm* **noticioso** *m* **informativo**	*(Fernsehen)* **Nachrichtensendung**
documental *m* – **concurso** *m*	**Dokumentarfilm – Quizsendung**
publicidad *f*	**Werbung**
un **anuncio** / *LAm* **aviso** *m*	ein **Werbespot**
serie *f* / **comedia** *f* **televisiva**	**Fernsehserie / -komödie**
episodio *m*	**Folge** (einer Fernsehserie)
entrevista *f* – **entrevistador(a)**	**Interview – Interviewer(in)**
moderador(a) – **comentarista** *m* / *f*	**Moderator(in) – Kommentator(in)**
locutor(a)	**Ansager(in); Sprecher(in)**
presentador(a)	**Moderator(in); Talkmaster(in)**
el presentador del telediario	der Nachrichtensprecher
el **hombre** / la **mujer del tiempo**	**Person, die das Wetter ansagt**
productor(a) – **patrocinador(a)**	**Produzent(in) – Sponsor(in)**
radioyente *m* / *f*	**(Rundfunk-)Hörer(in)**
audiencia *f*	**Einschaltquote**
la hora de mayor audiencia	Haupteinschaltzeit
índice de audiencia alto / bajo	hohe / niedrige Einschaltquoten
caset(e) *m* – **cinta** *f* / **casete** *f*	**Kassettenrekorder – Kassette**
vídeo *m* – **DVD** (*de-uve-de*) *m*	**Video(-); Videokassette; Videorekorder – DVD / -Player**

16.5 El servicio postal
Der Postdienst

correo *m*	**Post**
Lo enviaremos por correo.	Wir schicken es mit der Post.
¿Ha llegado ya el correo?	Ist die Post schon da?
a vuelta de correo	postwendend
(oficina *f* **de) correos** *m*	**Post(filiale / -amt)**
apartado / *LAm* casilla de correos	Postfach
postal	**Post-**
franqueo / tarifa postal	Postgebühren
giro postal	Postanweisung
empleado /-a de correos	**Postbeamter / -beamtin**
cartero /-a	**Briefträger(in)**
lista *f* / **listado** *m* **de direcciones**	**Adressenliste**
carta *f*	**Brief**
carta certificada / *LAm* registrada	Einschreiben
echar una carta	einen Brief einwerfen
carta de propaganda	Werbebrief
paquete *m* / *Arg, Col, Chi, Pe* **encomienda** *f* / *Col, Mex* **recomendado** *m*	**Paket**
paquete pequeño	Päckchen
(tarjeta *f*) **postal** *f*	**Postkarte**
impreso *m*	**Drucksache**
telegrama *m*	**Telegramm**
repartir / **distribuir** (-y-)	**zustellen**
reparto *m*	**Zustellung**
enviar – **envío** *m*	**schicken – Sendung**
envío urgente	Eilsendung
enviar algo contra rembolso	etwas per Nachnahme schicken
recibir	**bekommen; erhalten**
por vía *f* **aérea** / **por avión** *m*	**mit / per Luftpost**
correspondencia *f*	**Briefwechsel; Korrespondenz**
buzón *m*	**Briefkasten**
sello *m* / *LAm* **estampilla** *f*	**Briefmarke**
matasellos *m* – **franqueo** *m*	**Poststempel – Porto**
dirección *f* / **señas** *fpl*	**Adresse; Anschrift**
código *m* **postal**	**Postleitzahl**
destinatario /-a – **remitente** *m / f*	**Empfänger(in) – Absender(in)**
En caso de no encontrarse al destinatario, devuélvase al remitente.	Falls unzustellbar, bitte an Absender zurück.

16.6 Teléfono y fax
Telefon und Fax

teléfono *m* – **telefónico**	**Telefon – Telefon-**
Nuestro teléfono está estropeado.	Unser Telefon ist gestört.
coger el teléfono	ans Telefon / an den Apparat gehen; den Hörer abnehmen
tarifa telefónica	Telefongebühren
teléfono inalámbrico	schnurloses Telefon
móvil *m* / *LAm* **celular**	**Handy**
llamar por teléfono – **llamada** *f*	**anrufen – Anruf / Telefonat**
¿Te puedo llamar más tarde?	Kann ich dich später zurückrufen?
hacer una llamada telefónica	ein Telefongespräch führen
Tuvimos algunas llamadas.	Wir hatten ein paar Anrufe.
llamada urbana – a cobro revertido	Ortsgespräch – R-Gespräch
hablar por teléfono	**telefonieren; am Telefon sprechen**
Tengo que **telefonear** un momento a la oficina.	Ich muss kurz im Büro **anrufen**.
telefonazo *m fam*	**Anruf; Telefonat**
Pégame un telefonazo cuando vuelvas.	Ruf mich an, wenn du zurückkommst.
conferencia *f*	**Ferngespräch**
colgar – descolgar (o>ue, g>gue)	**einhängen / auflegen – abnehmen**
Me ha colgado el teléfono.	Er hat mir den Hörer aufgelegt.
número *m* **de teléfono**	**Telefonnummer**
Se ha equivocado usted de número.	Sie sind falsch verbunden.
(número de) teléfono gratuito	gebührenfrei anrufbare Nummer
prefijo *m*	**Vorwahl**

Cómo se dicen los números de teléfono **(= Wie man Telefonnummern spricht)**

Desde Alemania el prefijo de España es el 0034 (cero, cero, treinta y cuatro). Nuestro número de teléfono es el 38 47 06 (treinta y ocho, cuarenta y siete, cero, seis). Nuestro número de fax es el 734 6117 (siete, treinta y cuatro / setecientos treinta y cuatro, sesenta y uno, diecisiete).

guía *f* **telefónica / de teléfonos**	**Telefonbuch**
listín *m* **(telefónico)** / *LAm* **directorio** *m* **de teléfonos**	**Telefonbuch**
páginas *fpl* **amarillas**	**Gelbe Seiten; Branchentelefonbuch**

información *f*	**Telefonauskunft**
abonado/-a	**(Telefon-)Kunde / Kundin**
marcar (c>que) un número	eine Nummer **wählen**
tono *m* / **señal** *f*	**Freizeichen; Wählton; Rufton**
comunicar (c>que)	*(Telefon)* **besetzt sein**
Está comunicando.	Die Nummer ist besetzt.
cruce *m* / **interferencia** *f*	**Interferenz**

Frases utilizadas al hablar por teléfono **(= Am Telefon benutzte Redewendungen)**
Diga. / Dígame. (wenn man den Hörer abnimmt = Sagen Sie. / Sagen Sie mir.) • *¿Está Pepe?* (= Ist Pepe da?) • *¿De parte de quién?* (= Wer ist am Apparat?) • *¿Es usted la Sra. Gómez?* (= Sind Sie Frau Gómez?) • *Sí, soy yo.* (= Ja, ich bin's.) • *Por favor, ¿puedo hablar con Carlos?* (= Kann ich bitte Carlos sprechen?) • *Un momento, le pongo con él.* (= Moment, ich verbinde Sie mit ihm.) • *Un momento, por favor.* (= Einen Augenblick bitte.) • *Por favor, no se retire.* (= Bleiben Sie bitte am Apparat.) • *¿Puede hablar un poquito más alto, por favor?* (= Können Sie bitte ein bisschen lauter sprechen?) • *Se ha cortado.* (= Die Verbindung wurde unterbrochen.)

conexión *f* – **línea** *f* telefónica	**Verbindung** – **Leitung**
Las líneas están saturadas.	Man kommt nicht durch.
pinchar / intervenir (– intervengo, interviene – intervine – intervenido) **un teléfono**	**ein Telefon anzapfen**
escuchas *fpl* **telefónicas**	**Abhörposten**
servicio *m* **telefónico**	**telefonischer Beratungsdienst**
extensión *f*	**Nebenstelle; Apparat**
Tengo la extensión 244.	Ich habe Apparat 244.
auricular *m*	**(Telefon-)Hörer**
contestador *m* **automático**	**Anrufbeantworter**
mensaje *m*	**Nachricht**
mandar un mensaje	eine SMS senden
cabina *f* **telefónica**	**Telefonzelle**
teléfono *m* **público**	**öffentlicher Fernsprecher**
locutorio *m* (telefónico)	**Telefonkabine**
central *f* **telefónica**	**Fernsprechamt**
tarjeta *f* **telefónica**	**Telefonkarte**
télex *m*	**Fernschreiben; Telex**
(tele)fax *m*	**(Tele-)Fax; (Tele-)Faxgerät**
¿Podrían enviarlo por fax?	Könnten Sie es per Fax schicken?
compañía *f* **telefónica**	**Telefongesellschaft**

16.7 Ordenadores
Computer

ordenador *m* / *esp LAm* **computadora** *f* / *esp LAm* **computador** *m*	**Computer; Rechner**
juego de ordenador	Computerspiel
(ordenador) **portátil** *m*	**Laptop; tragbarer Computer**
(la) informática / *esp LAm* **computación**	(die) **Informatik**
informático / *esp LAm* **computacional**	**Informatik- / Computer-**
pirata informático	Hacker
interactivo	**interaktiv**
procesamiento *m* / **tratamiento** *m* **de textos**	**Textverarbeitung**
microprocesador *m*	**Mikroprozessor**
datos *mpl*	**Daten**
(sistema de) procesamiento de datos	Datenverarbeitung(sanlage)
transferencia de datos	Datenübertragung / -transfer
programar – **programa** *m*	**programmieren – Programm**
programador(a)	**Programmierer(in)**
programación *f*	**Programmieren; Programmierung**
hardware *m* / **soporte** *m* **físico**	**Hardware**
software *m* / **soporte** *m* **lógico**	**Software**
paquete *m* **integrado**	**Softwarepaket; Programmpaket**
error *m* **de programa(ción)**	**Programmfehler; Macke**
bloquearse el ordenador	**abstürzen**
sistema *m* **operativo**	**Betriebssystem**
estación *f* **de trabajo**	**Arbeitsplatz(rechner)**
conectado / **en línea** – **desconectado**	**angeschlossen / on-line – nicht angeschlossen / off-line**
teclado *m* – **ratón** *m*	**Tastatur – Maus**
monitor *m* – **pantalla** *f*	**Monitor; Display – Bildschirm**
disquete *m*	**Diskette**
disquetera *f* / **mecanismo** *m* **de arrastre de disquetes**	**Diskettenlaufwerk**
disco *m* **duro**	**Festplatte; Harddisk**
lector *m* **de CD-ROM** *m*	**CD-ROM-Laufwerk**
módem *m*	**Modem**
impresora *m* **de tinta / láser**	**(Tintenstrahl- / Laser-)Drucker**
imprimir – **impresión** *f*	**ausdrucken – Ausdruck**

escáner *m* – **escanear**	**Scanner** – **(ein)scannen**
interfaz *f* / **interface** *m*	**Schnittstelle**
arrancar (c>que)	**(ur)laden**
apagar (g>gue) – **encender** (e>ie)	**an-/einschalten** – **ab-/ausschalten**
suspender	**den Bildschirmschoner aktivieren**
subir / **cargar** (g>gue)	**laden**
bajar / **descargar** (g>gue)	**herunterladen**
bajar/descargar un fichero de la red	eine Datei aus dem Netz herunterladen
instalar – **instalación** *f*	**installieren** – **Installation**
palabra *f* **de acceso** / **contraseña** *f*	**Passwort; Kennwort**
acceder – **salir** (-g-)	**(sich) anmelden** – **(sich) abmelden**
entrada *f* – **salida** *f*	**Eingabe** – **Ausgabe**
(sub)directorio *m*	**(Unter-)Verzeichnis**
(sub)carpeta *f*	**(Unter-)Ordner**
maletín *m*	**Aktenkoffer**
fichero *m* / **archivo** *m*	**Datei(-)**
crear un archivo	eine Datei anlegen/erstellen
abrir/cerrar un archivo	eine Datei öffnen/schließen
mover archivos	Dateien verschieben
acceso *m* a Internet	**Zugang** zum Internet
abandonar un programa	ein Programm **verlassen**
formatear	**formatieren**
desplazarse hacia delante/atrás	vor-/zurück**rollen**
seleccionar	**hervorheben; markieren**
editar	**editieren; bearbeiten**
buscar y reemplazar	**suchen und ersetzen**
recuperar	**wiederherstellen**
copiar – **borrar**	**kopieren** – **löschen**
copia *f* **de seguridad**	**Sicherungskopie**
arrastrar y colocar (c>que)	**„ziehen und fallen lassen"** (Drag and Drop)
insertar	**einfügen**
archivar / **grabar**	**sichern; schützen; (ab)speichern**
almacenar – **almacenamiento** *m*	**speichern** – **Speicherung**
datos almacenados en el disco duro	auf der Festplatte gespeicherte Daten
memoria *f*	**(Arbeits-)Speicher**
memoria intermedia	Puffer(speicher)
memoria auxiliar / de trabajo	Zwischenspeicher
capacidad de memoria	Speicherkapazität
escritorio *m*	**Schreibtisch; Desktop**
menú *m*	**Menü(steuerung)**

menú inicial	Startmenü
menús directos	Kurzmenüs
menú desplegable	Pop-up-Menü; Balkenmenü
(listado / menú de) **órdenes** *f*	**Befehl**(szeile / -smenü)
barra *f* **de título**	**Titelleiste**
barra de menús	Menüleiste
barra de herramientas	Symbolleiste
barra de desplazamiento	Rollbalken, Scrollbalken
cuadro *m* **de diálogo**	**Dialogfeld**
activar / habilitar	**aktivieren / einschalten**
desactivar / deshabilitar	**deaktivieren / aus- / abschalten**
ventana *f* **de aplicación**	**Anwendungsfenster**
ventana activa / inactiva	aktives / inaktives Fenster
cursor *m* / **punto** *m* **de inserción**	**Pfeiltaste; Cursor**
puntero *m* – **tabulador** *m*	**Zeiger – Tabulator**
icono *m*	**Bildsymbol**
doble pulsación / hacer doble clic sobre un icono	auf ein Bildsymbol doppelklicken
papelera *f* **de reciclaje**	**Papierkorb**
configuración *f*	**Konfiguration**
tecla *f* de mayúsculas	Umschalt**taste**
pulsar / dar a la tecla de Intro / retorno	die Eingabe- / Returntaste drücken
control *m* / **Ctrl**	**Steuerung / Strg**
barra *f* **espaciadora**	**Leertaste**
caracteres *mpl* – **formato** *m*	**Zeichen – Format**
marca *f* **de párrafo**	**Absatzmarke**
usuario /-a	**Anwender(in); Benutzer(in)**
Internet *f*	**Internet**
dirección (de) Internet	Internetadresse
la red	**das Netz(werk); Network**
buscar (c>que) en Internet / en la red	das Netz / Internet durchsuchen
la web; la malla / telaraña mundial	**das Netz; das Web**
sitio *m* **web** / **portal** *m*	**Website**
visitar un sitio (web)	eine Website besuchen
página *f* web	**Webseite**
portada *f* / **página** *f* **inicial**	**Start- / Ausgangsseite im WWW**
acceso(s) *m* / **visita(s)** *f*	**Zugriffe** (auf eine Internet-Seite)
navegar (g>gue) / **(surfear)**	**browsen; surfen**
navegar en / por Internet	im Internet surfen
ciberespacio *m*	**Cyberspace**
cibernauta *m* / *f* / **internauta** *m* / *f*	**Internetbenutzer(in) / -surfer(in)**

tarifa *f* **plana**	**Pauschaltarif**
navegador *m* / **explorador** *m*	**Web Browser**
terminal *m*	**Terminal; Dateneingabestation**
paso *m* / **camino** *m* (de acceso) / **localización** *f*	**Pfad**
codificar (c>que) – **decodificar** (c>que)	**kodieren – dekodieren**
cifrar – descifrar	**verschlüsseln – entschlüsseln**
portapapeles *msg*	**Zwischenablage**
buscador *m*	**Suchmaschine**
palabra *f* **clave**	**Suchwort; Stichwort**
digitalizar (z>ce) – **digital**	**digitalisieren – digital; Digital-**
hipertexto *m*	**Hypertext**
enlace *m* / **vínculo** *m* / **link** *m*	**Link**
hipervínculo *m* / **enlace** *m*	**Hyperlink** (Verbindung von einer Internetseite zu einer anderen)
código *m* **de país**	**Länderkennung** (z. B. „.de“)
dominio *m*	**Domain**
@ (arroba *f*)	**at;** *(in E-Mail-Adressen)* bei
correo *m* **(electrónico)** – **correo** *m* **tradicional**	**E-Mail; E-Mail-Nachricht – herkömmliche Post**
e-mail *m* / *fam* **emilio** *m* / **mensaje** *m* (electrónico)	**E-Mail(-Nachricht)**
servidor *m* **de correo (electrónico)**	**Mailserver**
buzón *m* **(de correo electrónico)**	**elektronischer Briefkasten**
anexo *m* / **(documento** *m***) adjunto**	**(E-Mail-)Anlage**
conectarse – desconectarse	**sich einloggen – sich ausloggen**
conexión – desconexión	**Anschluss – Abschalten**
chat *m* – **chateo** *m* – **chatear**	**Chat** – (das) **Chatten – chatten**
preguntas *f* **(más) frecuentes**	**häufig gestellte Fragen / FAQ(s)**
pirata *m/f* **informático/-a**	**Hacker**
piratear	(den Kopierschutz) **knacken**
intruso *m* **/-a cráquer** *m/f* / **revientasistemas** *msg* / **saboteador** *m*	**Cracker(in)** (= jemand, der illegal in ein Computersystem eindringt)
virus *m* **(informático)**	**(Computer-)Virus**
protección *f* **antivirus**	**Schutz gegen Viren**
gusano *m*	**Wurm**
servicios *m* **en línea**	**Online-Dienste**
comercio *m* **electrónico**	**elektronischer Handel**
firma *f* **digital**	**digitale Unterschrift / Signatur**
teletrabajo *m*	**Tele(heim)arbeit**
teletrabajador(a)	**Tele(heim)arbeiter(in)**

17.1 Vehículos motorizados y tráfico
Kraftfahrzeuge und Straßenverkehr

vehículo *m*	**(Kraft-)Fahrzeug**
medio de transporte	**Transport- / Verkehrsmittel**
coche *m* / **automóvil** *m* / *LAm* **carro** *m*	**Auto; Wagen**
alquiler de coches – coche de alquiler	Autovermietung – Mietwagen
coche descapotable / *LAm* convertible	Kabriolett
coche deportivo	Sportwagen
turismo *m*	**Personenwagen; PKW**
autobús *m* / **autocar** *m* / *Can, Cu, PR* **guagua** *f*	**(Reise-)Bus**
camión *m*	**Lastwagen; Lkw; Laster**
camioneta *f* / *CR, Guat, Pan* **pick up** *m* / *CAm* **cazadora** *f*	**Kleinlasttransporter**
furgoneta *f*	**(geschlossener) Lieferwagen; Kombi**
moto *f* – **motocicleta** *f*	**Motorrad – Kleinmotorrad**
motocicleta todo terreno	Geländemaschine / -motorrad
vespa *f* / **escúter** *m*	**Motorroller**
vespino *m/f* – **ciclomotor** *m*	**Moped – Mofa**
ir en coche (– voy – iba – fui – ido)	**fahren**
llevar a alguien	**jemanden fahren / mitnehmen**
¿Te llevo a casa (en coche)?	Soll ich dich nach Hause fahren?
conducir (– conduzco – conduje – conducido) / *LAm* **manejar**	**fahren** *(d. h. am Steuer sitzen)*
conductor(a) – **autoescuela** *f*	**Fahrer(in) – Fahrschule**
velocidad *f*	**Geschwindigkeit**
Me pusieron una multa por exceso de velocidad.	Ich bekam einen Bußgeldbescheid wegen zu schnellen Fahrens.
veloz / **rápido** – **lento**	**schnell – langsam**
arrancar (c>que) / **poner** (– pongo – puse – puesto) **en marcha**	**starten**
acelerar – **frenar**	**beschleunigen / Gas geben – bremsen**
adelantar	**überholen**
viaje *m*	**Fahrt; Reise**

desplazarse (z>ce) – **desplazamiento** *m*	**sich begeben / reisen / pendeln – Ortsveränderung**
gastos de desplazamiento	Fahrtkosten
hacer autoestop *m* / **dedo** *m*	**per Anhalter fahren; trampen**
autoestopista *m/f*	**Anhalter(in); Tramper(in)**
autopista *f* – **autovía** *f*	**Autobahn – Schnellstraße**
peaje *m*	**Autobahngebühr; Maut**
una autopista de peaje	eine Maut-Autobahn
carretera *f*	**Straße** *(als Verkehrsweg)*
carretera nacional	Staatsstraße; Bundesstraße
carretera secundaria	Straße II. Ordnung
carretera comarcal	Landstraße
transitar – tránsito *m*	**durchfahren / -gehen – Durchgangsverkehr /** *LAm* **Verkehr**
ronda *f* / **carretera** *f* **de circunvalación**	**Ring; Umgehungsstraße**
calle *f* – **calzada** *f*	**Straße – Pflasterstraße; Fahrbahn**
calle de dirección única / de sentido único	Einbahnstraße
callejón *m* **sin salida**	**Sackgasse**
curva *f* – **recta** *f*	**Kurve – Gerade**
La carretera hace ahí una curva.	Die Straße macht da eine Kurve.
cruce *m* – **semáforo** *m*	**(Straßen-)Kreuzung – Ampel**
parar en un semáforo en rojo	an einer roten Ampel halten
virar / dar (– doy – di – dado) **la vuelta**	**wenden**
torcer (o>ue; c>za, zo) / **girar** / *LAm, Andal* **doblar**	**ein- / abbiegen**
carril *m* – **camino** *m*	**(Fahr-)Spur – Weg**
atajo *m* – **desvío** *m* – **rodeo** *m*	**Abkürzung – Umleitung – Umweg**
en la **esquina**	an der **Ecke**
acera *f* / *RPl* **vereda** *f*	**Bürgersteig; Gehsteig**
paso *m* **de peatones / de cebra**	**Fußgängerüberweg; Zebrastreifen**
Peligro por **obras** *fpl*	Achtung **Baustelle**
seguridad *f* **vial**	**Verkehrssicherheit**
tráfico *m* / **circulación** *f* / *LAm* **tránsito** *m*	**Verkehr**
tráfico pesado	Schwerverkehr
tráfico circular / glorieta / rotonda	Kreisverkehr
ninguna retención de tráfico	*(Radio)* keine Verkehrsstörungen
tráfico en las horas puntas	Berufsverkehr; Stoßverkehr
señal *f* **de tráfico**	**(Verkehrs-)Zeichen**
atasco *m* / **embotellamiento** *m*	**Stau**

quedar atrapado en un atasco	im Stau steckenbleiben
congestionarse – **congestión** *f*	**verstopft sein** – **Stockung; Verstopfung**
corte *m* **de carretera**	**Straßensperrung**
el **área** *f** **de servicio**	**(Autobahn-)Raststätte**
gasolina *f* – **gasolinera** *f*	**Benzin** – **Tankstelle**
avería *f*	**Panne**
taller *m* / **estación** *f* **de servicio**	**Werkstatt**
neumático *m* / **cubierta** *f* / **llanta** *f*	**(Luft-)Reifen**
rueda *f*	**Rad; Reifen**
rueda de repuesto	Ersatzreifen / -rad
comprobar la presión de las ruedas	den Reifendruck prüfen
cambiar una rueda / el aceite	einen Reifen / das Öl wechseln
reventón *m*	**geplatzter Reifen; Reifenpanne**
arreglar – **revisión** *f*	**reparieren** – **Inspektion**
reparación *f* / **arreglo** *m*	**Reparatur**
aparcar (c>que) / **estacionar** / *LAm* **parquear**	**parken**
No puede aparcar aquí.	Hier können Sie nicht parken.
aparcamiento *m* / **estacionamiento** *m* / *LAm* **playa** *f*	**Parkplatz; Parken**
parquímetro *m* – **zona** *f* **azul**	**Parkuhr** – **Kurzparkzone**
parquin *m* / **garaje** *m* **de aparcamientos**	**Parkhaus**
policía *m/f* **municipal**	**Polizei; städtische(r) Polizist(in)**
guardia *m/f* (de tráfico)	Verkehrs**polizist(in)**
infracción *f* **de tráfico**	**Verkehrsverstoß / -delikt**
multa *f*	**Strafzettel**
grúa *f* (de tráfico) – **cepo** *m*	**Abschleppwagen** – **Parkkralle**
saltarse una señal de stop / un semáforo	ein Stoppschild / eine Ampel **überfahren**
conducir (– conduzco – conduje – conducido) **temerariamente**	**rücksichtslos fahren**
control *m* **de alcoholemia**	**Alkoholtest, „Blastest"**
control *m* **radar**	**Radarkontrolle**
accidente *m* **de tráfico** / **de carretera** / **de circulación**	**Verkehrsunfall**
provocar un accidente	einen Unfall verursachen
atropellar a alguien	jemanden **überfahren**
permiso *m* / **carné** *m* **de conducir** / *LAm* **licencia** *f* **de manejar**	**Führerschein**
documentación *fsg* / **papeles** *mpl* **del coche**	**Auto- / Fahrzeugpapiere**

17.2 Transporte por ferrocarril
Beförderung mit der Eisenbahn

ferrocarril *m* / **vía** *f* **férrea**	**Eisenbahn**
ferroviario /-a	**Eisenbahner(in); Eisenbahn-**
línea / trayecto ferroviario	Eisenbahnlinie / -strecke
un nudo / centro ferroviario	ein Eisenbahnknotenpunkt
carril *m* / **vía** *f*	**Schiene**
descarrilar – **descarrilamiento** *m*	**entgleisen** – **Entgleisung**
tren *m*	**Zug**
ir / viajar en tren	mit dem Zug / der Bahn fahren
coger / *esp LAm* tomar un tren	einen Zug nehmen
tren de mercancías	Güterzug
tren de cercanías	Nahverkehrszug
(tren) expreso / rápido	Schnellzug
Tren de Alta Velocidad / AVE	Hochgeschwindigkeitszug
tren directo	ein durchgehender Zug
servicio *m* **de trenes**	**Zugverkehr; Zugverbindung**
servicio de vaivén	Pendelzug

Expresiones con la palabra "tren" **(= Ausdrücke mit „Zug")**
No me puedo permitir ese tren de vida. (= Ich kann nicht so viel ausgeben.) • *llevar un gran tren de vida / vivir a todo tren* (= auf großem Fuß leben) • *estar como un tren* (= sehr gut aussehen) • *ir a todo tren* (= sehr schnell gehen / fahren)

vagón *m* / *LAm* **carro** *m*	**Eisenbahnwagen**
coche-cama *m* / *LAm* **coche-dormitorio** *m*	**Schlafwagen**
litera *f*	**Bett** (im Liegewagen)
coche-restaurante *m* / *LAm* **vagón-restaurante** *m*	**Speisewagen**
coche-bar *m*	**Büfettwagen**
locomotora *f* – **maquinista** *m* / *f*	**Lokomotive** – **Lokführer(in)**
compartimento *m* / *LAm* **compartimiento** *m* de primera / de segunda clase	Erster- / Zweiter-Klasse-**Abteil**
compartimento para fumadores	Raucherabteil
reservar un **asiento**	einen **Platz** reservieren
Ese asiento está ocupado.	Dieser Platz ist besetzt.
revisor(a)	**Schaffner(in)**
estación *f* – **terminal** *f*	**Bahnhof** – **Endstation**

parar / detenerse en una estación	an einem Bahnhof halten
andén *m* – **vía** *f*	**Bahnsteig** – **Gleis**
raíl *m* – **paso** *m* **a nivel**	**Schiene** – **Bahnübergang**
sala *f* **de espera**	**Wartesaal**
altavoz *m* / *LAm* **altoparlante** *m*	**Lautsprecher**
mozo *m* **de estación** / *Arg* **changador** *m* / *Col* **altozanero** *m*	**Gepäckträger**
equipaje *m* – **consigna** *f*	**Gepäck** – **Gepäckaufbewahrung**
¿Dónde puedo dejar mi equipaje?	Wo kann ich mein Gepäck abstellen?
la **oficina de objetos perdidos**	das **Fundbüro**
billete *m* / *LAm* **boleto** *m*	**Fahrkarte**
un billete de ida y vuelta	Rückfahrkarte
ventanilla *f* / **despacho** *m* **de billetes** / *LAm* **boletería** *f*	**Fahrkartenschalter**
reservar – **reserva** *f*	**reservieren** – **(Platz-)Reservierung**
recargo *m* / **suplemento** *m*	**Zuschlag**
la **señal de partida**	das **Abfahrtsignal**
subirse a un tren	in einen Zug **einsteigen**
bajarse de un tren	(aus einem Zug) **aussteigen**
viajar – **viaje** *m*	**reisen** – **Fahrt; Reise**
trayecto *m* / **recorrido** *m*	**Strecke; Weg**
itinerario *m*	**Dienstfahrplan**
cambiar de tren – **transbordo** *m*	**(das) Umsteigen** – **umsteigen**
En Bobadilla hay que hacer transbordo.	Man muss in Bobadilla umsteigen.
enlazar (z>ce) – **enlace** *m*	**Anschluss haben** – **Anschluss**
conexión *f* / *LAm* **combinación** *f*	**Verbindung**
perder (e>ie) el tren	den Zug **verpassen / versäumen**
Casi pierdo el tren.	Ich habe beinah den Zug verpasst.
salir (-g-) – **salida** *f*	**abfahren** – **Abfahrt**
El tren sale por / de la vía número 7.	Der Zug fährt von Gleis 7 ab.
llegar (g>gue) – **llegada** *f*	**ankommen** – **Ankunft**
la hora prevista de llegada	die vorgesehene Ankunftszeit
horario *m* **de trenes**	**Fahrplan; Kursbuch**
panel *m* **de llegadas / de salidas**	**Ankunfts- / Abfahrtstafel**
puntual	**pünktlich**
retrasarse / **demorarse** – **adelantarse**	**sich verspäten** – **zu früh ankommen**
retraso *m* / **demora** *f*	**Verspätung**
El tren viene con retraso.	Der Zug hat Verspätung.
pasajero /-a	**Fahrgast; Reisende(r); Passagier**

17.3 Transporte aéreo
Beförderung mit dem Flugzeug

volar (o>ue) – **vuelo** *m*	**fliegen – Flug**
volar en (la) clase turista	in der Touristenklasse fliegen
La duración del vuelo es de seis horas.	Die Flugzeit beträgt sechs Stunden.
un vuelo directo	Direktflug
vuelo regular / de línea – vuelo chárter	Linienflug – Charterflug
vuelo interior	Inlandflug
avión *m*	**Flugzeug**
viajar / ir en avión	mit dem Flugzeug reisen / fliegen
avión de pasajeros	Verkehrsflugzeug
jumbo *m*	**Jumbojet; Großraumflugzeug**
portaaviones *m* – **aerobús** *m*	**Flugzeugträger – Airbus**
aéreo	**Luft-**
Murió en un accidente aéreo.	Er / Sie kam bei einem Flugzeugabsturz ums Leben.
enviar mercancías por vía aérea	Waren auf dem Luftweg versenden
compañía *f* **aérea**	**Luftfahrtgesellschaft**
línea *f* **aérea**	**Luftverkehrslinie**
red de líneas aéreas	Luftverkehrsnetz
aeropuerto *m*	**Flughafen**
¿Te recojo en el aeropuerto?	Soll ich dich am Flughafen abholen?
aeródromo *m*	**Flugplatz**
helicóptero *m*	**Hubschrauber**
helipuerto *m*	**Hubschrauberlandeplatz**
terminal *f*	**Terminal**
la terminal de equipajes	Gepäckhalle
la terminal de llegada / de salida	Ankunfts- / Abflughalle
horario *m* **de vuelos**	**Flugplan**
llegada(s) *f* – **salida(s)** *f*	**Ankunft – Abflug**
La hora prevista de llegada es la 1:05, pero el vuelo llegará con retraso.	Die fahrplanmäßige Ankunftszeit ist 1.05 Uhr, aber der Flug wird verspätet eintreffen.
cancelar	**streichen; ausfallen lassen**
El vuelo 452 fue cancelado.	Flug 452 wurde gestrichen.
anular una reserva	eine Reservierung **stornieren**
destino *m*	**Zielflughafen; Reiseziel**
escala *f*	**Zwischenlandung**

hacer escala	zwischenlanden
vuelo sin escala(s) / directo	Non-Stop-Flug
control *m* **de seguridad**	**Sicherheitskontrolle**
facturar	**aufgeben; einchecken**
¿A qué hora tenemos que facturar el equipaje?	Wann müssen wir das Gepäck einchecken / aufgeben?
mostrador *m* **de facturación**	**(Fluggast-)Abfertigungsschalter**
maleta *f* / *LAm* **valija** *f*	**Koffer**
equipaje *m*	**Gepäck**
exceso de equipaje / de peso	*(Gepäck)* Übergewicht
equipaje de mano	Handgepäck; Bordtasche
Sólo puede llevar a bordo un bulto (de equipaje de mano).	Sie können nur ein Stück Handgepäck mit an Bord nehmen.
embarcar (c>que)	**einsteigen; am Bord gehen**
Tienen que embarcar por la puerta número 12.	Sie müssen am Ausgang 12 einsteigen.
tarjeta *f* **de embarque**	**Bordkarte**
un / una **menor sin compañía**	ein **Kind ohne Begleitung** (Erwachsener)
pasajero /-a	**Fluggast; Passagier**
un pasajero en lista de espera	ein Passagier auf Warteliste
cinturón *m* **de seguridad**	**Sicherheitsgurt**
Por favor, abróchense los cinturones.	Bitte schnallen Sie sich an.
máscar(ill)a *f* **de oxígeno**	**Sauerstoffmaske**
chaleco *m* **salvavidas**	**Schwimmweste**
compartimento *m* **para el equipaje de mano**	**über dem Sitz befindliches Gepäckfach**
cabina *f* **de pilotaje**	**Cockpit; Pilotenkabine**
cabina *f* **de pasajeros**	**Passagierraum**
tripulación *f*	**Besatzung; Flugmannschaft**
personal *m* **de tierra**	**Bodenpersonal**
piloto *m / f*	**Pilot(in); Flugzeugführer(in)**
azafata *f* / **asistente** *m / f* **de vuelo**	**Steward(ess); Flugbegleiter(in)**
despegar (g>gue) – **aterrizar** (z>ce)	**starten – landen**
pista *f* de aterrizaje y despegue	Start- und Lande**bahn**
altitud *f* **de vuelo**	**Flughöhe**
cinta *f* **(de entrega) de equipajes**	**(Gepäck-)Ausgabeband; Gepäckband**
torre *f* **de control**	**Kontrollturm**
controlador(a) *m* **aéreo /-a**	**Fluglotse**
secuestrar – secuestro *m*	**entführen – Entführung**
secuestrador(a) aéreo /-a	**Flugzeugentführer(in)**

17.4 Transporte marítimo y fluvial
Beförderung auf dem Wasserweg

mar *m / f* – **marítimo**	**See** – **See- / Meer- / Marine-**
hacerse a la mar	zur See gehen
en alta mar	auf hoher See
mar gruesa	schwere See
por mar / por vía marítima	auf dem Seeweg
en **aguas** internacionales	in internationalen **Gewässern**
río *m* – **fluvial**	**Fluss** – **Fluss-**
navegación fluvial	Binnen-, Flussschifffahrt
por vía fluvial	auf dem Flussweg
embarcación *f*	**Wasserfahrzeug; Schiff**
barco *m* – **buque** *m*	**Schiff** – **großes Schiff**
a bordo de un barco	an Bord eines Schiffes
bote *m* – **barca** *f*	**Boot** – **Barke; (Fischer-)Boot**

Las pateras sind einfache Schiffe, in denen die Immigranten aus Afrika die spanische Südküste zu erreichen versuchen.

nave *f* – **naval**	**Schiff** – **Marine- / See-**
navegar (g>gue) – **navegable**	**schiffen / segeln** – **schiffbar**
navegar a toda vela	mit vollen Segeln fahren
un barco que navega bajo una bandera de conveniencia	ein Schiff, das unter einer Billigflagge fährt
aguas navegables	Fahrwasser
navegante *m* – **navegación** *f*	**Schiffer / Seefahrer** – **Schifffahrt / Schiff**
cerrado a la navegación	für die Schifffahrt gesperrt
náutica *f* – **náutico**	**Schifffahrtkunde / Nautik** – **nautisch / Schifffahrts-**
remar – **remo** *m*	**rudern** – **Ruder / Rudern**
astillero *m*	**Werft**

Tipos de embarcaciones **(= Arten von Wasserfahrzeugen)**
el transatlántico (= Ozeandampfer) • *el barco de pasajeros* (= Passagierschiff) • *el barco de vapor* (= Dampfschiff, Dampfer) • *el vapor de ruedas* (= Raddampfer) • *el transbordador / el ferry* (= Fähre) • *el buque de carga / el carguero* (= Frachtschiff / Frachter) • *el buque mercante* (= Handelsschiff) • *el carguero portacontenedores* (= Containerschiff) • *el petrolero* (= Öltanker) • *el superpetrolero* (= Riesentanker) • *el buque cisterna* (= Flüssiggastanker) •

el buque rompehielos (= Eisbrecher) • *el buque frigorífico / el (barco) congelero* (= Kühlschiff) • *el pesquero de arrastre* (= Hecktrawler) • *el barco de pesca / pesquero* (= Fischerboot) • *el barco ballenero* (= Walfänger) • *el remolcador* (= Schlepper) • *el barco del práctico (del puerto)* (= Lotsenboot) • *el barco de recreo* (= Vergnügungsdampfer) • *el bote salvavidas* (= Rettungsboot) • *el (barco) patrullero* (= Patrouillenboot) • *el (barco) guardacostas* (= Küstenwachschiff) • *el (barco) fueraborda* (= Motorboot) • *el yate* (= Jacht) • *el barco de vela* (= Segelboot) • *el barco de remos* (= Ruderboot) • *la canoa* (= Kanu / Paddelboot) • *la balsa* (= Floß)

botar – **botadura** *f*	**vom Stapel laufen** – **Stapellauf**
crucero *m*	**Kreuzfahrt**
hacer un crucero	eine Kreuzfahrt machen
viaje *m* – **pasaje** *m*	**Reise** – **Überfahrt**
viaje por mar / marítimo	Seereise
reservar un pasaje para América	eine Schiffsreise nach Amerika buchen
pasajeros de tercera clase	**Passagiere**, die im Zwischendeck reisen
polizón *m*	**blinder Passagier**
embarcar (c>que) – **desembarcar**	**sich einschiffen** – **von Bord gehen / an Land gehen**
embarque *m* – **embarcadero** *m*	**Einschiffung / An-Bord-Gehen** – **Ladeplatz / Landungsbrücke**
aviso de embarque	Verschiffungsbescheinigung
a bordo del barco	**an Bord** des Schiffes
llegar (g>gue) **a tierra**	**an Land kommen**
encallar / varar	**auf Grund laufen; stranden**
zozobrar	**kentern**
hundirse – **hundimiento** *m*	**sinken** – **Versenkung**
irse (– voy – iba – fui – ido) **a pique**	**scheitern; untergehen**
El Titanic **chocó** contra un iceberg.	Die Titanic **lief gegen** einen Eisberg.
naufragar (g>gue) – **naufragio** *m*	**Schiffbruch erleiden** – **Schiffbruch**
sumergible – **insumergible**	**tauchfähig; Tauch- / Unterseeboot** – **unsinkbar**
cambiar de **rumbo** *m*	den **Kurs** ändern
perder el rumbo	vom Kurs abkommen
corregir el rumbo	den Kurs berichtigen
proa *f* – **popa** *f*	**Bug** – **Heck**
babor *m* – **estribor** *m*	**Backbord** – **Steuerbord**
puerto *m* – **muelle** *m*	**Hafen** – **Kai**

atracar (c>que) en el muelle	am Kai **anlegen**
anclar – *el* **ancla** *f**	**(ver)ankern** – **Anker**
estar anclado / fondeado	vor Anker liegen
echar (el) ancla / lev(ant)ar (el) ancla	(den) Anker werfen / lichten
tripulación *f*	**Mannschaft; Besatzung**
marinero	*(Fischfang)* **Seemann; Matrose**
marino	**Seemann; Matrose; Marinesoldat**
capitán – **contramaestre**	**Kapitän** – **Bootsmann**
grumete	**Schiffsjunge**
(radio)telegrafista *m / f*	**Funker**
patrón (de barco)	**Schiffseigner; Schiffspatron / -führer**
naviero / armador	**Reeder**
práctico	**Lotse**
cubierta *f*	**Deck**
camarote *m* / *RPl* **cucheta** *f*	**Kabine**
puente *m* **de mando**	**Brückendeck**
bodega *f*	**Laderaum**
timón *m* – **mástil** *m*	**Steuerruder** – **Mast**
marearse en un barco	**seekrank werden**
pirata – **piratería** *f*	**Pirat** – **Piraterie**
faro *m* – **farero /-a**	**Leuchtturm** – **Leuchtturmwärter(in)**
esclusa *f* – **presa** *f*	**Schleuse** – **Wehr**
pantano *m* / **embalse** *m*	**Stausee**

Dichos y expresiones relacionados con la navegación
(= Ausdrücke aus dem Seefahrerwortschatz)
llover a mares (= in Strömen regnen) • *llorar a mares* (= sich die Augen ausweinen) • *la mar de* (= in Hülle und Fülle) • *Tiene la mar de suerte.* (= Er hat immer Glück.) • *A río revuelto, ganancia de pescadores.* (= Im Trüben ist gut fischen.) • *Cuando el río suena, agua lleva.* (= An jedem Gerücht ist was Wahres dran.) • *No llegará la sangre al río.* (= Es wird halb so schlimm werden.) • *¡Pelillos a la mar!* (= Schwamm drüber!) • *embarcarse en algo* (= sich auf etwas einlassen) • *tomar otro rumbo* (= einen neuen Kurs einschlagen) • *Los negocios han tomado un rumbo favorable.* (= Die Geschäfte haben eine günstige Wendung genommen.) • *Todo va viento en popa.* (= Alles geht glänzend.) • *llevar el timón* (= am Ruder sitzen) • *llegar a buen puerto* (= gut ausgehen) • *tener el práctico a bordo* (= im Sterben liegen) • *marinero de agua dulce* (= Landratte) • *Donde hay patrón, no manda marinero.* (= Besser zum Schmied, als zum Schmiedchen gehen.)

17.5 Transporte público
Öffentlicher Nahverkehr

el **metro**	die **U-Bahn**
estación de metro	U-Bahnhof
¿Dónde está la estación de metro más cercana / próxima?	Wo ist der nächste U-Bahnhof?
ir / viajar en metro	mit der U-Bahn fahren
trayecto *m*	**Überfahrt; Strecke; Weg**
un trayecto de media hora	eine halbstündige Fahrt
recorrido *m*	**Fahrstrecke; Dienstfahrplan**
ferrocarril *m* / **tren** *m* **suburbano**	**S-Bahn**
El ferrocarril suburbano es bueno para los trayectos largos.	Die S-Bahn ist gut für längere Fahrten.
usuario /-a del metro	U-Bahn-**Fahrgast**
ferrocarril *m* **elevado**	**Hochbahn**
tranvía *m*	**Straßenbahn**
funicular *m*	**Standseilbahn; Drahtseilbahn; Schwebebahn**
monocarril *m*	**Einschienenbahn**
autobús *m* / *Can, Cu, PR* **guagua** *f*	**Bus**
Voy al trabajo en autobús.	Ich fahre mit dem Bus zur Arbeit.
autobús de dos pisos	Doppeldecker(bus)
Los autobuses pasan cada cinco minutos.	Die Busse verkehren alle fünf Minuten.
el autobús de la línea número 6	die Buslinie 6
el autobús circular	Bus im Ringverkehr
parada *f* **de(l) autobús**	**Bushaltestelle**
parada discrecional / eventual	Bedarfshaltestelle
microbús *m* / *Arg* **colectivo** *m*	**Kleinbus**
trolebús *m*	**Oberleitungsbus; Obus**
conductor(a) / **chófer** *m* / *f* / *LAm* **chofer** *m* / **choferesa** *f*	**Fahrer(in)**
autocar *m*	**Reisebus**
parar / llamar un **taxi**	ein **Taxi** heran- / herbeiwinken
un trayecto en taxi	eine Taxifahrt
parada de taxi	Taxistand
taxista *m* / *f* – **taxímetro** *m*	**Taxifahrer(in)** – **Taxiuhr**, **Taxameter**
poner en marcha / parar el taxímetro	die Taxiuhr ein- / ausschalten
bajada *f* **de bandera**	**Grundgebühr**
un **suplemento** de ...	ein **Zuschlag / Aufschlag** von ...

dar una **propina** *f* al taxista	dem Taxifahrer ein **Trinkgeld** geben
billete *m* / *LAm* **boleto** *m*	**Fahrkarte**
billete para recorrido corto	Kurzstreckenkarte
máquina de billetes	Fahrkartenautomat
El precio del billete depende del recorrido.	Der Preis einer Fahrkarte hängt von der Länge der Fahrt ab.
El conductor del autobús cobra los billetes.	Der Busfahrer kassiert das Fahrgeld.
billete de precio único	Einheits- / Pauschalfahrpreis
un aumento del precio de los billetes	eine Fahrpreiserhöhung
Los que viajan sin billete se arriesgan a pagar una multa bastante elevada.	Schwarzfahrern droht eine hohe Geldstrafe.
billete para un día	Tageskarte
bonobús *m*	**Streifenkarte**
picar (el bonobús)	stempeln

Algunas expresiones útiles	**(= Nützliche Redensarten)**
Por favor, ¿cómo se va a la Plaza de España?	Wie komme ich bitte zum Plaza de España?
¿De qué andén sale el metro hacia Las Ramblas?	Von welchem Bahnsteig geht es zu den Ramblas?
Siga el letrero que pone línea circular.	Folgen Sie dem Schild zum Ringverkehr.
Tome la línea principal en dirección este.	Fahren Sie mit der Hauptlinie in Richtung Osten.
¿Va esta línea de metro a ...?	Fährt diese U-Bahn nach ...?
Esta línea de metro pasa por la Puerta del Sol.	Diese U-Bahn fährt über la Puerta del Sol.
¿Dónde tengo que cambiar de autobús / metro para ir a ...?	Wo muss ich nach ... umsteigen?
¿Qué autobús / metro va a ...?	Welche(r) Bus / U-Bahn fährt nach ...?
¿Me puede decir, por favor, cuándo tengo que bajarme?	Können Sie mir bitte sagen, wann ich aussteigen muss?
Hay cinco estaciones / paradas hasta la Plaza de Cataluña.	Zum Plaza de Cataluña sind es fünf Stationen.
El dos / La línea dos lo deja allí.	Da kommen Sie mit der Linie 2 hin.
La escalera mecánica no funciona.	Die Rolltreppe ist außer Betrieb.

Kapitel 18

18.1 Teoría y política económicas
Wirtschaftstheorie und -politik

económico	**wirtschaftlich; Wirtschafts-; ökonomisch; preiswert; Finanz-**
el aumento del crecimiento económico	die Steigerung des Wirtschaftswachstums
economista *m/f*	**Wirtschaftswissenschaftler(in)**
economía *f*	**Wirtschaft; Sparsamkeit**
el sector **servicios** *mpl*	der **Dienstleistungs**bereich / -sektor
la **oferta** y la **demanda**	**Angebot** und **Nachfrage**
bienes *mpl*	**Güter; Vermögen**
mercancía *f* / *LAm* **mercadería** *f*	**Ware**
las fuerzas del **mercado**	die **Markt**kräfte
la libre **competencia**	freier **Wettbewerb**
regulación *f* / **control** *m* (estatal)	(staatliche) **Regulierung / Kontrolle**
factores / coste(s) de **producción** *f*	**Produktions**faktoren / -kosten
economía **privada** / sector **privado**	**Privat**wirtschaft
empresa *f* (estatal / privada)	(staatliches / Privat-)**Unternehmen**
empresario /-a	**Unternehmer(in)**
beneficio *m* **empresarial**	**Unternehmergewinn**
acumular **capital** *m*	**Kapital** bilden
prosperidad *f* / **bienestar** *m*	**Wohlstand**
riqueza *f*	**Reichtum**
producto *m* **nacional bruto / PNB**	**Bruttosozialprodukt**
presupuesto nacional	der Staats**haushalt**
el déficit presupuestario	das **Haushaltsdefizit**
la **deuda** nacional	die Staats**schuld / -verschuldung**
recortes *mpl*	**Sparmaßnahmen**
cortar / reducir las **subvenciones**	**Subventionen** abbauen
bajar los **intereses**	die **Zinsen** senken
aumentar la **productividad**	die **Produktivität** erhöhen
el **nivel de vida**	der **Lebensstandard**
el **coste de la vida**	die **Lebenshaltungskosten**
precio *m* **de venta al público / PVP**	**Verbraucherpreis; Ladenpreis**
consumo *m* – **consumidor(a)**	**Verbrauch / Konsum – Verbraucher(in)**
recesión *f*	**Rezession; Konjunkturrückgang**
inflación *f* – **deflación** *f*	**Inflation – Deflation**
recesión *f* **con inflación**	**Stagflation**

18.2 Los negocios
Das Geschäftsleben

negocio *m*	**Geschäft; Geschäfts-**
una cita de negocios	ein geschäftlicher Termin
hombre / mujer de negocios	**Geschäftsmann / -frau**
comerciante *m / f* al por mayor / al por menor	Groß- / Einzel**händler(in)**
detallista *m / f*	**Einzelhändler(in)**
comercio *m* – **comercial**	**Handel(sverkehr) – kaufmännisch; kommerziell; Handels-**
cámara de comercio	(Industrie- und) Handelskammer
feria comercial / de muestras	(Handels-)Messe; Ausstellung
comerciar en vinos	Wein**handel treiben**
ramo *m*	**Branche; Gewerbe**
mercancía *f / LAm* **mercadería** *f*	**Ware**
un **artículo** con salida	ein gut gehender **(Waren-)Artikel**
propietario /-a	**Besitzer(in); Eigentümer(in)**
empresa *f* – **compañía** *f*	**Firma; Unternehmen – Gesellschaft**
una (compañía) multinacional	ein multinationaler Konzern
sociedad *f*	**Gesellschaft**
sociedad filial	Tochtergesellschaft
sociedad colectiva	offene Handelsgesellschaft
sociedad sin ánimo de lucro	gemeinnützige Gesellschaft
sociedad en comandita (S. en C.)	Kommanditgesellschaft (KG)
sociedad anónima (S.A.)	Aktiengesellschaft (AG)
sociedad limitada (S.L.)	Gesellschaft mit beschränkter Haftung (GmbH)
consorcio *m* – **cooperativa** *f*	**Konzern – Genossenschaft**
accionista *m / f* – **acción** *f*	**Aktionär(in) – Aktie**
aumento de valor / plusvalía para los accionistas	Wertsteigerung für Aktionäre
director(a) – la **junta directiva**	**Direktor(in)** – der **Vorstand**
el **consejo de administración**	der **Aufsichtsrat (einer AG)**
presidente /-a	**Vorstandsvorsitzende(r)**
gerente *m / f* / **jefe /-a**	**Leiter(in)**
jefe /-a de personal	Personalchef(in)
jefe de ventas	Verkaufsdirektor
gerencia *f*	**Führung; Leitung**
ejecutivo /-a	**leitende(r) Angestellte(r); Manager(in)**

gestión *f* **de empresas**	**Unternehmensführung**
vender – **venta** *f*	**verkaufen** – **Verkauf; Umsatz**
hacer subir las ventas	die Umsätze in die Höhe treiben
caída / retroceso / disminución de las ventas	Umsatzrückgang
sacar **beneficios** *m* / **ganancias** *f*	**Gewinne** erzielen
vendedor(a) – **comprador(a)**	**Verkäufer(in) / Händler(in)** – **Käufer(in)**
dependiente /-a	*(Laden)* **Verkäufer(in)**
representante *m/f*	**Vertreter(in); Repräsentant(in)**
viajante *m/f*	**(Handels-)Vertreter(in) / -reisende(r)**
un **posible** cliente	ein **potenzieller** Kunde
una **comisión** del 25 por ciento	eine **Provision** von 25 Prozent
Se han gastado millones en **sobornos** / comisiones ilegales.	Sie haben **Schmiergelder** / illegale Provisionen in Millionenhöhe bezahlt.
venta *f* **al por mayor** – **al por menor**	**Großhandel** – **Einzelhandel**
mayorista *m/f* – **minorista** *m/f*	**Großhändler(in)** – **Einzelhändler(in)**
distribuir (-y-) mercancías	Waren **vertreiben / ausliefern**
nuestros **distribuidores** en el extranjero	unsere **Vertriebspartner** im Ausland
distribución *f* **exclusiva** / **concesión** *f*	**Alleinvertretung / -vertrieb**
la sociedad **distribuidora**	die **Vertriebs**gesellschaft
según los términos del **contrato**	gemäß den **Vertrag**sbestimmungen
comprar – **compra** *f*	(an- / ein)**kaufen** – **Einkauf**
compraventa *f*	**Ein- und Verkauf**
volumen *m* **de ventas**	**Umsatz**
un **movimiento** de ventas de un billón y medio	einen **Umsatz** von 1,5 Billionen
rentable – **ruinoso**	**gewinnbringend / rentabel** – **Verlust-**
rentabilidad *f*	**Rentabilität**
trabajar **cubriendo gastos**	**kostendeckend** arbeiten
en números rojos	**in den roten Zahlen**
perder (e>ie) – **pérdida** *f*	**verlieren** – **Verlust**
sufrir enormes pérdidas	enorme Verluste erleiden
saldo *m* (comercial)	**Saldo**
lista de **precios** *m*	**Preis**liste
precio de compra / de coste	Einkaufspreis

precio de venta al público (PVP)	Einzelhandels- / Ladenpreis
subir / bajar los precios	die Preise erhöhen / senken
regatear para conseguir el mejor precio	um den besten Preis **feilschen**
etiqueta *f* con el precio	**Preisschild**
encarecer (c>zc) – **encarecimiento** *m*	**verteuern** – **Verteuerung**
descuento *m*	**Diskont; Rabatt**
una **competencia** fuerte / feroz	eine heftige / scharfe **Konkurrenz**
eliminar a un **competidor**	einen **Konkurrenten / Mitanbieter** aus dem Markt verdrängen
entrar en **liquidación** *f* / **liquidar** un negocio	in **Liquidation** gehen; ein Geschäft **auflösen**
ofrecer (c>zc) – **oferta** *f*	**anbieten** – **Angebot**
(oferta de) **traspaso** *m*	**Übernahme**(angebot)
demanda *f*	**Nachfrage**
adquisición *f*	**Neuerwerbung; Übernahme**
fusión *f*	**Fusion**
sala *f* **de exposiciones**	**Ausstellungsraum**
efectuar / llevar a cabo un **pedido**	einen **Auftrag** ausführen
suministrar – **suministro** *m*	**liefern** – **Lieferung**
suministrador(a)	**Lieferant(in); Vertreter(in); Lieferungs-**
abastecer (c>zc) – **abastecedor(a)**	**liefern / versorgen** – **Lieferant(in)**
distribuir (-y-) – **distribución** *f*	**ausliefern** – **Absatz / Vertrieb**
lista *f* **de contenido**	**Packliste**
almacén *m* – **existencias** *fpl*	**Lager(haus)** – **Lagerbestände**
Nuestras existencias se están agotando / acabando.	Unsere Bestände gehen langsam zur Neige.
surtido *m*	**Sortiment; Auswahl**
inventariar – **inventario** *m*	**Bestand aufnehmen** – **Inventar / Bestandsliste**
hacer inventario	Bestand aufnehmen
garantizar (z>ce) – **garantía** *f*	**garantieren** (für) – **Garantie(schein)**
La garantía no cubre eso.	Das fällt nicht unter die Garantie.
licencia *f*	**Lizenz**
conceder / denegar una **concesión**	eine **Konzession** erteilen / verweigern
importación *f* – **exportación** *f*	**Import** – **Export**
importar – **exportar**	**importieren** – **exportieren**
importador *m* – **exportador** *m*	**Importeur** – **Exporteur**
boicotear – **boicoteo** *m* / **boicot** *m*	**boykottieren** – **Boykott**

18.3 Dinero y finanzas
Geld und Finanzwesen

(ganar mucho/-a) **dinero** *m* / *LAm* **plata** *f*	(viel) **Geld** (verdienen)
100 euros **en efectivo**	100 Euro **in bar**
caja *f* **(registradora)**	**(Registrier-/Laden-)Kasse**
cajero *m* **automático**	**Geldautomat**
cobrar	**einnehmen; kassieren; verdienen; berechnen**
Lo puede **cargar** usted a mi cuenta.	**Belasten** Sie es meinem Konto.
gastos *m* de **banco** / **bancarios**	**Bank**spesen/-gebühren
costar (o>ue) – **costes** *m*	**kosten** – **Kosten**
cambiar un billete	einen Schein **wechseln**
pagar (g>gue)	**(be)zahlen**
pagar al taxista	den Taxifahrer bezahlen
pagar una cuenta / las mercancías	eine Rechnung / Waren bezahlen
pagar con un cheque / con la tarjeta de crédito	**mit Scheck/Kreditkarte bezahlen**
pagar **al contado** / *LAm* **en concreto** – pagar **a plazos**	**auf einmal** bezahlen – **auf Raten** bezahlen
liquidar/**saldar** una cuenta	eine Rechnung **begleichen**/**ausgleichen**
liquidación *f* / **pago** *m* de una cuenta pendiente	**Bezahlen**/**Ausgleichen** einer offenen Rechnung
cartera *f* / **billetero** *m* / **billetera** *f*	**Brieftasche**
monedero *m*	**Portmonee; Geldbeutel**
gastar dinero	Geld **ausgeben**
gastos *m*	**Ausgaben; Aufwendungen**
prestar dinero a alguien	jemandem Geld **leihen**
pedir prestado	**(sich) Geld von jemandem leihen**
tomar algo prestado	(sich etwas) ausleihen
préstamo *m* / **empréstito** *m*	**Darleh(e)n**
conceder/devolver un **crédito**	einen **Kredit** gewähren/zurückzahlen
ahorrar dinero	Geld **sparen**
fomentar el **ahorro**	die **Spartätigkeit** fördern
factura *f* – **recibo** *m*	**(Waren-)Rechnung** – **Quittung**
abrir una **cuenta** en un banco	bei einer Bank ein **Konto** eröffnen
cuenta corriente / de ahorro	Giro-/Sparkonto
cuenta con dinero a plazo fijo	Festgeldkonto
cuenta de ahorro-vivienda	Bausparkonto

depositar / meter dinero en una cuenta	Geld auf ein Konto einzahlen
transferir / girar dinero a una cuenta	Geld auf ein Konto überweisen
cartilla *f* **de ahorro**	**Sparbuch**
transferencia *f* (bancaria)	**Überweisung**
transacción *f* (bancaria)	**Transaktion**
código *m* **bancario**	**Bankleitzahl**
depósito *m* **bancario**	**Bankeinlage**
sacar (c>que) / **retirar** dinero	Geld **abheben**
caja *f* **de ahorros** – **banco** *m*	**Sparkasse** – **Bank**
banquero /-a	**Bank(i)er / Bankerin**
El Bundesbank ha bajado los **tipos de interés.**	Die Bundesbank hat die **Leitzinsen** gesenkt.
la política **monetaria**	die **Geld(markt)- / Währungs**politik
crear una **moneda** común	eine gemeinsame **Währung** schaffen
La libra esterlina fue **devaluada** en un 5 por ciento.	Das Pfund Sterling wurde um 5% **abgewertet.**
una **devaluación** del 10 por ciento	eine zehnprozentige **Abwertung**
valor *m* **al cambio** – **divisa** *f*	**Wechsel- / Devisenkurse** – **Devise**
invertir (– invierto – invertí, invirtió – invertido) – **inversor(a)** – **inversión** *f*	**investieren** – **Investor(in)** – **Investition**
nuestra situación **financiera**	unsere **finanzielle** Lage
financiar un proyecto	ein Projekt **finanzieren**
solvente – **insolvente**	**zahlungsfähig / flüssig** – **zahlungsunfähig**
evitar la **insolvencia**	die **Zahlungsunfähigkeit** abwenden
ingresos *mpl* per cápita	Pro-Kopf-**Einkommen**
la **bolsa**	die **Börse**
acciones *f* – **valores** *mpl*	**Aktien** – **Wertpapiere**
bonos *m* **del estado**	**Staatsschuldscheine**
fondos *m* **de inversión**	**Investmentfonds**
especular – **especulador(a)**	**spekulieren** – **Spekulant(in)**
el **alza** *f** – **baja** *f*	*(Börse)* **Hausse** – **Baisse**
dividendo *m*	**Dividende; Gewinnanteil**
máximos **beneficios** *m*	maximale **Erträge**
corredor(a) / agente *m / f* **de bolsa**	**Börsenmakler(in)**
administrador(a) de valores	**Effektenverwalter(in)**
administrador(a) de fondos	**Fondsverwalter(in)**
hundimiento *m* **de la bolsa**	**Zusammenbruch der Börse / Börsenkrach**

18.4 Publicidad
Werbung

(la) publicidad – publicitario	**(die) Werbung / Reklame – Werbe- / Werbungs- / Reklame-**
agencia publicitaria	Werbeagentur
departamento de publicidad	Werbeabteilung
jefe /-a de publicidad	Werbeleiter(in)
campaña publicitaria	Werbekampagne / -feldzug
eslogan publicitario	Werbeslogan; Werbespruch
publicidad / venta por teléfono	Werbung / Verkauf per Telefon
publicidad / venta directa / personal	Direktwerbung; Direktmarketing
publicidad subliminal	unterbewusste Werbung
publicidad encubierta	Schleichwerbung
publicista *m / f* – **anunciante** *m / f*	**Publizist(in) – Inserent(in)**
anunciar un producto	für ein Produkt **Reklame machen**
anuncio *m*	**(Werbe-)Anzeige; Werbespot**
sección de anuncios	Anzeigenteil
poner anuncios	Anzeigen schalten
anuncio por palabras	Kleinanzeige
propaganda *f*	**Werbung; Reklame; Propaganda**
propaganda comercial	Geschäftsreklame
hacer mucha propaganda	viel Reklame machen
redactor(a) publicitario /-a	**(Werbe-)Texter(in)**
texto *m* **publicitario**	**Werbetext**
marketing *m* / **mercadotecnia** *f*	**Marketing**
orientado a la venta	**marktorientiert**
análisis *msg / mpl* / **estudio** *m* **de mercado**	**Marktforschung**
promoción *f*	**Verkaufsförderung**
promocionar un producto	für ein Produkt **Werbung machen**
relaciones públicas *fpl*	**Öffentlichkeitsarbeit**
prospecto *m* / **folleto** *m* **publicitario**	**Werbeschrift; Prospekt**
hoja *f* **publicitaria**	**Werbezettel; Handzettel**
propaganda *f* **por correo**	**Infopost; Postwurfsendungen**
propaganda *f* **comercial**	**Reklamesendungen**
espacio *m* **para anuncios**	**Reklame- / Plakatwand**
cartel *m* **anunciador**	**Plakat**
Prohibido fijar carteles.	Plakatieren verboten.
destinatarios *mpl* (de un producto)	**Zielgruppe**
mercado *m* **de prueba**	**Testmarkt**

18.5 Profesiones
Berufe

vocación *f*	**Berufung**
ejercer una **profesión**	einem **Beruf** nachgehen
familia, casa y **trabajo** *m*	Familie, Haushalt und **Beruf**

Profesión (= Beruf)
¿Qué profesión tiene? (= Was macht er/sie beruflich?) • *Es carnicero.* (= Er ist Metzger.) • *Profesión: sus labores / ama de casa* (= Beruf: Hausfrau)

Las *profesiones liberales* sind die freien bzw. hochqualifizierten oder besonders hoch angesehenen Berufe, z.B. *la enseñanza* (= Unterrichtswesen), *la abogacía* (= Anwaltschaft), *la medicina* (= Medizin). Entsprechend: *Ella es abogada.* (= Sie ist Rechtsanwältin von Beruf.)

director(a) de un colegio	*(Schule)* **Direktor(in); Leiter(in)**
maestro /-a	**Lehrer(in)** *(Grundschule)*
profesor(a)	**Lehrer(in)** *(höhere Schule)*
profesor de autoescuela	Fahrlehrer
instructor(a)	**Lehrer(in)** *(meist beim Sport)*
catedrático /-a	**Professor(in); Lehrstuhlinhaber(in)**
presidente /-a	**der / die Vorsitzende**
jefe /-a / *LAm* **patrón(a)**	**Chef(in)**
jefe / director de un departamento	Leiter einer Abteilung
inspector(a)	**Inspektor(in); Prüfer(in)**
funcionario /-a	**Beamte(r)**
empleado /-a	**Angestellte(r)**
empleado /-a de banco / oficina	Bank- / Büroangestellte(r)
contratado /-a	**befristete(r) Angestellte(r)**
los **autónomos**	die **Selbstständigen**
obrero /-a	**Arbeiter(in); Fabrikarbeiter(in)**
obrero no cualificado	ungelernter Arbeiter
obrero cualificado	gelernter Arbeiter
obrero /-a especializado /-a	Facharbeiter(in)
trabajador(a)	**Arbeiter(in)**
trabajador del campo	Landarbeiter
trabajador temporero	Saisonarbeiter
trabajador eventual	Gelegenheitsarbeiter
peón *m*	**Hilfsarbeiter; ungelernter Arbeiter;** *LAm* **Landarbeiter**

jornalero /-a	Tagelöhner(in)
aprendiz(a)	Lehrling; Auszubildende(r)
portero /-a	Hausmeister(in); Pförtner(in)
proveedor(a)	Zulieferer / Zulieferin
repartidor(a)	Lieferant(in)
camarero – **camarera**	Kellner – Kellnerin / Zimmermädchen *(Hotel)*
minero *m*	Bergmann
(des)cargador *m* **de muelle** / **estibador** *m*	Hafen- / Dockarbeiter; Schauermann
pescador *m*	Fischer; Angler
cazador – **cazadora**	Jäger – Jägerin / Lederjacke / *CAm* Lieferwagen
pastor(a)	Schäfer(in); Hirte / Hirtin
labrador(a) / **agricultor(a)**	Bauer / Bäuerin
artesano /-a	Handwerker(in)

Traditionelle Handwerksberufe
panadero /-a (= Bäcker /-in) • *pastelero /-a* (= Konditor /-in) • *zapatero /-a* (= Schuster /-in) • *albañil* m (= Maurer) • *carnicero /-a* (= Fleischer /-in; Metzger /-in) • *ebanista* m / f (= Kunst- / Möbeltischler /-in) • *carpintero /-a* (= Zimmermann; Bautischler /-in; Tischler /-in; Schreiner /-in) • *herrero* m (= Schmied) • *cestero /-a* (= Korbmacher /-in) • *cerrajero /-a* (= Schlosser /-in) • *deshollinador /-a* (= Schornsteinfeger /-in) • *relojero /-a* (= Uhrmacher /-in) • *orfebre* m / f (= Gold- / Silberschmied) • *pintor /-a* (= Maler /-in) • *empapelador /-a* (= Tapezierer /-in) • *modista* m / f (= Damenschneider /-in; Näher /-in) • *modisto* m (= Modeschöpfer) • *sastre /-a* (= Herrenschneider /-in) • *peletero /-a* (= Kürschner /-in) • *peluquero /-a* (= Friseur / Friseuse) • *fontanero* m (= Klempner; Installateur) • *cristalero* m (= Glaser) • *electricista* m / f (= Elektroinstallateur /-in)

contable *m / f / LAm* **contador(a)**	Buchhalter(in)
interventor(a)	Wirtschaftsprüfer(in)
cajero /-a	Kassierer(in)
secretario /-a	Sekretär(in)
archivero /-a	Archivar(in); Archivbeamter / -beamtin
bibliotecario /-a	Bibliothekar(in)
telefonista *m / f*	Telefonist(in)
recepcionista *m / f*	Empfangschef / -dame
botones *msg / mpl*	Laufbursche; Page *(Hotel)*
dependiente /-a	Verkäufer(in) *(Laden, Kaufhaus ...)*

vendedor(a) ambulante	(Straßen-)Verkäufer(in)
investigador /-a	Forscher(in)
ingeniero /-a	Ingenieur(in)
abogado /-a	Anwalt / Anwältin
notario /-a	Notar(in)
médico *m / f* / **médica** *f*	Arzt / Ärztin
veterinario /-a	Tierarzt / -ärztin
farmacéutico /-a	Apotheker(in)
enfermero /-a	(Kranken-) Pfleger / Schwester
auxiliar *m / f* **de enfermería**	Pfleger(in)
arquitecto /-a	Architekt(in)
periodista *m / f*	Journalist(in)
delineante *m / f*	technische(r) Zeichner(in)
programador /-a	Programmierer(in)
diseñador(a)	Designer(in)
joyero /-a	Juwelier(in)
piloto *m / f*	Pilot(in)
asistente *m / f* **social**	Sozialarbeiter(in)
intérprete *m / f*	Dolmetscher(in)
traductor(a)	Übersetzer(in)
inventor(a)	Erfinder(in)
detective *m / f*	Detektiv(in)
torero /-a	Stierkämpfer(in)
modelo *m / f*	Dressman; Mannequin; Fotomodell
deportista *m / f* (profesional)	(Profi-)Sportler
el **ama** *f** **de casa**	Hausfrau
el **ama** *f** **de llaves**	Haushälterin; Wirtschafterin
mayordomo *m*	Hausverwalter; Hausdiener
cocinero /-a	Koch / Köchin
limpiadora *f*	Raumpflegerin; Reinigungskraft
criada *f* / **asistenta** *f*	Dienstmädchen
chófer *m / f* / *LAm* **chofer**	Chauffeur(in)
jardinero /-a	Gärtner(in)
canguro *m / f*	Babysitter(in)

Im Spanischen sagt man oft *el hombre / la mujer, el chico / la chica, el señor / la señora + de +* Tätigkeit, wenn man Beschäftigungen bezeichnet, für die man keine bestimmte Ausbildung braucht: *el chico / la chica de los recados* (= Bursche / Mädchen für alles) • *el señor / la señora de los lavabos* (= Toilettenmann / -frau) • *el hombre del butano / butanero* (= Gaslieferant) • *el hombre de la luz* (= Stromableser) • *el señor de los periódicos* (= Zeitungsverkäufer) • *la mujer de la limpieza* (= Raumpflegerin / Putzfrau)

18.6 En la oficina
Im Büro

oficina *f*	**Büro; Amtsraum; Geschäft**
horas de oficina	Dienst- / Arbeitsstunden
edificio de oficinas	Bürogebäude
oficinista *m / f*	**Büroangestellte(r)**
despacho *m*	**Büro; Arbeitszimmer; Schalter; Abfertigung**
sus **superiores**	seine / ihre / Ihre **Vorgesetzten**
mis **compañeros /-as de trabajo**	meine **(Arbeits-)Kolleg(inn)en**
sus **subordinados /-as**	seine / ihre / Ihre **Untergebenen / Mitarbeiter(innen)**
el / la **recepcionista**	der **Herr** / die **Dame am Empfang**
concertar (e>ie) una **cita**	einen **Termin** vereinbaren
entrevista *f*	**Unterredung; Besprechung**
entrevistarse con alguien	mit jemand eine **Unterredung** haben
celebrar una **reunión**	eine **Sitzung / Besprechung** abhalten
junta *f*	**Versammlung; Sitzung; Rat**
sala de **conferencias** *f*	**Konferenz**zimmer
tarjeta *f* **de visita**	**Visiten- / Geschäftskarte**
comida *f* **de trabajo**	**Arbeitsessen**
escritorio *m* / **mesa** *f* **de despacho** / *Pe* **carpeta**	**Schreibtisch**
hacer el **borrador** de una carta	einen Brief **entwerfen**
redactar un contrato	einen Vertrag **abfassen**
escribir (– escribo – escribí – escrito) una carta	einen Brief **schreiben**
el **acta** de la reunión	das **Protokoll** der Sitzung
mecanógrafo /-a	**Stenotypist(in)**
ordenador *m* / *esp LAm* **computadora** / *esp LAm* **computador**	**Computer; Rechner**
error *m* **tipográfico**	**Tippfehler**
interfono *m*	**Wechselsprechgerät**
dictar cartas a una secretaria	einer Sekretärin Briefe **diktieren**
dictáfono *m*	**Diktiergerät; Diktafon**
tomar notas al **dictado**	ein **Diktat** aufnehmen
taquigrafiar algo	etwas **stenografieren**
Tráigame, por favor, el **expediente** del Sr. Gómez.	Bringen Sie mir bitte die **Akte** Gómez.

Estas cosas ya pueden ser **archivadas**.	Diese Sachen können schon in die **Ablage**.
fotocopiadora *f*	**Fotokopierer**
fotocopiar – **fotocopia** *f*	**fotokopieren** – **Fotokopie**
hacerse (– hago – hice, hizo – hecho) **cargo** de trabajo extra	zusätzliche Arbeit **übernehmen**
hacer **horas** *f* **extra(ordinaria)s**	**Überstunden** machen
Lo siento, ahora mismo estoy **ocupado**.	Im Moment bin ich leider **beschäftigt**.
material *m* **de oficina**	**Büromaterial**
clip *m* / *Chi* **broche** *m* / *CAm, PR* **atache** *m*	**Büroklammer**
grapar	**zusammenheften**
grapa *f* – **grapadora** *f* / *LAm* **abrochador** *m*	**Heftklammer** – **Heftmaschine** / **Hefter**
taladradora *f* / **perforadora** *f* **de papel**	**Locher**
bloc *m*	**Notizblock**
cuaderno *m* **(de notas)** / **libreta** *f*	**Notizbuch**
agenda *f* **(de mesa)**	**(Tisch-)Kalender**
archivo *m* – **archivador** *m*	**Aktenschrank** / **Archiv** – **Aktenordner**
clasificador *m* – **fichero** *m*	**Belegordner** – **Kartei**
carpeta *f*	**Aktenmappe; Schreibunterlage**
tablón *m* **de anuncios**	**Anschlagtafel; schwarzes Brett**
chincheta *f*	**Reißzwecke; Reißnagel**
escribir (– escribo – escribí – escrito)	**schreiben**
papel *m* **de escribir** – **sobre** *m*	**Schreibpapier** – **(Brief-)Umschlag**
lápiz *m* / **lapicero** *m*	**Bleistift**
lápiz marcador	Markierstift
sacapuntas *msg* / *mpl*	**Bleistiftspitzer**
bolí(grafo) *m* – **mina** *f*	**Kugelschreiber; Kuli** – **Mine**
rotulador *m*	**Filzstift; Filzschreiber**
pluma *f* **(estilográfica)**	**Füll(feder)halter; Füller**
goma *f* **(de borrar)**	**Radiergummi**
Tipp-ex™ *m* / **líquido** *m* **corrector**	**Tipp-ex™; Korrekturflüssigkeit**
sello *m*	**Stempel(abdruck); Briefmarke**
tampón *m*	**Stempelkissen**
Fixo™ *m* / **cinta** *f* **adhesiva** / **celo(fán)** *m*	**Tesafilm™; Klebefilm**

18.7 Relaciones laborales
Beziehungen zwischen den Tarifpartnern

labor *f* – **laboral**	**Arbeit; Werk – Arbeits-**
relación laboral	Arbeitsverhältnis
la **clase obrera / trabajadora**	die **Arbeiterschaft**
el **personal** / la **plantilla**	die **Belegschaft**

Las relaciones laborales bezeichnet die Beziehungen zwischen der Unternehmensleitung (= *la dirección de una empresa*) und den Mitarbeitern (= *los empleados*), zwischen Arbeitgebern (= *la patronal*) und Gewerkschaften (= *los sindicatos*).

sindicato *m*	**Gewerkschaft; Gewerkschaftsbund**
miembro de un sindicato	Gewerkschaftsmitglied
sindicarse (c>que)	**in eine Gewerkschaft eintreten**
trabajador (no) **sindicado**	(nicht) **gewerkschaftlich** organisierter Arbeiter
sindical	**Gewerkschafts-**
comité *m* **de empresa**	**Betriebsrat**
huelga *f* – **manifestación** *f*	**Streik – Demonstration**
Los mineros están de / en huelga.	Die Bergarbeiter streiken.
una huelga ilegal	ein wilder Streik
una huelga por solidaridad	ein Solidaritätsstreik
convocar una huelga general	einen (General-)Streik ausrufen
poner término a una huelga	einen Streik beenden
evitar / desconvocar una huelga	einen Streik abwenden / beilegen
huelguista *m / f*	**Streikende(r); Streik-**
esquirol *m / f*	**Streikbrecher(in)**
reducción *f* de plantilla / personal	Personal**abbau**
cierre *m* **patronal**	**Aussperrung**
salario *m* mínimo interprofesional	Mindest**lohn**
exigir / pedir aumentos de salario	Lohnerhöhungen fordern
negociar con los sindicatos	mit den Gewerkschaften **verhandeln**
negociar un **convenio colectivo**	einen **Tarifvertrag** aushandeln
poner (– pongo – puse – puesto) **término a** / **zanjar** una disputa	einen Streit **beilegen**
despido *m* **(transitorio)**	**(vorübergehende) Entlassung**
jornada *f* **reducida**	**Kurzarbeit**

Register Spanisch

Das alphabetische Register enthält alle blau gedruckten Einträge des thematischen Wortschatzes sowie alle wichtigen Begriffe der Info-Boxen.

A

A

B

B

C

C

C

C

C

D

D

E

E

E

F

E

G

M

N

P

P

P

R

R

T

T

U

V

X

Y

Z

V

Register Deutsch

Das alphabetische Register enthält alle fett gedruckten Einträge des thematischen Wortschatzes sowie alle wichtigen Begriffe der Info-Boxen.

A

A

A

B

A

B

B

D

E

D

F

G

G

G

G

H

K

K

M

L

M

N

O

P

P

S

R

S

S

S

U

V

V

W

W

Notizen